문화융합 시대의 지역사회:
지역사회와 청년문화 생태계

[문화와 융합 총서 07]

문화융합 시대의 지역사회 :
지역사회와 청년문화 생태계

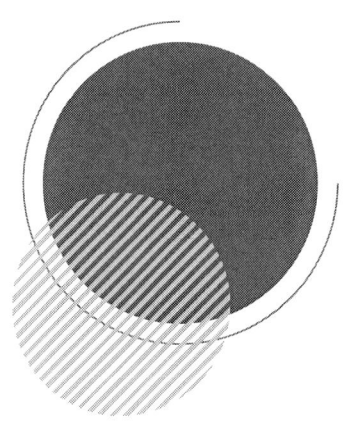

이혜진　곽영신　장윤미
김정숙　강란숙　김유익
최　용　박혜원　유은경

한국문화사

문화와 융합 총서 07

문화융합 시대의 지역사회: 지역사회와 청년문화 생태계

1판 1쇄 발행 2023년 11월 30일

지 은 이	이혜진 곽영신 장윤미 김정숙 강란숙 김유익 최 용 박혜원 유은경
펴 낸 이	김진수
펴 낸 곳	한국문화사
등 록	제1994-9호
주 소	서울시 성동구 아차산로49, 404호(성수동1가, 서울숲코오롱디지털타워3차)
전 화	02-464-7708
팩 스	02-499-0846
이 메 일	hkm7708@daum.net
홈페이지	http://hph.co.kr

ISBN 979-11-6919-162-3 93300

- 이 책의 내용은 저작권법에 따라 보호받고 있습니다.
- 잘못된 책은 구매처에서 바꾸어 드립니다.
- 책값은 뒤표지에 있습니다.

오류를 발견하셨다면 이메일이나 홈페이지를 통해 제보해주세요.
소중한 의견을 모아 더 좋은 책을 만들겠습니다.

· 서문 ·

　이 책은 21세기 지역사회가 겪고 있는 어려움이 청년들에게 미친 영향을 탐구하기 위해 한중일 전문가 그룹이 공동으로 노력한 결과입니다. 최근 몇 년 동안 지역사회에 살고 있는 청년들이 직면한 문제들과 어려움에 대한 우려가 증폭되고 있는 것은 사실입니다. 이런 점에 주목하여 이 책의 저자들은 문학, 심리학, 사회학, 교육학 등 다양한 분야의 전문성을 갖춘 연구자들로 구성되어 있습니다. 저자들은 장기간의 긴밀한 협력을 통해 한국, 중국, 일본의 지역사회에 살고 있는 청년들이 직면한 문제들을 탐구해왔으며, 특히 그런 곤란들이 정신 건강과 교육 및 사회적 관계에 어떤 영향을 미치고 있는가에 중점을 두었습니다.

　이 책의 저자들은 다양한 연구방법을 통해 청년들과 그 가족, 그리고 지역사회의 지도자 및 다양한 전문가들에게 데이터를 수집해 장기간에 걸려 포괄적인 연구를 수행해 왔습니다. 그 과정에서 발견된 결과들은 지역사회에 살고 있는 청년들의 도전과 기회를 가로 막는 복잡한 특성과 그에 대한 곤혹을 해결하기 위한 총체적인 접근의 필요성을 강조하고 있습니다. 동아시아의 청년들이 직면해 있는 많은 문제들에는 확실히 각 국가의 특수성에 따른 고유한 측면들도 있지만, 이 공동 연구를 통해 저자들은 21세기 동아시아 지역사회의 청년들이 안고 있는 공통의 문제점들과 패턴이 있다는 것도 깨달았습니다. 이런 유사점들은 서로 다른 맥락 속에서 각 지역사회의 청년들의 경험을 제대로 짚어내고 해결점을 제시하기 위해 동아시아 각 국가 간의 연구 협력을 통한 지식 교환이 귀중한 가치가 있다는 점을 시사해 줍니다.

　이 책에 제시된 연구 결과는 정책입안자와 교육자를 비롯해 지역사회의 지도자 및 청년 복지 지원에 관심 있는 모든 사람에게 귀중한 통찰력을 제공하고자 합니다. 또한 이 책은 한국, 중국, 일본 커뮤니티의 청년들의 미래를 위해 도전하고 자신이 성취하려는 기회를 얻는 과정에서 겪게 될 미묘한 곤란이 어디에 있는가를 탐구함으로써 청년들이 원하는 미래의 발전상과 행복한 삶을 영위할 수 있도록 보다 포용적이고 지원적인 환경을 만들기 위한 로드맵을 만들어가기를 요청하고 있습니다. 따라서 저자들은 이 책이 지역사회 청년들의 삶을 개선하고자 하는 모든 사람들에게 귀중한 자원이 되기를 희망하고 있습니다. 마지막으로 이런 귀중한 공동연구를 진행할 수 있도록 지원해 준 한국문화융합학회와 한국문화사에 감사드립니다.

2023년 11월 저자를 대표하여
이혜진

· 차례 ·

서문 | 5

1부 한국 지역사회의 청년 생태계

01장 '우울 에세이'의 전성시대-청년 우울의 현상학　　　**13**
　　1. '힐링 에세이'의 범람과 그 배후　　　13
　　2. '청년 우울'의 현상학　　　18
　　3. '20대 현상': 정체성의 정치와 세대 프레임　　　24
　　4. 공정성과 경쟁 가치의 실상　　　31
　　5. 병목사회와 끝나지 않는 우울　　　36

02장 '지잡대' 나와서 '좋좋소' 다니는 청년들의 공정　　　**41**
　　1. '공정'의 역습과 공정 담론의 혼란　　　41
　　2. 'MZ 노조'의 진화(?)한 공정　　　45
　　3. '불공정 구조' 속 공정의 불공정 1: 노동시장　　　49
　　4. '불공정 구조' 속 공정의 불공정 2: 교육시장　　　54
　　5. 공정과 능력주의의 결별, 그리고 구조적 정의　　　58
　　6. 다시 쓰는, N개의 공정론　　　61

03장 준비되지 않은 돌봄과 준비된 돌봄 사이
　　　-한국 소설 속 돌봄 노동자 이야기　　　**67**
　　1. 돌봄 노동은 누가 해야 하는가　　　67
　　2. '영 케어러'의 욕망이 현실이 되기까지: 백온유, 『페퍼민트』　　　72
　　3. 내가 훔친 돌봄: 이주혜, 『자두』　　　77
　　4. 돌보는 마음을 얻는 데 필요한 비용: 김유담, 『돌보는 마음』　　　82
　　5. 돌봄 노동은 누구나 해야 하는 일　　　86

04장 불안의 시대, 일상의 재현과 청년의 서사　　　**89**
　　1. '삶은 전쟁'이라는 수사와 현실　　　89
　　2. (소비)문화적 기호와 일상성의 재현　　　90
　　3. 전쟁과 가족 해체로 인한 불안정한 공동체 감각　　　95
　　4. 세대의 지형도와 청년들의 현실 대응 방식　　　100
　　5. 전후 세대 청년의 내면화와 삶의 지속성　　　107

05장 베트남 MZ 세대 유학생들의 특징과
　　　한국유학 선호 전공 선택 배경　　　**111**
　　1. 지역 인구문제 해결을 위한 접근　　　111
　　2. 베트남 유학생들 현황　　　114
　　3. 베트남 MZ 세대의 특징　　　116
　　4. 베트남 MZ 세대의 선호 진로　　　122
　　5. 제언　　　125

2부　중국 지역사회의 청년 생태계

06장 '부족주의자'가 되지 않으려면? '부근'의 회복!　　　**133**
　　1. 부근의 상실　　　133
　　2. 500m안에 보이는 것들　　　136
　　3. 내가 사는 동네 탐험, 고향과 가족 찾기　　　140
　　4. '유유상종'은 '부근'이 아니다　　　144

07장 '경계'에서 기회를 찾는 보통 중국 청년들의 마을 창업　　　**149**
　　1. 디지털 유목민은 마을에 살지 않는다　　　149
　　2. 보통 청년들의 '비범한' 선택　　　155
　　3. 마을 청년들의 귀환　　　162
　　4. 경계의 풍경: 생활, 생태, 생산　　　166

08장	중국 절강 지역사회의 경제와 MZ세대의 취업실태	**171**
	1. 들어가며	171
	2. 취업 전선에 뛰어든 절강 청년들은 어떤 생각을 하고 있나?	174
	3. 엔데믹 시대 청년들에게 취업의 문은 활짝 열릴 것인가?	183

3부 일본 지역사회의 청년 생태계

09장	청년 착취 사회	
	-일본의 '블랙기업', '블랙아르바이트', '블랙학자금대출'	**189**
	1. 지금 일본의 청년들이 처한 상황은 '블랙(BLACK)'	189
	2. 사회 초년생들은 블랙기업으로, 학생들은 블랙아르바이트로	191
	3. 왜 벗어나지 못하는가?: 과도한 '자기책임'과 학자금대출이라는 또 다른 덫	194
	4. 나가며: 불합리한 착취로부터 벗어나는 방법? 재빠르게 도망치기	198

10장	일본 애니메이션이 그리는 지역과 청년	**201**
	1. 일본 애니메이션과 현실의 일본 사회	201
	2. 일본 애니메이션이 그리는 지역	203
	3. 특정 지역의 젊은이를 그린 애니메이션	205
	4. 특정 지역으로 귀향한 젊은이를 그린 애니메이션	209
	5. 특정 지역으로 이주한 젊은이를 그린 애니메이션	214
	6. 일본사회의 지역과 청년에 대하여	216
	7. 일본 애니메이션 속의 지방 젊은이와 일본사회	219

저자 소개 | 221

1부
한국 지역사회의 청년 생태계

01장
'우울 에세이'의 전성시대 -청년 우울의 현상학 | **이혜진**

02장
'지잡대' 나와서 '좋좋소' 다니는 청년들의 공정 | **곽영신**

03장
준비되지 않은 돌봄과 준비된 돌봄 사이-한국 소설 속 돌봄 노동자 이야기 | **장윤미**

04장
불안의 시대, 일상의 재현과 청년의 서사 | **김정숙**

05장
베트남 MZ 세대 유학생들의 특징과 한국유학 선호 전공 선택 배경 | **강란숙**

01장

'우울 에세이'의 전성시대
−청년 우울의 현상학

1. '힐링 에세이'의 범람과 그 배후

　최근 한국 출판계에 전례 없는 에세이 열풍이 이어지고 있다. 문학계와 출판계의 고질적 위기감이 무색하다 할 만큼 한 달 평균 200여 권의 에세이가 쏟아져 나오고 있다고 하니 그야말로 '에세이의 전성시대'라 해도 과언이 아니다. 최근 남녀노소를 불문한 독자들 사이에서 유행하고 있는 이 에세이들은 대체로 무명 저자의 사생활을 둘러싼 소소한 일상이나 취미생활, 그리고 거기서 파생된 생각을 마치 분위기 좋은 카페에 앉아 친구와 대화하듯 친밀감 있게 풀어내고 있다는 점이 특징이다. 그런 점에서 모름지기 책이란 지식과 정보를 습득하거나 깊이 있는 사색과 사상을 도모하기 위해 읽는 것이라는 일반의 생각과 달리 이 에세이들은 마치 개인의 일기나 블로그의 내용을 적은 것과 같은 인상을 준다. 이것은 과거 인기 소설가나 유명인들의 에세이가 저자의 삶의 궤적이나 사색의 내용을 보여주기 식으로 서술하거나 또는 자기개발서처럼 구체적인 목표를 열거해가면서 독자들을 향해 충고하거나 가르치려 하지 않는다는 점에서 새로운 특징을 보여준다. 이 점은 그 동안 독자들이 갖고 있는 에세이 일반에 대한 선입견을 불식시켜 주었다는 점에서 새로운 유형의 에세이가 탄생한 것으로도 볼 수 있다.

그런 탓에 최근 에세이의 저자는 오랜 훈련을 거쳐 글쓰기 실력을 승인받은 작가들이 아니라 일반 독자들이 주를 이루고 있으며, 소설이나 자기 개발서 분야를 제치고 이 에세이들이 연이은 베스트셀러를 차지하면서 출판계의 활발한 유통을 이끌고 있다. 이런 상황은 출판사에서 직접 초보 저자들을 발굴·양성하는 작업으로 이어졌고, 그런 탓에 에세이 저자들은 글쓰기를 업으로 하지 않으면서 성별과 나이를 가리지 않고 폭넓게 확장돼 가고 있다. 이와 함께 지속적으로 성장하고 있는 크라우드 펀딩(Crowd funding)[1]이 출판계 유통의 새로운 대안으로 떠오르면서 출판사뿐 아니라 개인 창작자나 글쓰기 초보자들도 손쉽게 책을 출간할 수 있는 구조를 형성해 주기도 했다.

이렇게 쉽고 가벼운 에세이 류의 열풍이 시작된 것은 2018년 무렵부터였다. 2018년 한 해 동안 에세이 분야의 도서 판매량은 전년도에 비해 무려 171%나 증가했는데, 여기서 특기할 만한 것은 독자들의 지친 마음을 위로하거나 엄혹한 인간관계를 둘러싼 저자의 감정을 다룬 이른바 '힐링 에세이'가 전체 에세이 판매 중 62.3%를 차지하면서 출판계의 열풍을 주도해갔다.[2] 인문학의 오랜 위기감 속에서 이제 '모두가 출판 작가'가

---

1) 현재 수많은 '힐링 에세이'들이 크라우드 펀딩을 통해 출판되고 있다는 점은 특기할 만한 일인데, 한국의 크라우드 펀딩 업체인 '텀블벅'이 발표한 '2018년 크라우드 펀딩 10대 트렌드'의 내용을 보면 책을 출간하려는 저자들이 지향하는 것이 무엇인지를 가늠할 수 있다. △북 펀딩의 확장, 출판계 새로운 기회로 △ 팬과 함께라면 뭐든지 △재고 걱정 없고 단골 생기는 패션 펀딩 붐 △내가 나를 돌보는 셀프케어 △자나 깨나 지구 생각 △우리 집 막내와 오래오래 행복하게 △모두 말하지 않던 것을 말하는 밀레니얼 저널리즘 △존재만으로도 힘을 주는 이 시대 작은 영웅들 △우리 동네 구석구석, 동네의 재발견 △창작의 길로 인도하는 길잡이들 등이다. 「텀블벅, 2018년 크라우드펀딩 10대 트렌드 발표, 책도 앨범도 텀블벅으로」, 『한국경제』, 2019. 1. 24.
2) 「쉽고 가벼운 에세이 '열풍', 작년보다 1.7배 더 팔려」, 『연합뉴스』, 2018. 11. 14.

될 수 있음을 자처하면서 깊은 사색의 힘을 거부하는 '힐링 에세이'가 범람하고 있는 작금의 현상을 비판하는 목소리도 높고 또 그런 비판의식이 일견 타당해 보이는 점도 있지만, 새롭게 불거진 이런 출판계의 현상 이면에는 저자와 독자의 정서에 한국 사회 특유의 병리현상이 반영되어 있음을 주목하게 만드는 것도 사실이다. 왜냐하면 기성세대의 가치관과 라이프 스타일에 등을 돌리고 또 거대담론을 거부하면서 자신만의 확고한 취향을 고수하는 10-20대 여성들이 '힐링 에세이'의 주된 독자층일 것이라는 예상과 달리, 30-40대 남성 독자층과 중년층 사이에서도 이와 동일한 현상이 발견된다는 통계가 나왔기 때문이다.

이에 대해 "깊은 사유와 농익은 안목을 담은 좋은 에세이가 판매 면에서도 부진하고 크게 주목을 받지 못하는 경우도 많"은 가운데, "편하고 익숙하게만 다가오는 에세이는" 독자의 "시야와 안목을 넓혀 주지 못한다"[3]라고 비판하는 의견도 많다. 하지만 멍청해도 괜찮고 서두르지 않아도 괜찮다며 독자들의 지친 마음을 위로한다든가, 비록 힘과 권력의 세계에서는 패배했지만 강자들이 갖지 못한 순수함과 고귀한 정신을 갖추고 있다는 도덕적 우월감에 자리해 있는 약자들의 원한 감정, 즉 르상티망(ressentiment)에 주목한 의견들도 존재한다.[4]

그런가 하면 이 새로운 르상티망을 주목한 출판계의 반향을 환영하면서도 자기 이야기를 하다 보면 타인의 고통과 자신의 고통에 대한 경쟁이 일어나면서 자기도취에 대한 유혹이 찾아올 수도 있고, 또 자신의 경험에만 머물러 있으면 글쓰기 과정에서 "억압된 자아가 폭발(?) 하는 자아 인플레이션 현상"[5]이 생길 수 있음을 경계해야 한다는 견해도 있다. 이런 주장들은 일견 타당하고 또 매우 공감할 만하다. 하지만 가벼운 소재와

---

[3] 권성우, 「에세이 전성시대에 대한 단상」, 『서울신문』, 2021. 9. 14.
[4] 제이티, 「노예들의 도덕 르상티망 〈니체〉」, brunch, 2021. 2. 26.
[5] 정희진, 「'모두가 작가인 시대'를 사는 법: 신자유주의 시대의 자아와 글쓰기」, 『릿터 Littor』 제31호, 2021. 8·9월호, 23면.

귀여운 표지 디자인으로 포장된 상업적 에세이가 연이어 서점가의 베스트셀러에 오르게 된 것은 그저 독자의 눈을 흐리게 할 뿐이라는 견해들은 그저 현상적 측면에만 주목한 것일 뿐, 여기에는 그런 현상이 작동되고 있는 사회의 내적 원리에 대한 분석이 결여되어 있다는 것이 필자의 생각이다.

잘 알려져 있듯이 일찍이 가라타니 고진(柄谷行人)은 소위 버블·소비사회·포스트모던이라 불리던 1980년대에 정치적 문제에서부터 도덕과 윤리, 그리고 현실적으로 해결할 수 없는 모순들까지 온갖 것들을 떠맡으며 특별한 가치를 지니고 있었던 근대문학이 비로소 종언을 고했음을 선언한 바 있었다.[6] 이와 함께 롤랑 바르트(Roland Barthes)는 전통적으로 문학 작품의 창작자는 그 작품에 대해 조물주의 위치에 있다고 이해되었기 때문에 '저자-독자'의 위계질서를 '지배-종속'의 관계로 이해하는 데 이의를 제기했는데, 이것은 그 동안 저자의 사상이 반영된 것으로 이해되었던 작품이 이제 더 이상 불가능하게 되었다는 점에서 '저자의 죽음'(1968)을 선언하는 것으로 이어졌다. 즉 이제 저자는 무(無)에서 작품을 창작하는 것이 아니라, 그가 타인들에게 빌려온 다양한 목소리들을 가지고 자신만의 고유한 '텍스트를 직조하는' 존재로 이해된다.

이렇게 되면 이제 '작품'은 신적 존재였던 '저자 중심'으로 이해되는 것이 아니라, 독자의 개입이 보다 강화된 '텍스트'로 변환된다. 그러므로 이 '텍스트'에는 주체나 정체성 따위는 존재하지 않으며, 오직 글을 쓰는 행위에 대한 정체성만이 존재한다. 따라서 독자는 작품에서 능동적으로 의미를 건져낼 수 있다. 그러므로 '텍스트'에서 의미를 생산해내는 작업은 매우 다차원적인 동시에 끊임없이 새로운 시도가 가능해진다는 것이 바로 바르트의 견해였다. 즉 '저자의 죽음'을 통해 이제 '텍스트'는 조물주나 아버지의 보증이 없어도 읽힐 수 있고, 또 그렇게 해서 '텍스트'는 '저자-독

---

6) 가라타니 고진 지음, 『근대문학의 종언』, 조영일 옮김, 도서출판b, 2006, 46-49면.

자'의 관계를 '아버지-자식'의 관계라는 신학적 입장에서 벗어나는 동시에 저자의 위치는 손님이나 필사자의 위치로 격하된다. 바르트의 표현대로 말하자면 이제 저자는 한갓 '종이 저자(auteur de papier)'에 지나지 않게 된 것이다.[7)]

인문학·출판·문학을 횡단하는 연쇄적 관점에서 볼 때 이제 '모두가 작가인 이 시대'는 '근대문학의 종언'과 '저자의 죽음'이 비로소 우리 현실에서 실현되었음을 방증한다는 점에서 어쩌면 매우 자연스러운 결과라고 할 수 있을 것이다. 여기에 더해 현대인들이 미처 따라잡기조차 어려운 급격한 라이프 스타일의 변화 자체도 '힐링 에세이'가 범람하는 현상에 기여한 바가 크다. 즉 급속히 변화하는 일상과 점점 더 치열해져가는 경쟁 속에서 어렵고 난해한 책 읽기에 대한 부담감에서 벗어나 가벼운 내용의 책을 재빨리 독파하고 싶다는 열망이 반영된 세태와도 관련이 있다. 이런 변화를 추동해온 강력한 힘은 2000년대 들어 가시화된 세계화와 정보화가 크게 일조했다고 볼 수 있을 것이다.

먼저 세계화는 전 세계의 정치·경제적 상호의존도가 상승하고 국민국가 시스템이 약화되자 경제를 중심으로 세계가 통합돼 가면서 빚어진 결과다. 이제 이 지구촌은 국경을 초월한 하나의 단일 공간으로 공존하게 되었고, 모든 구성원들의 상호의존성도 높아졌다. 이런 평평하고 단일한 세계화를 가져다 준 것은 그 동안 비약적으로 발달해온 교통과 통신을 통해 전 세계의 연결을 가능하게 해준 정보화였다. 과학과 정보통신기술의 발전은 세계의 가장 깊은 곳까지 하나로 연결해주면서 정치·경제는 물론 세계화가 성취해 놓은 모든 효과들을 강화해주었다. 특히 2007년 애플사에서 아이폰을 출시한 이래 스마트폰은 전 세계인들의 일상을 완전히 바꿔놓았고, 또 2008년 금융위기 이래 세계화가 훨씬 더 심화되고

---

7) 변광배, 「저자의 죽음과 귀환: R. 바르트를 중심으로」, 『세계문학비교연구』 제45집, 2013년 겨울호, 211-216면.

있다는 점에서 현재의 지구는 과거의 그 어느 때보다도 평평해져버렸다.

더욱이 '작가의 등용문'으로 불리는 다양한 온라인 글쓰기 플랫폼의 증가와 함께 지속적인 성장 추세를 보이는 크라우드 펀딩(Crowd funding)을 통해 창작자와 후원자를 연결해주고, 또 미리 예측된 수요에 따라 불필요한 지출과 낭비를 하지 않고 책을 유통할 수 있게 된 점은 '우리 모두 작가'가 될 수 있다는 무한한 가능성을 열어주었다. 새롭게 등장한 이런 출판 장치들은 전문 작가가 아니라 SNS 글쓰기에 친밀감을 갖고 있는 저자와 독자들을 하나의 공감대로 수렴하고 연결하는 데 큰 역할을 했다. 이렇게 최근의 출판계는 전문 작가와 비전문 작가를 가리지 않으며, 또 온라인 글쓰기 플랫폼 이용자들 역시 더 이상 글쓰기 행위에 대해 주류와 비주류를 구분하지 않는다.

요컨대 최근 출판계에서 '힐링 에세이'가 범람하는 데는 과거와 크게 달라진 저자-독자에 대한 세태의 변화가 자리해 있는 것이다. 이런 관점에서 이 글은 '힐링 에세이'의 전성시대 가운데 유독 청년 세대가 우울증을 고백하는 에세이들이 최근 몇 년 간 베스트셀러를 차지하고 있다는 점에 주목하여, 그것을 둘러싼 문제 지점들과 그 배후에 작동되고 있는 세태의 논리들을 살펴보고자 한다. 특히 이 글은 기 출간된 우울증 관련 에세이들에서 목도되는 개인의 감정이 어디에서 연유된 것이며, 또 그것의 사회적 성격을 문제시함으로써 다른 국가들과 현저한 차이를 보이는 한국 사회의 청년 담론을 함께 살펴보고자 한다.

2. '청년 우울'의 현상학

2000년대 들어와서 현재까지 밝혀진 한국의 자살률은 OECD 국가들 중 줄곧 1위 자리를 고수해오고 있다. 그런 가운데 지난 2020년에는 10대와 20대의 자살이 크게 증가했다는 사실과 함께 한국의 자살률은 또 다시

1위를 기록했다. 36.8%에 이르는 한국인의 우울증 유병률 역시 조사 대상국들 중 가장 높게 나타났다. 통계에 따르면 2001년까지만 해도 OECD 국가들 중 일본의 자살률이 가장 높았고 또 그때까지 그것은 전례 없는 일본의 심각한 사회적 문제로 대두되고 있었다. 그런데 2002년부터 한국이 일본의 높은 자살률을 추월한 이래 현재까지 줄곧 자살률 1위를 벗어나지 못하면서 그에 대한 원인 규명과 대안을 모색하기 위한 노력도 지속되고 있다. 많은 전문가들은 한국인들의 자살 증가 요인으로 실업률, 고용 불안, 노인빈곤과 같은 경제적 원인들을 지목하고 있지만, 이렇게 계속 높아지고 있는 자살률을 경제 논리에 국한해 설명하기에는 불충분한 점이 많기 때문에 또 다른 편에서는 경제와 자살률을 선형적 관계로 이해할 수만은 없다는 의견도 존재한다.[8]

2020년 한국인의 전체 사망 원인 가운데 자살은 5위를 차지했다. 하지만 10대·20대·30대의 자살이 한국인의 전체 사망 원인 1위를 차지한다는 사실은 매우 심각한 사회적 메시지를 던져주고 있는 것처럼 보인다. 연령별로 볼 때 40대 이상에서의 자살률이 감소 추이를 보이고 있음에도 20대(12.8%)와 10대(9.4%), 30대(0.7%)의 청년 자살률은 오히려 지속적으로 증가하고 있기 때문이다. 그 중에서도 특히 2019년도 대비 20대 여성의 자살률은 16.5%(16.6명→19.3명) 증가했고, 또 10대 남성의 자살률 역시 18.8%(5.5명→6.5명)가 증가했다는[9] 사실은 한국 사회의 청년 자살이 심각한 사회적 난제가 되었다는 사실을 시사한다. 지난 10년간 전체 자살자가 15.2% 감소한 데 비해, 10대와 20대 청년 자살이 급증한 것은 현재 청년들의 삶에 적신호가 켜졌다는 사실을 반증해 주기 때문이다.

이에 대해 의료 전문가들은 코로나 팬데믹이 불러온 고용 불안 및 고용 절벽에 처한 젊은이들이 경제난에 직면하면서 좌절감을 크게 느꼈으리라

---

[8] 윤일홍·권해수,「우리나라 자살률 추이의 재해석: 좌절된 소속감과 유전자-문화 공진화론의 입장에서」,『한국심리학회지』제38호, 2019, 104면.
[9]「10대男·20대女 급증, 자살률 OECD 1위」,『국민일보』, 2021. 9. 29.

고 예단한다. 보통 40대 이상에서의 자살률이 높게 나타나는 것이 그간의 일반적인 현상이었다면, 최근 청년 자살률의 증가 원인은 중장년층에 비해 청년들의 경제적 기반이 더 취약해졌기 때문이라는 것이 그 근거다. 특히 '사회적 거리두기'로 인해 대면 서비스 업종의 타격이 컸던 것이 20대 여성들의 실직률 증가의 원인으로 작용했다는 점도 이 결과를 뒷받침하는 견해로 이어졌다. 이와 함께 '사회적 거리두기'로 인해 청년들의 정서적 고립이 심화되면서 전체 우울증 환자가 증가한 가운데 젊은 여성 환자가 2배 넘게 폭증했고, 또 이것이 10대 남성의 자살률 상승에도 영향을 미쳤다는 견해도 두드러졌다.[10]

이런 사회적 분위기는 청년세대의 저자들이 자신이나 가족이 겪은 우울증상을 고백하는 에세이가 연이어 서점가의 베스트셀러로 등극하고 있다는 사실에서도 확인해 볼 수 있다. 특기할만한 사실은 2018년 크라우드 펀딩으로 출간한 백세희의 에세이『죽고 싶지만 떡볶이는 먹고 싶어』가 SNS를 통한 '입소문 베스트셀러'로 서점가를 강타한 이래 우울증을 소재로 한 에세이들이 우후죽순 출간되기 시작했다는 사실이다. 또한 무명의 저자가 크라우드 펀딩을 통해 독립출판물로 간행한 책이 출간되자마자 상업적 성공을 거두었다는 점에서 이 책은 주류와 비주류의 경계를 허물어뜨린 대표적인 책으로 거론되기도 한다. 무명 저자의 독립출판물도 상업적 성공을 통해 유명세를 떨칠 수 있다는 사례를 처음으로 보여주었기 때문이다.

저자 백세희의 우울증 치료 에세이라 할 수 있는 이 책은 출간 직후 입소문과 미디어를 통한 유명세에 힘입어 2편이 출간된 이후 또 다시 1편과 2편을 모은 합본까지 출간하는 기염을 토해냈다. 우울증과 불안장애를 겪고 있는 저자의 내밀한 치료 일기라 할 수 있는 이 책은 출간

---

[10]「10대 20대가 위험하다, 청년 자살률 왜 크게 늘었을까?」,『MBC 뉴스』, 2021. 9. 28.

직후 '2018년 교보문고 8월 첫째 주 종합 베스트셀러 순위'에 올랐고, 또 '동아일보 선정 2018 올해의 책 10권' 및 '2018년 알라딘 독자 선정 올해의 책'에 오를 만큼 선풍적인 인기를 끌었으며, 그 인기에 힘입어 일본어로도 번역 출간되었다.[11] 이 책은 10년 이상 기분부전장애(심한 우울증상을 보이는 주요 우울장애와 달리 가벼운 우울증상이 지속되는 상태)[12]와 불안장애를 앓아온 저자가 12주간 전문의와 상담한 대화 내용과 그 과정에서 느낀 자신의 감정을 일기처럼 적은 글인데, 그럼에도 여전히 우울증을 완전히 극복하지 못한 저자의 심리에 대해 독자들이 공감의 목소리로 화답하면서 이 책은 우울증 환자에 대한 부정적 이미지와 세간의 편견을 바꿔놓았다는 점에서 청년 독자들의 마음을 사로잡았다.

한 연구에 따르면 그 동안 정신질환자들은 그들의 폭력성을 부각시켜 온 미디어에 의해 마치 잠재적 범죄자와 동일시된 사회적 편견에 사로잡혀왔기 때문에 자신의 질환을 숨기느라 적절한 치료를 받기가 어려웠고, 심지어 미미한 정도의 질환을 겪고 있을 뿐 충분히 사회생활이 가능한 환자조차 수치심을 느끼며 사회에서 고립되어 살아가는 것이 일반적이었다. 더욱이 1991년부터 2010년까지 유명인들의 자살사건이 증가한 사례를 두고 언론은 해당 사건 보도와 함께 우울증 치료에 대한 정보 제공에 그치는 한계를 보여왔다.[13] 하지만 2022년 현재 '우울증'을 키워드로 한

---

11) ペク・セヒ 著, 『死にたいけどトッポッキは食べたい』, 山口ミル 翻訳, 光文社, 2020. 1. 21. 아마존 재팬 사이트에서 확인할 수 있는 일본 독자의 리뷰들은 대체로 한국 독자들의 반응과 상당히 유사하게 나타났다. 먼저 일본 독자들은 이 책의 제목과 표지에 대한 매혹을 구매 동기의 일순위로 꼽았으며, 막연한 불안감과 자기부정에 대한 저자의 경험에 공감할 수 있었다는 점과 읽기 쉽다는 장점을 긍정적으로 평가한 독자들이 있는가 하면, 독서를 통해 건질 수 있는 내용이나 지식이 거의 없고 오히려 히스테릭하고 극단적인 저자의 언행에 공감하기 어려웠다는 견해가 동시에 나타났다.
12) 백세희, 『죽고 싶지만 떡볶이는 먹고 싶어』, 흔, 2018, 8면.
13) 한문인, 「1991~2010년 신문기사 분석을 통해 살펴본 한국 우울증 담론의 변화와 그 문화적 함의」, 『한국문화인류학』 제45집, 2012, 48-54면.

관련 카페만 해도 다음 카페가 177건, 그리고 네이버에서 1215건이 검색되고 있다는 사실만 보더라도 우울증은 이미 한국사회의 만성적 병리현상이 되었음을 확인할 수 있다.

이런 사회적 분위기에서 이 책은 자신의 불완전성을 있는 그대로 수용해가는 방법을 터득해가는 과정에서조차 결코 벗어날 수 없는 불안과 타인에 대한 공포, 그리고 세상에 대한 패배의식을 쉽고 편안한 말투로 여과 없이 전함으로써 우울증에 대한 사회적 편견을 불식시켜주었다는 점에서 차이를 보여주었다. 또한 만성적인 우울증은 결코 쉽게 치료되는 것이 아니라는 사실 그 자체에 대한 경험을 공유하면서 스스로 안심해도 괜찮다는 안도와 위안을 독자들에게 전해주었다. 즉 이 책은 어려운 의학지식으로 우울증 치료에 보탬이 되기를 자처하거나 우울증을 극복하기 위해 힘내라고 조언하는 것이 아니라 늘 우울감을 동반하며 일상을 살아가는 한 개인이 때로는 행복한 경험에 들뜰 수도 있다는, 일견 모순 같은 삶과 심리에 대해 담담하고 솔직한 어투로 일기를 쓰듯 풀어낸 것에 지나지 않는다. '죽고 싶지만 떡볶이가 먹고 싶다'는 이 책의 제목은 이렇게 우울감과 소소한 행복을 반복하며 살아가는 저자의 모순된 심리에 대한 일종의 자기혐오가 반영되어 있다.

흥미로운 점은 이렇게 가르치거나 조언하려 하지 않는 저자의 담담한 태도 그 자체에 많은 독자들이 공감을 표했다는 사실이다. 여기에는 질병에 대한 공포를 낭만적으로 해소하고자 하는 인간의 오랜 욕망이 도사리고 있음을 확인할 수 있는데, 예컨대 20세기의 폐결핵이 젊은 예술가의 고뇌와 연결되어 낭만적인 질병으로 은유되면서 숭배의 대상으로 격상된 적이 있었다면, 21세기의 우울증은 청년세대의 불안과 공포를 낭만적으로 해소함으로써 대중의 공감에 기대어 사회적 혐오의 시선에서 자유로워지기 위한 상상력을 불러일으키려는 기제가 작동하고 있음을 볼 수 있다. 즉 그동안 우울증상을 겪는 사람들을 잠재적 범죄자로 취급해왔던 사회적 편견을 슬픔과 고독을 향유하는 나약하고 평범한 인간 존재로 치환함으로써 범죄나 치료의 대상이라는 인식과 거리를 두고 엄혹한 현실세계와 싸워나가는 슬기로운 인간의 경험과 고투의 산물이라는 인식 전환을 가져오고자 했다고 할 수 있다.

각 시대마다 '그 시대의 고유한 주요 질병'이 있기도 하고 또 현재의 청년 우울증과 같은 집단 심리적 장애야말로 신자유주의의 성과사회가 초래한 결과로 본 한병철의 견해[14]와 함께 이런 청년세대의 낯선 감수성은 지금까지 우리가 보지 못했던 '신인류'의 등장을 방증한다는 '세대론'적 해석 등이 다소 낯익은 해석이라면, 이것을 이른바 '20대 현상'으로 본 사회학적 분석은 보다 흥미로운 문제 지점을 보여준다는 점에서 주목된다.

'힐링 에세이'를 두고 일기장이나 블로그에나 끼적일 법한 소소한 내용으로 출판까지 했다는 사실에 대해 조롱하는 독자들이 없는 것도 아니다. 더욱이 독자를 위한 지적 자극을 충족시킬 만한 내용을 거의 찾아볼 수 없음에도 출간 직후부터 베스트셀러에 오르고 또 저자가 유명세를 타게 되자 아류작들이 줄지어 출간되는 사태를 불러온 것에 대한 비난도 있었다.[15] 또한 도서 출간뿐 아니라 유튜브 영상을 통해 가족의 우울증을 고백하는 크리에이터들도 이 책의 출간을 기점으로 해서 급증한 것도

---

14) 한병철 지음, 『피로사회』, 김태환 옮김, 문학과지성사, 2013, 11-13면.
15) 최근에 출간된 우울증 관련 에세이에 대한 대략의 서지목록을 열거해보면 다음과 같다. 서늘한여름밤, 『어차피 내 마음입니다: 서툴면 서툰 대로 아프면 아픈 대로 지금 내 마음대로』, 위즈덤하우스, 2017 ; 이소리, 『죽으려고 했어』, 호밀밭, 2018 ; 이가희, 『아임 낫 파인: 괜찮다고 말하지만, 괜찮지 않은 너에게』, 팩토리나인, 2018 ; 김정원, 『오늘 아내에게 우울증이라고 말했다: 아픔을 마주하고 헤쳐가는 태도에 관하여』, 시공사, 2019 ; 문성철, 『우울해도 괜찮아』, 책읽는귀족, 2019 ; 앵그리 애나, 『사실은 괜찮지 않았어』, 채륜서, 2019 ; 이모르, 『우울함이 내 개성이라면: 우울한 사람들을 위한 이모르의 그림 처방전』, 책비, 2020 ; 고요, 『나는 내가 왜 살아야 하는지 몰랐습니다: 20년간 우울증과 동행해온 사람의 치유 여정이 담긴 책』, 인디고, 2020 ; 윤지비, 『버티다 버티다 힘들면 놓아도 된다: 윤지비 이야기』, 강한별, 2020 ; 사예, 『마음은 파란데 체온은 정상입니다: 사예의 우울증 일지』, 동양북스, 2021 ; 정하, 『마치 우울하고 예민한 내가 죽기라도 바라는 것처럼』, 도서출판 잇다름, 2021.

사실이다. 요컨대 이 책의 상업적 성공을 둘러싸고 수많은 비판이 난무하는 것도 사실이지만, 그보다는 이 책이 오랫동안 수면 아래 가라앉아있었던 우울증 환자들의 목소리를 수면 위로 부상시킨 데 일조했고, 또 많은 독자들이 그 내용에 공감했다는 사실을 직시할 때 현대 한국사회의 정신사적 측면을 문제 삼는 일이 보다 더 절실해 보인다. 무엇보다 청년세대의 우울감이 급증하는 작금의 사태를 개인적 성향이나 사회적 고립감과 같은 현상에만 한정할 것이 아니라, 그것을 발생시킨 사회적 원인과 그 배후에 작동하고 있는 정치적 힘들을 살펴봄으로써 사회사적 문제로 확장해 볼 필요가 있어 보인다. 이 글의 문제의식도 바로 여기에 있다.

3. '20대 현상': 정체성의 정치와 세대 프레임

우울증에 걸린 실험쥐를 물에 빠뜨리면 생존을 위해 허우적거릴 의지조차 없이 쉽게 죽어버린다고 한다. 이 실험은 인간의 우울증이 그 어떤 즐거운 상황에서도 기쁨을 느끼지 못하게 할 뿐만 아니라, 모든 유기 생명체의 본능인 '삶을 향한 의지'조차 상실하게 만든다는 사실을 시사한다. 즉 우울감이나 항시적 불안감은 개인의 잘못이나 노력 부족에서 발생하는 것이 아니라 그들이 놓여있는 '특별한 상황' 탓이다. 그러므로 그 '특별한 상황'에 놓이게 되면 누구나 우울감에 빠질 수 있다는 점을 명심해야 한다는 것이 뇌과학자 정재승 교수의 설명이다.[16] 수많은 개인들이 세상을 살아가면서 자기의 목숨을 포기하겠다는 결정에 도달하기까지 고려되어야 할 심리적 복잡성은 매우 다양하다. 하지만 시기별·연령별 자살자의 증가가 집단적인 현상으로 발현된다면 그 기저에는 일정하게 공통된 동기

---

16) 정재승, 「우울증, 작은 기쁨 못 느끼는 뇌의 오류, '나아질 거란 희망' 잃은 韓의 질병」, 『문화일보』, 2021. 10. 5.

가 존재할 것이라고 추측할 수밖에 없다. 현재 한국사회에서 불안지수가 가장 높은 세대로 꼽히는 10대·20대·30대의 일상적 우울감과 항시적 불안감이 한국사회의 독특한 사회병리현상으로 이해되어야 하는 것은 바로 이 때문이다.

많은 전문가들은 청년세대의 우울증상이 '불확실한 상황에서 끊임없이 과도한 경쟁에 내몰리는 일상에서 기인한다고 지적하고 있지만, 최근 청년층 자살이 급증하는 사실에서 볼 수 있듯이 우울감이 깊어지면 자살로 이어지기 쉽다는 점에서 그 심각성은 매우 독특하다. 정재승 교수에 따르면, 일반에 알려져 있는 것과 달리 자살은 충동적으로 나타나는 것이 아니다. 자살을 시도한 사람들의 뇌를 살펴보면 그들이 충동 억제를 잘 못한 것이 아니라 오랫동안 자살에 대한 결정을 심사숙고해왔다는 사실이 확인되었기 때문이다. 즉 일상적으로 우울감을 자주 느끼는 사람들은 행복지수가 현저히 떨어져 있는 상태이기 때문에 맛있는 음식이나 여행 같은 경험에서도 즐거움을 느끼지 못한다. 이런 상태가 깊어지면 물에 빠져도 허우적거릴 의지조차 없는 우울증에 걸린 쥐의 상태가 되어버리는 것이다.

주지하다시피 가장 활발한 활동을 해야 할 시기에 이른바 '초식남'과 '건어물녀'의 상태로 일상을 보내고 대인관계를 기피하면서 가짜 로맨스에 빠지거나 현실에 등을 돌리고 온라인 세계에 침잠하는 청년들이 증가하는 현상은 비단 최근의 일이 아니다. 즉 일생 동안 과도한 경쟁사회를 살아가면서 정서적 여유를 상실해버린 것이 이 청년세대가 갖고 있는 근본문제라 할 수 있는데, 이런 상황 역시 한국에만 국한된 현상도 아니다. 과거 일본의 '잃어버린 세대(Lost Generation)'[17]의 계보를 잇는 '프리

---

17) 1990년대 일본의 버블경제가 붕괴한 직후 극심한 불황기에 취업활동을 경험한 세대를 일컫는 '로스트 제네레이션'이란 1991년 이후에 고등학교나 대학교를 졸업한 1970-1984년생까지를 세대를 가리킨다. 한국의 'N포 세대'와 유사한 '사토리 세대'의 이전 세대라 할 수 있는 이들은 '단카이 세대가 주도한 고도경제성장 과정에서 윤택한 생활을 누리면서 고학력자가 되었지만 정작 사회에 진출할 즈음 장기불황에 직면하면서 취업에 실패한 이래 중년이 되도록 경제적 빈곤층으로 전락한 사람들이 많다는

터'나 '히키코모리'와 함께 한국의 '88만원 세대'와 'N포 세대', 이탈리아의 '1000유로 세대', 그리스의 '600유로 세대' 역시 한국 청년들과 유사한 방식으로 불안정하고 위태로운 삶을 살고 있는 것은 마찬가지다.[18] 즉 전 세계 3분의 1의 국가들에서 청년 자살률이 가장 높게 나타나고 있으며, 그렇게 청년세대의 위기 현상은 이미 전 세계의 공통적인 사회문제로 확산되어 있다. 요컨대 지난 30여년에 걸쳐 진행된 세계화는 전 지구적인 질적 전환 과정에서 소득 불평등을 확대시켜왔고, 또 '고용 없는 성장'이 지속된 가운데 신자유주의적 경제사상의 위용이 개인의 일상까지 침투하면서 청년층의 자살은 마치 풍토병처럼 전 지구를 뒤덮고 있는 것이다.

이런 상황에 대해 2004년 영국의 경제학자 가이 스탠딩(Guy Standing)은 이런 청년세대의 특성을 '프레카리아트(Precariat)'라는 신조어로 개념화한 바 있다. '프레카리아트'란 '불안정한'이라는 뜻을 가진 이탈리아어 '프레카리오(precario)'와 '무산계급'을 뜻하는 독일어 '프롤레타리아트(proletariat)'의 합성어로, '불안 노동자 계층'을 뜻한다. 즉 프레카리아트는 자본가로부터 '쥐어 짜이는 중간계급'이나 '하층계급' 또는 '하급의 노동계급'처럼 평생 죽도록 고생만 하는 노동 현실에 처해 있는 사람들이 아니라, 경쟁과 경쟁력의 극대화를 목적으로 하는 신자유주의가 노동시장의 유연성을 높이기 시작하면서 등장했다는 점에서 새로운 세대적 특징을 보여주는 개념이다. 인적자원을 효율적으로 재분배할 수 있는 정도를 뜻하는 '노동시장 유연성'은 기업이 잉여 인력을 편의대로 조절할 수 있다는 점에서 리스크와 고용불안이 그대로 노동자에게 전가될 수밖에 없다. 따라서 프레카리아트는 사회적 안전망이 소실된 상태에서 '불확실한 생존방

이유에서 '취직 빙하기 세대'라고도 부른다. 세대 전체의 약 22%를 차지하는 이들은 현재 40대가 되었음에도 '장기 히키코모리' 생활을 유지하고 있거나 고용 호조 상황이 되어서도 취업 기회를 찾지 못한 채 저임금 비정규직이나 '프리타'로 생계를 유지하고 있어서 현재까지 심각한 사회 문제가 되고 있다.
[18] 아마미야 가린 지음, 『프레카리아트: 21세기 불안정한 청춘의 노동』, 김미정 옮김, 미지북스, 2011, 5면.

식'에 내몰린 새로운 위험 계급이자 무한 경제 성장이 토해낸 딜레마의 상징이다.[19]

이들은 부모세대처럼 '평범하게 일하면서 살아간다'는 의미를 상실한 채 아무리 열심히 일하고 노력해도 자신의 미래가 지금보다 나아질 것이라고는 믿지 않는다. 즉 '프레카리아트'라는 용어가 갖는 핵심은 무엇보다 '불안'에 있다. '노동한다'는 행위의 의미가 붕괴된 상황에서는 일상 자체가 불안정하기 때문에 그것은 정신의 불안으로 이어질 수밖에 없다. 게다가 치열한 경쟁체제에서 남을 짓밟고 올라서지 않으면 생존이 허락되지 않는 세상에서라면 이 시대의 프레카리아트는 점점 더 확대될 수밖에 없다. 따라서 "프리터도 파견사원도 계약사원도 영세 자영업자도, 그리고 일하며 사는 삶에서 도태돼버린 니트족도, 은둔형 외톨이도, 상처 받은 사람도, 자살을 꿈꾸는 사람도, 과로사 직전의 정규직 사원도, 모두 프레카리아트다."[20] 중산층 부모를 둔 고학력의 정규직 청년이라 하더라도 자기 자리에서 탈락하면 안 된다는 항시적인 압박감과 끊임없는 경쟁을 치러내야만 하는 불안한 상황에 처해 있는 것은 마찬가지이기 때문이다. 더욱이 설사 경쟁에서 승리했다 하더라도 그 승리를 온전히 누릴 수 있는 유효기간은 훨씬 더 짧아졌다.

이런 청년층의 의식을 사회병리현상으로 이해해야 하는 또 다른 이유는 그 동안 자신들이 처해있던 사회적 부조리로부터 해방되어야만 개인의 자율성을 수호할 수 있으리라는 청년세대의 믿음이 불안한 미래에 대한 궁극적인 해결을 자살로 해소하려 했던 일본의 '히키코모리'의 행동과 유사한 경향을 보이기 때문이다. 더욱이 이런 불확실한 미래와 불안한 삶으로부터 탈출구를 모색하기 위해 이들은 어떤 상황에도 몰입하지 않으면서 외부자로 남아 있으려 하고, 또 자신의 업무나 노동 조건과의 동일시를

---

[19] 가야 스탠딩 지음, 『프레카리아트: 새로운 위험한 계급』, 김태호 옮김, 박종철출판사, 2014, 8-22면.
[20] 아마미야 가린 지음, 위의 책, 28면.

거부하면서 책임의 윤리를 급진적으로 거부하는[21] 집단태도를 형성해간다는 점에서도 문제적이다.

이렇게 볼 때 특별히 공정과 능력주의에 집착하는 '20대 현상'이 등장한 것은 일견 자연스러워 보인다. 하지만 '20대 현상'만으로 청년 우울의 현상학을 조망해 보는 데는 또 다른 맹점이 따른다. 오늘날 한국의 청년층 내부에는 서로 다른 가치, 이념, 이해관계를 가진 세력들이 경합하는 두 개의 '정체성의 정치(politic of identity)'가 존재하고 있기 때문이다. 청년층 내부에 존재하는 균열의 축은 한 가지가 아니라 학력, 직업, 성별, 지역, 가치, 이념과 같이 다차원적으로 존재하기 때문에 청년 정치는 근본적으로 '정체성의 정치'를 묻지 않으면 성립될 수 없다. 특히 최근에 심화된 청년세대 내부 균열의 물질적 토대는 '이대남'과 '청년노동자'로 양분되는 두 가지 정체성의 계급적 분열이다.[22] 즉 현재 한국의 청년세대는 세대 자체만으로 볼 때 동질적이지 않으며, 심지어 그 내부는 극단적으로 양분되어 있다. 이런 점은 한국 사회의 청년 현상을 '세대론'으로 조망할 때 빠지기 쉬운 함정이 존재한다는 사실을 방증한다.

잘 알려져 있다시피 현재의 청년세대가 강조하는 공정과 능력주의를 둘러싼 문제에 대해 각 세대별로 특별한 수준의 응집성을 갖는 (386세대와 같은) '세대 엘리트 집단'이 출현하면서 소득과 자산의 불평등에 중요한 영향을 미친다고 주장하는 식의 세대론은 매우 익숙하다.[23] 하지만 세대론의 프레임은 이런 사회적 현상에 대한 분석도구로서는 지나치게 크기 때문에 각 세대 내부에 존재하는 수많은 차이들을 간과하게 될 뿐 아니라 세대론의 그물망에 건져지지 않는 핵심내용들을 놓치게 될 우려가 있다. 또한 모든 세대가 동일한 정체성을 공유할 수 없음에도 각 세대를 하나의 고착된 이미지로 수렴하고 또 그것을 강화하게 될 위험도 있다. 특히 현재

---

21) 프랑코 '비포' 베라르디 지음, 『죽음의 스펙터클』, 송섬별 옮김, 반비, 2016, 200-206면.
22) 신진욱, 『그런 세대는 없다』, 개마고원, 2022, 339-341면.
23) 이철승, 『불평등의 세대』, 문학과지성사, 2019, 7면.

한국사회에서 극명하게 구분되는 각 세대 내부의 위계구조를 간과하는 것은 세대담론이 갖고 있는 가장 큰 한계다. 이와 관련해서 신진욱의 다음과 같은 언급은 그 동안 세대론이 간과해왔던 사항의 핵심을 잘 보여준다.

> "지금 20대의 가장 주목할 점은 다 똑같은 취준생·알바생도 아니고, 능력주의 공정 관념 세대도 아니다. 이 세대의 핵심 문제는 직업, 교육, 소득, 재산 등 여러 면에서 세대 내 양극화가 지난 10여 년간 충격적으로 심화되었다는 사실에 있다. 누구는 알바노동자, 누구는 대기업 취준생, 누구는 정규직 고학력자들인 것이다. 마찬가지로 지금 30대를 특징짓는 건 '영끌'이 아니라 '영끌'을 포함한 계층화다. 30대의 부동산 자산 상위 30%가 그 연령대의 전체 자산액의 80% 이상을 갖고 있고, 최근 집값 폭등으로 자산 최상위층이 늘어난 건 중·노년층이 아니라 30~40대다. '부자 30대' '영끌 30대' '영끌도 할 수 없는 30대'로 세대 내 계층화가 빠르게 진행되고 있다. 50대는 종종 안정된 기득권층의 미지와 연결되지만 50대의 10명 중 7명은 서비스판매직, 생산직, 단순노무직 종사자다. 고령층은 집부자가 제일 많은 연령대지만, 그와 동시에 비정규직 비율과 빈곤율 및 자살률이 가장 높은 연령대이기도 하다. '안정된 기성세대'와 '불안정한 청년세대'를 대립시키는 흔한 담론과 상당히 다른 복잡한 세대관계가 현실인 것이다."[24]

동시대를 살아가는 농촌의 청년과 도시의 청년은 '세대 위치'가 다르기 때문에 서로 공감대를 형성하지 못한다고 말한 칼 만하임(Karl Mannheim)의 언급을 굳이 거론하지 않더라도, 청년세대는 사회학적으로 동질한 집단이 아니다. 청년세대는 각자 서로 다른 위상에 놓인 개인과 집단들이 상호 구성해가는 관계다. 그 관계는 어떤 면에서는 공통분모를 갖지만, 훨씬

---

[24] 신진욱, 『그런 세대는 없다』, 개마고원, 2022, 28-29면.

더 많은 부분에서 갈등관계에 있거나 심지어 모순적 태도가 양립하기도 한다. 따라서 그 세대 내부의 어떤 집단 정서가 장차 그 세대의 주류 정서를 형성하게 될 것인가에 대해서는 그 누구도 단언할 수 없다. 훗날 그렇게 상호 구성해간 정신사가 미래의 주된 정서로 발휘될 때 그것이 바로 그 세대의 '시대정신'으로 드러날 뿐이다. 다만 현재 분명해 보이는 것은 한국의 청년세대 주체들이 이미 자신들의 미래를 놓고 치열한 경합에 돌입해버렸다는 사실이다. 고학력 전문직 청년과 저임금 서비스직 노동자 청년, 자산 상위계층 청년과 무주택 세입자 청년, 복지국가론자 청년과 시장경쟁론자 청년, 페미니스트 청년과 안티페미니스트 청년, 이들이 모두 각자의 방식으로 '청년'을 이야기한다. 이 청년들은 생물학적으로는 동일한 세대지만, 한국의 불평등한 사회 구조 안에서 서로 갈등을 겪고 있으며 또 그 속에서 생겨난 상이한 '세대 단위'(칼 만하임)가 서로 격투하고 있다.[25]

따라서 청년세대 내부에 존재하는 '세대 단위'들을 승자와 패자로 나눠 "사람들이 세대에 주목하도록 판을 짜서 어떤 전략적 이익을 얻고자 하는"[26] 세대론의 프레임은 불확실한 현실에서 끊임없이 경쟁에 내몰리고 있는 청년세대의 문제를 풀어가는 데 아무런 도움이 되지 못한다. 그런 점에서 정치권과 언론에서 어떤 사회 현안이나 정책 결정을 둘러싸고 이런 식의 '세대 게임'을 활용하면서 문제의 본질을 호도하고 세대 갈등을 부추기는 것은 특정의 전략적 이해관계에 따른 것으로 볼 수밖에 없다. 이렇게 볼 때 경제적 풍요와 사회적 혜택을 누려온 기성세대와 모든 것을 박탈당한 채 희생까지 강요받는 청년세대라는 익숙한 프레임으로 세대 간 불균형을 심화시키면서 '세대 전쟁'을 확산시키는 언론 플레이는 매우 우려되는 일이다.

---

25) 신진욱, 위의 책, 348면.
26) 전상진, 『세대게임: '세대 프레임'을 넘어서』, 문학과지성사, 2018, 5면.

4. 공정성과 경쟁 가치의 실상

청년세대 내부에 공정과 능력주의에 대한 견해가 첨예하게 대립되는 현상에 대해서는 그 동안 많은 가설들이 존재해왔다. 가령 젊은 보수세대의 탄생인가, 아니면 페미니즘 물결에 대한 반작용인가. 또는 여성 혐오가 확산되는 사회심리적 현상인가, 성별 권력관계가 역전되었음에도 사회가 현실을 따라잡지 못하고 있기 때문인가, 유난히 공정성에 민감해하는 이른바 '공정 세대'가 등장한 것인가, 입시와 취업전쟁으로 이어지는 '시험 공화국'이 낳은 결과인가, 장기간의 저성장이 청년세대를 좌절시킨 것인가, 현재 한국사회의 주류를 형성하고 있는 386세대에 대한 저항인가, 온라인에서만 볼 수 있는 소수의 극단주의자들을 과대평가하고 있는 것인가 등이 그것인데,[27] 이러한 가설에 따른 각각의 분석이 서로 일정하게 교차하고 있는 사실은 현재까지도 한국사회가 이 현상에 대해 정확한 원인을 가려내지 못하고 있다는 사실을 역설적으로 드러내준다.

이와 관련해서 〈시사IN〉과 여론조사 전문기업 '한국리서치'가 내놓은 데이터 분석은 매우 흥미로운 결과를 보여준다.[28] 이 분석은 한국 청년세대의 '세대 단위'의 특성을 매우 분명하고 구체적으로 보여준다는 점에서 의미가 있다. 먼저 2018년을 전후해서 문재인 정부에 대한 지지를 철회한 20대 남성 집단이 등장하면서[29] '공정성'이 한국사회의 중요한 이슈로

---

[27] 천관율·정한울, 『20대 남자: '남성 마이너리티' 자의식의 탄생』, 시사IN북, 2019, 15-16면.
[28] 〈시사IN〉과 여론조사 전문기업 한국리서치가 2019년 3월 20일-3월 22일까지 19세 이상 성인 남녀 1,000명을 대상으로(20대 500명, 그 외 연령대 500명) 총 208개의 질문을 통한 초대형 여론조사를 실시했다. 천관율·정한울, 위의 책, 17면.
[29] 문재인 정부에 대한 20대 남자의 지지율 추이를 살펴보면, 2017년 6월 81%에서 시작해서 2018년 2월 41%로 감소했고, 2018년 12월에는 29.4%로 급감했다. 이 수치는 모든 연령대별 남녀 계층 중에서 가장 낮은 것이며, 이들의 부정평가(64.1%) 역시 가장 높은 것으로 나타났다. 반면 20대 여성의 문 대통령 지지율은 63.5%로, 40대 여성(61.2%)이나 40대 남성(60.4%)을 포함한 모든 연령대별 남녀 계층 중에서 가장

대두되었는데, 이와 관련해 그 동안 20대 남성들이 정치적으로 보수화되었다거나 유난히 여성 혐오 성향이 폭넓게 퍼져있다는 견해와 함께 공정성에 대한 애착이 높아서 작은 손해에도 민감해한다는 견해들이 자주 등장해왔다. 하지만 데이터 분석 결과 공정성을 특별히 중시하는 태도는 '20대 남자' 특유의 정서가 아닌 것으로 드러났다. 사회적 공정성을 중시하는 태도는 한국 사회를 구성하는 전 세대와 전 성별이 공유하는 보편적인 정서라는 사실이 통계로 드러났기 때문이다.[30]

그렇다면 20대 남성들이 '경쟁'의 가치를 유난히 높이 평가한다는 견해에 대해서는 어떤 결과가 나왔을까. 데이터 분석 결과 20대 남성들은 경쟁의 결과에서 나온 차이를 그대로 수용하는 경향이 있는 것으로 볼 때 경쟁의 가치를 높이 평가하는 것으로 나타났다. 하지만 이 결과 역시 다른 세대 및 성별에서도 동일하게 나타났다. 그런 점에서 20대 남성들이 경쟁의 가치를 유독 높이 평가한다는 가설도 신빙성이 떨어진다.[31] 즉 한국사회에서 모든 세대와 모든 성별에서 '공정'과 '경쟁'은 중요한 가치로 간주되고 있기 때문에 그것이 곧 세대 간의 차이를 만들어내는 요소가 아니었음이 판명되었다. 요컨대 공정과 경쟁에 대한 민감성은 '20대 남자 현상'이 아니라 '한국사회의 보편 정서'라는 사실을 확인할 수 있다. 이 점은 현재의 20대 청년이 묘사한 '90년대생'이 갖고 있는 공정성에 대한 이해방식과도 정확히 일치한다.

높았고, 부정평가(29.1%)도 가장 낮은 것으로 조사됐다. 「文대통령 지지율, 멈춘 하락세 다시 이어져, 48.5% 기록.」, 『news1』, 2018. 12. 17.
30) 천관율·정한울, 위의 책, 53-56면.
31) '경쟁에서 이긴 사람이 더 많은 몫을 가져가는 것이 당연하다'라는 문항에 대해 20대 남성의 82.1%가 동의했고, 이에 대해 동의 의사를 표한 전체 평균은 77.5%였다. 또한 '경쟁은 개인을 발전시키는 원동력이다'라는 문항에 대해서는 20대 남자의 60.8%가 동의했고, 전체 평균은 66.2%로 거의 유사한 결과를 보였다. 천관율·정한울, 위의 책, 71면.

과연 90년대생이 공정이라는 '가치'에 정말 충실한 것인지 검토할 필요가 있다. 내 개인적인 경험에 의하면, 어떤 이슈에 대한 관점이 아니라 실질적인 생활 세계로 내려오면 90년대생이라고 해서 딱히 더 이전 세대보다 공정에 민감한 것 같지는 않다. 90년대생이 조금 더 규칙 순응성을 보이긴 하지만, 그렇다고 해서 그들이 유난하게 사안마다 공정을 따지고 불공정에 항의하는 것도 아니다. 90년대생도 제도를 우회하고 무력화해서 자신들이 혜택을 얻을 수 있는 기회가 주어지면 적극적으로 활용한다. 최소한 다른 세대만큼은 말이다.[32]

그렇다면 '20대 남자'가 공정성에 유독 민감한 것은 아니라는 통계가 나왔음에도 '20대 남자' 집단에서 유독 공정성 시비가 불거지는 것처럼 보이는 이유는 무엇일까. 공정성에 대한 민감성은 한국사회의 전 구성원들이 중요하게 생각하는 가치라는 것이 조사 결과로 입증되었지만, 여기에 '젠더 문제'가 더해지면 '20대 남자' 집단이 갖고 있는 차이가 극명하게 드러난다. '남녀 간에 취업기회나 승진기회 등이 공정한가'에 대한 질문에 대해 20대 남성들은 다른 세대·성별과 완전히 다른 답변을 내놓았기 때문이다. 즉 '20대 남자'의 여론이 전 세대 및 전 성별과 비교해서 유일하게 일관되고 뚜렷한 차이를 보인 지점이 바로 '권력과 젠더가 만나는 영역'이었다. 이 조사 결과가 주목되는 이유는 기성세대에게서 찾아볼 수 없는 독특한 '20대 남자의 정체성'을 가장 극명하게 보여주기 때문이다.

요컨대 '20대 남자 현상'의 특징은 젠더와 권력 그 어느 한 쪽에 치우쳐져 있는 것이 아니라 정확히 이 두 가지가 결합되었을 때 뚜렷하게 달라진다. 현재가 불안정하고 미래에 대한 전망이 불확실해진 데다 점점 더 기회가 축소되고 있다는 공포와 불안은 20대 남성과 여성 모두에게서 나타나는 공통현상이다.[33] 즉 사회활동을 통해 자신의 삶과 미래를 보호할 수

---

[32] 임명묵, 『K-를 생각한다』, SIDEWAYS, 2021, 83면.

없다는 감각은 한국사회의 청년세대가 갖고 있는 공통정서인 셈이다. 그런 점에서 공정, 경쟁, 저성장, 기회축소와 같은 키워드는 현재의 청년세대를 분석할 때 여전히 중요한 척도가 될 수 있지만, 이 모든 것들이 다른 세대와 구별되는 '20대 남자 현상'을 설명해 줄 수 있는 분명한 기준이 되어주지는 못한다.

  이 점은 '세대 전쟁'의 프레임으로 청년담론을 독해하려는 태도가 그리 바람직한 방향이 아니라는 사실을 거듭 시사해준다는 점에서 강조될 필요가 있다. 오히려 권력과 젠더, 차별과 불공정에 대해 특별히 민감하게 반응하는 최근의 청년세대 담론에 부응하는 결과는 20대 남성의 25.9%에 해당하는 '남성 마이너리티 정체성 집단'을 포함할 때 가장 극명하게 나타났기 때문이다. '남성 마이너리티 정체성 집단'이란 (법집행과 같은) 한국사회의 권력구조 안에 남성 차별 기제가 작동한다고 간주함으로써 결혼시장과 같은 사회문화적 권력관계에서도 남자가 약자라고 믿는 부류를 가리킨다. 20대 남성 가운데 25.9%를 차지하고 있는 이들은 강고한 반페미니즘 집단 정체성을 형성하고 있는 것으로 알려져 있다. 다시 말해 이들이 분노하는 핵심은 (역차별이나 이기적인 여자들이 아니라) 정부의 양성평등정책과 같이 기존까지 지켜져 왔던 게임법칙을 왜곡함으로써 여성의 위치를 유리하게 만들어서 남성을 약자로 전락시켜버리는 '불공정한 시스템의 작동방식'이 존재한다고 믿는 데 있다. 즉 이들은 정부가 주도한 페미니즘을 매개로 삼아 '권력이 남성을 차별한다'고 인식함으로써 (여성차별보다) '남성 차별이 더 심각하다'는 의견에 대해 순도 100%에 이르는 강한 합의를 이루는 집단이다. 조사 분석 과정에서 순도 100%의 합의 집단은 좀처럼 볼 수 없는 매우 이례적인 현상인데, 데이터 분석에 따르면 20대 남성의 네 명 중의 한 명을 차지하는 이들이야 말로 현재 세간에서 말하는 '이대남 현상'을 추동하는 핵심 엔진이라고 할 수 있다.[34]

---

33) 천관율·정한울, 위의 책, 56-75면.

이렇게 볼 때 한국의 근대화 과정을 통틀어 진보와 혁신의 아이콘으로 작동했던 청년세대가 오늘날 이렇게 확고한 변심을 드러낸 것은 일종의 사건이라고 할 수 있는데, 이런 '이대남 현상'에는 소득 불평등과 양극화에 따른 기회 축소와 극심한 경쟁체제와 같은 사회·경제적 문제는 물론이고 세대갈등, 젠더갈등, 계층갈등 등 그 동안 축척돼 온 다양한 갈등구조의 문제들이 응축되어 있다는[35] 점에서 앞으로도 지속적인 연구 대상이 될 필요가 있다. 여기서는 하나의 극단적인 사회병리현상을 드러내기 위한 소재로 활용되었지만, 이것이 청년 우울의 현상학을 진단하기 위한 유용한 분석도구의 일종이 될 수 있다는 점은 여전히 유효하다. 오늘날처럼 인류 역사상 유례가 없었던 가부장제의 일시적인 퇴조 현상은 성차별 패러다임의 작동방식이 변형된 형태로 드러나고 있기 때문이다.

역사상 가부장제를 기반으로 하지 않는 경제 패러다임은 존재한 적이 없었다. 하지만 오늘날의 신자유주의는 과거의 계급과 젠더 질서의 방식을 가시적으로 변화시킨 원인을 제공했다. 이 가시성이 지나치게 과잉 해석된 결과 표면적으로는 남성과 여성의 지위가 바뀐 것처럼 왜곡되어 보이지만, 사실 청년세대 역시 모두들 각자도생하거나 사회적 고립이나 자발적 종속의 형태로 약육강식의 사회에서 고군분투하며 살아가고 있는 것은 변함이 없다. 즉 극단적인 젠더 갈등으로 가시화된 '이대남 현상'은 여성의 지위 향상에 대한 불만이 문제의 핵심이 아니라 생계부양자로서의 남성과 가사노동자로서의 여성이라는 기존에 존재해왔던 가족 이데올로기가 실업이 만연해진 현 사회에서 남녀 청년세대 모두가 더 이상 자기실현이 불가능해진 상황에서 불거진 현상이라고 할 수 있다.[36]

---

34) 천관율·정한울, 위의 책, 79-102면.
35) 한귀영, 「20대 남성의 보수화 논의, 그 역사와 함의」, 『정치와 공론』 제29집, 2021. 12, 168면.
36) 정희진, 「모두가 작가인 시대를 사는 법: 신자유주의 시대의 자아와 글쓰기」, 『릿터 Littor』 제31호, 2021. 8·9월호, 21면.

5. 병목사회와 끝나지 않는 우울

주지하다시피 한국사회에서 자신이 원하는 기회나 목표에 도달하기 위해서는 비좁은 통로를 통과해야만 한다는 인식이 강하게 자리 잡고 있다. 한국인들은 유년시절부터 시험 성적의 결과로 많은 것이 결정되는 서열화 된 사회 시스템 속에서 '병목사회'[37]의 경험을 지속적으로 체득해왔다. 점점 더 혹독해진 병목사회에서 한국인들은 승자독식의 법칙을 암묵적으로 용인해왔고, 그런 탓에 기회와 목표에 대한 접근을 단일구조로 이해해왔다. 즉 적은 기회를 잡기 위해 개인의 의식은 차별과 배제를 자연스럽게 생각해왔고, 시시각각 기회의 균등과 공정의 원리를 작동시켜가는 일이 사회의 모든 영역으로 확대되어 갔다.

더 나아가 점수와 업적처럼 보이는 것들을 돈과 권력으로 얻을 수 있는 유리한 입장에 있는 사람들과는 균등한 기회와 공정 원리를 공유할 수 없기 때문에 새로운 영역에서 이른바 '을(乙)들의 전쟁'이 확대되기도 했다. 소득 불평등이 초래한 극심한 경제적 격차는 더욱 더 심각한 기회의 축소를 가져왔고, 그에 따라 경쟁은 여러 영역에서 훨씬 더 치열해질 수밖에 없기 때문이다. 따라서 성공과 성취에 대한 보상은 더욱 중시되었고, 또 '공정한 기회균등'을 가늠하기 위해 타고난 재능이나 능력, 분배된 자산과 같이 개인의 위치를 평가하는 잣대는 점점 더 세분화되었다. 수많은 사회적 약자들이 반복된 좌절로 인한 우울감을 호소하고 스스로를 패배자의 위치에 두면서 경쟁을 포기해버리는 일이 자연스러운 것으로 용인되는 태도가 오늘날의 사회병리현상으로 이해되어야 하는 것은 바로 이 때문이다. 스스로 사회적 약자를 자처하는 저자들의 '힐링 에세이' 같은 개인 서사가 출판계에 범람하는 현상의 배후에는 이런 한국사회의 독특한 부조리가 놓여 있다.

---

[37] 조지프 피시킨 지음, 『병목사회』, 유강은 옮김, 문예출판사, 2016.

이런 사태가 보다 더 절망적으로 보이는 것은 병목사회 시스템을 기반으로 한 왜곡된 공정성과 능력주의에 대한 믿음이 만들어낸 차별과 배제의 작동 원리가 앞으로도 쉽게 바뀌지 않을 것이라는 전망 때문이다. 특히 데이터 분석 결과에 따르면 동시대의 그 어느 국가들에서보다 한국인들이 차별과 불평등에 진정으로 찬성하고 있다는 사실을 극명하게 보여주었기 때문이다. 1981년부터 2020년까지 40년간 총 일곱 차례 진행된 '세계가치관조사(World Values Survey)'[38]는 이러한 전망을 뒷받침해주는 지표가 된다. 가령 선진국의 경우 세속적 합리성과 자기표현 가치가 강하게 나타나고, 소위 개발도상국의 경우 전통적 가치와 생존적 가치가 강하게 나타나는 것이 그 동안 보여 왔던 일반적 경향이었다면, 데이터 분석 결과 한국은 매우 독특한 결과를 보였다. 즉 한국은 이미 선진국 범위에 들어섰을 뿐만 아니라 형식적 민주주의를 달성한 국가로 꼽히고 있음에도 세속적 합리성은 강하게 나타났지만 자기표현 가치는 매우 낮은 결과가 나왔다.

즉 한국은 경제성장, 사회질서 유지, 안보에 대한 집착은 강한 반면, 동성애자나 장애인과 같은 소수자와 이방인에 대한 관용이 지나치게 낮다는 결과가 나타났는데, 수치상으로 보더라도 제 6차 세계가치관조사(2010-2014)에서 한국은 '평등에 찬성한다'는 쪽이 23.5%인데 반해 '불평등에 찬성한다'는 쪽이 58.7%에 달했다. 이후 제 7차 조사(2020)에서는 '평등에 찬성한다'는 쪽이 12.4%에 불과한 반면, '불평등에 찬성한다'는 쪽이 64.8%로 그 어떤 국가들에서보다 크고 뚜렷한 차이를 드러냈다.

---

[38] 근대성과 민주주의를 연구해온 사회과학자 로널드 잉글하트(Ronald Inglehart)와 정치학자 크리스찬 웰젤(Christian Welzel)이 주도한 '세계가치관조사'는 1981년부터 2020년까지 약 40년 동안 각 국가의 가치관을 조사·비교해서 그것이 해당 국가의 경제 성장 및 민주주의 수준과 밀접한 관련이 있다는 사실을 보여주었다. 이 연구는 약 40년 간 진행된 방대한 작업이기 때문에 각국의 사회과학자들이 함께 이 프로젝트에 협력하고 있으며, 2020년 현재 총 7차까지 조사 연구가 진행되었다. 박권일, 『한국의 능력주의』, 이데아, 2022, 168-169면.

이런 편차는 여론조사 상에서 쉽게 나오지 않는 매우 극단적인 경우에 해당한다.39) 이렇게 한국사회는 경제 발전과 사회적 관용의 관련성이 크게 떨어지는 매우 예의적인 사례에 해당한다.

이처럼 지난 40여 년 동안 한국사회의 양극화가 매우 급진적으로 진행되어왔다는 사실을 돌이켜 볼 때, 한국 대학생들의 96.7%가 경쟁 과열로 인해 스트레스를 받아왔던40) 근본 배경이 어디에 있었는지에 대해 대략적인 설명이 가능해진다. 이것은 한국사회가 인간 생존을 둘러싼 모든 것을 경제 성장을 위한 목표에만 두었을 뿐, 소수자와 사회적 약자에 대한 배려와 관용을 확대하기 위한 실질적 민주화에 대한 성취에는 실패했다는 것을 의미한다. 또한 그 배후에는 상층부 엘리트들이 형식적 민주주의 의제 속에서 의도적으로 계층 이동의 진입장벽을 높여왔다는 혐의를 지울 수 없게 만들었다. 청년세대 내부의 젠더 갈등과 세대 단위 갈등, 소수자와 사회적 약자들의 지속적인 퇴보현상은 바로 이런 배경에서 기인했다. 세대를 갈라치기 함으로써 그 내부를 적대관계로 분리하려는 포퓰리즘의

---

39) '전통적 가치'란 종교나 가족과 같은 전통적 권위를 존중하고 이혼이나 낙태에 반대하는 경향을 의미한다. 이와 반대로 '세속 합리적 가치'는 종교나 가족보다는 과학과 기술에 권위를 부여하고 표준화된 삶을 선호하는 정도를 말한다. '생존적 가치'를 중시하는 국가는 경제 성장과 안전을 중시하고 사회적 신뢰와 관용 수준이 낮은 반면, '자기표현 가치'는 생태환경과 성 평등을 중시하고 외국인과 동성애자 등 소수자와 사회적 약자에 대해 관용적 가치를 우위에 둔다. 2010년 조사에서 한국인들 중 물질주의적 가치를 지지하는 비율은 45%로 나타났는데, 다른 선진국들에서 평균 20% 전후로 나타난 것과 비교할 때 이것은 매우 높은 수치다. 특히 한국은 고학력자와 고소득자 역시 평균치에서 차이를 보이지 않았으며 1981년-2020년까지 이런 특성은 거의 변화가 없었다. 또한 2008년과 2014년 조사에서 '자기표현 가치'에서 중국과 대만은 한국과 비슷했지만, 2020년에는 모두 한국을 추월해버렸다는 사실에서 비춰볼 때, 한국은 높은 수준의 경제성장을 이루었음에도 공공성, 타인에 대한 배려, 소수자와 약자에 대한 관용 수준과 같은 '자기표현 가치'는 전혀 상승하지 않았다. 이것은 한국사회가 지속적인 불평등 사회를 경험하는 과정에서 차별을 당연시하는 구조가 고착됨과 동시에 구조적 차별을 극복하기 위한 노력을 보이지 않아왔다는 사실을 반증한다. 박권일, 앞의 책, 170-178면.
40) 「대학생 89% "학생간 경쟁 치열함 느껴"」, 『아주경제』, 2011. 4. 21.

전략이 침투할 수 있었던 것도 바로 이런 사정과 관련이 있다. 과거 만국의 프롤레타리아는 단결했지만, 불안한 현재와 불확실한 미래적 전망에 놓여 있는 신자유주의의 프레카리아트는 단결할 의지를 상실해버렸으며 그런 점에서 이들의 우울증상은 앞으로도 지속될 것으로 보인다.

참고문헌

1. 논문 및 신문기사

MBC 뉴스, "10대 20대가 위험하다, 청년 자살률 왜 크게 늘었을까?", 2021. 9. 28.
국민일보, "10대男·20대女 급증, 자살률 OECD 1위", 2021. 9. 29.
아주경제, "대학생 89% '학생간 경쟁 치열함 느껴'", 2011. 4. 21.
연합뉴스, "쉽고 가벼운 에세이 '열풍', 작년보다 1.7배 더 팔려", 2018. 11. 14.
한국경제, "텀블벅, 2018년 크라우드펀딩 10대 트렌드 발표, 책도 앨범도 텀블벅으로", 2019. 1. 24.
가라타니 고진 지음, 조영일 옮김, 『근대문학의 종언』, 도서출판b, 2006.
권성우, "에세이 전성시대에 대한 단상", 서울신문, 2021. 9. 14.
변광배, 「저자의 죽음과 귀환: R. 바르트를 중심으로」, 『세계문학비교연구』 45(겨울호), 2013.
윤일홍·권해수, 「우리나라 자살률 추이의 재해석: 좌절된 소속감과 유전자-문화 공진화론의 입장에서」, 『한국심리학회지』 38, 2019.
정재승, "우울증, 작은 기쁨 못 느끼는 뇌의 오류, '나아질 거란 희망' 잃은 韓의 질병", 문화일보, 2021. 10. 5.
정희진, 「'모두가 작가인 시대'를 사는 법: 신자유주의 시대의 자아와 글쓰기」, 『릿터 Littor』 31(8·9월호), 2021.
제이티, 「노예들의 도덕 르상티망 〈니체〉」, 『brunch』, 2021.
한귀영, 「20대 남성의 보수화 논의, 그 역사와 함의」, 『정치와 공론』 29, 2021.
한문인, 「1991~2010년 신문기사 분석을 통해 살펴본 한국 우울증 담론의 변화와 그 문화적 함의」, 『한국문화인류학』 45, 2012.

2. 단행본

가야 스탠딩 지음, 『프레카리아트: 새로운 위험한 계급』, 김태호 옮김, 박종철출판사, 2014.
고요, 『나는 내가 왜 살아야 하는지 몰랐습니다: 20년간 우울증과 동행해온 사람의 치유 여정이 담긴 책』, 인디고, 2020.
김정원, 『오늘 아내에게 우울증이라고 말했다: 아픔을 마주하고 헤쳐가는 태도에 관하여』, 시공사, 2019.
문성철, 『우울해도 괜찮아』, 책읽는귀족, 2019.
박권일, 『한국의 능력주의』, 이데아, 2022.
백세희, 『죽고 싶지만 떡볶이는 먹고 싶어』, 흔, 2018.
사예, 『마음은 파란데 체온은 정상입니다: 사예의 우울증 일지』, 동양북스, 2021.
서늘한여름밤, 『어차피 내 마음입니다: 서툴면 서툰 대로 아프면 아픈 대로 지금 내 마음대로』, 위즈덤하우스, 2017.
신진욱, 『그런 세대는 없다』, 개마고원, 2022.
아마미야 가린 지음, 『프레카리아트: 21세기 불안정한 청춘의 노동』, 김미정 옮김, 미지북스, 2011.
앵그리 애나, 『사실은 괜찮지 않았어』, 채륜서, 2019.
윤지비, 『버티다 버티다 힘들면 놓아도 된다: 윤지비 이야기』, 강한별, 2020.
이가희, 『아임 낫 파인: 괜찮다고 말하지만, 괜찮지 않은 너에게』, 팩토리나인, 2018.
이모르, 『우울함이 내 개성이라면: 우울한 사람들을 위한 이모르의 그림 처방전』, 책비, 2020.
이소리, 『죽으려고 했어』, 호밀밭, 2018.
이철승, 『불평등의 세대』, 문학과지성사, 2019.
임명묵, 『K-를 생각한다』, SIDEWAYS, 2021.
전상진, 『세대게임: '세대 프레임'을 넘어서』, 문학과지성사, 2018.
정하, 『마치 우울하고 예민한 내가 죽기라도 바라는 것처럼』, 도서출판 잇다름, 2021.
조지프 피시킨 지음, 『병목사회』, 유강은 옮김, 문예출판사, 2016.
천관율·정한울, 『20대 남자: '남성 마이너리티' 자의식의 탄생』, 시사IN북, 2019.
프랑코 '비포' 베라르디 지음, 『죽음의 스펙터클』, 송섬별 옮김, 반비, 2016.
한병철 지음, 『피로사회』, 김태환 옮김, 문학과지성사, 2013.
ペク・セヒ 著, 山口ミル 翻訳, 『死にたいけどトッポッキは食べたい』, 光文社, 2020.

● 이 장은 『한국문예비평연구』 제74권, 2022. 6.에 게재되었던 것임을 밝힌다.

02장

'지잡대' 나와서 '좋좋소' 다니는 청년들의 공정

1. '공정의 역습'과 공정 담론의 혼란

문재인 정부 시기 '공정(fairness)의 역습'[1]이 진행된 이후 한국 사회에서 공정 개념은 격렬한 담론 투쟁의 장이 되었다. 여기서 공정의 역습이란, 과거 공정 담론이 비정규직과 같은 사회경제적 불평등과 불안정 문제를 중심으로 논의된 데 비해 문재인 정부 이후에는 입시·채용·자격 문제와 문재인 정부 및 586 세력에 대한 공격을 중심으로 다뤄지면서 공정 개념 자체가 혼란에 빠지게 된 상황을 말한다. 대표적으로 인천공항 보안업무 비정규직 노동자의 정규직화 정책에 정규직 노조가 반발하고, 일부 공시생들이 '무임승차'에 반대한다며 '부러진 펜' 운동을 벌인 것을 들 수 있다. 조국 전 법무부장관을 둘러싼 갈등 역시 '586세대 진보좌파의 기득권과 이중성', '불법과 특혜를 통한 계층 세습'이라는 비판을 받으며 공정성 논란을 일으켰는데, 이때의 공정 담론을 또 다른 거대 기득권으로서 불공정 구조를 구축해왔다는 비판을 받는 검찰과 보수언론이 주도했다는 점에서 복잡성을 갖는다.[2]

---

1) 「문재인 정부를 흔든 '공정의 역습'」, 『시사IN』, 2018. 3. 5.

공정은 특정한 개인 또는 집단에 특혜나 불이익을 주지 않고 모두가 공평한 기회와 보상을 얻는 것을 뜻하지만, 사실 이 개념은 역사적·정치적·철학적으로 오랜 시간 논의되어 오면서 고도로 복잡하고 중층적인 의미를 갖고 있다. 공정 개념은 본질적으로 자유와 평등, 정의와 같은 사회적 가치 요소를 내포하고 있으며, 이에 따라 개인과 집단의 위치, 이해관계, 사회적 맥락에 의해 다양한 의미로 해석되고 적용되는 다차원적 속성을 띤다. 특히 공정 개념은 사회 구성원에게 유무형의 자원을 분배하는 원칙이 될 뿐만 아니라 근본적으로 어떤 사회를 만들 것인가에 대한 가치의 문제와 연결되어 있으므로, 공정 개념을 전유하기 위해 치열한 헤게모니 투쟁이 벌어질 수밖에 없는 공간이기도 하다.

사회심리학을 비롯해 사회과학 분야에서 공정성 이론이 '형평(equity) 원칙', '평등(equality) 원칙', '필요(need) 원칙'으로 나뉜다는 것은 잘 알려져 있다. 개인에게 주어지는 보상이 그 사람의 재능과 노력, 훈련 등에 비례해 분배되면 형평 원칙을, 사회구성원 모두에게 균등하게 분배되면 평등 원칙을, 개인의 필요에 초점을 맞추어 배분되면 필요 원칙을 적용한 것이라 할 수 있다.[3] 여기에 하나를 더 추가한다면 '계약자유 원칙'을 들 수 있는데, 이는 자유로운 계약과 교환을 통해 각자 원하는 재화나 서비스를 얻게 되면 공정하다고 여기는 것이다. 또 이들 분배공정성과는 별개로 '절차공정성'도 강조되는데, 이는 자원 분배가 투명하고 신뢰할 만한 의사결정 과정에 의해서 수행된다면 그 결과가 불평등하더라도 공정하다고 보는 것이다.

한편 최근 한국 사회에서 벌어진 공정 논쟁은 '능력주의(meritocracy)'와 연관지어 논의된다는 특징을 갖고 있다. 능력주의는 출신 배경이나 세습이 아니라 능력(흔히 재능+노력)에 따라 차등적 보상과 지위 분배가

---

[2] 신진욱, 「더 큰 정의로 공정을 다시 쓴다」, 『창작과비평』 제49권 제3호, 2021, 48-61면.
[3] 박효민·김석호, 「공정성 이론의 다차원성」, 『사회와이론』, 2015. 219-260면.

이뤄지고, 나아가 능력이 곧 사회의 지배적인 가치나 힘이 되는 체제를 말한다. 이 능력주의는 한편으로는 지위와 신분이 세습되던 전근대 사회에서 능력에 따라 자원이 분배되는 근현대 사회로 이행되는 과정이라는 사회의 합리화 과정을 보여준다. 그러나 다른 한편으로는 개인의 능력이 형성되는 출발점이라 할만한 가족적 배경의 격차와 불공정하게 구축된 사회적 구조를 무시하고, 성공을 오직 자기 능력의 산물로 사고하도록 만들어 차별을 정당화한다는 비판을 받는다. 이에 따라 능력주의는 결과적으로 사회의 불평등을 유지, 확대하는 이데올로기로 여겨질 수 있다. 이러한 비판은 설사 기회의 불평등을 제거하고 공정한 절차를 확보한 '이상적 능력주의'가 실현된다 해도, 능력·노력·기여의 우연성과 측정 불가능성, 자원의 차등 배분과 축적에 따른 필연적인 불평등 확대 및 세습주의로의 회귀 등을 이유로 정당한 것으로 받아들일 수 없다는 주장으로 이어진다.

최근 한국의 공정 담론, 특히 직업과 교육 수준에서 상층을 차지하고 있는 청년세대와 보수언론이 주장하는 공정은 '능력주의 이데올로기+공정의 형평 원칙+절차적 공정'의 접합이라 할 수 있다. 이를 '차별적 공정'이라 명명하기도 하는데, 이는 공정 개념이 갖는 다양성 중에서 능력주의와 맞닿아 있는 형평 원칙만을 차용해 극단적으로 적용하거나 절차적 공정성만을 강조해 '공정'이라는 상징적 기호로 둔갑시켜버린 것이다.[4] 이 차별적 공정에 따르면 공정 개념은 기회의 평등만을 의미하는 것으로 편협해질 뿐 아니라, 공정한 규칙과 기회만 전제한다면 그에 따른 차별적 보상은 정당화되고 오히려 결과에 대한 차별은 좁은 의미로서 과정의 공정함을 지켜내는 중요한 원칙으로 작동하게 된다. 즉 '차별을 위한 공정'이 되는 셈이다.

---

[4] 사회공공연구원, 「차별적 공정담론 연구: 성격과 형성과정, 그리고 사회적 경향」 『연구보고서』. 2022. 4.

이에 따라 한국 사회의 능력주의적 공정을 비판하고 넘어서려는 논의는 계속돼왔다. 한국의 능력주의를 심층적으로 분석해온 박권일(2021)은 능력주의 문제를 넘어서기 위해 "형식적 공정성에서 실질적 공정성으로 나아가는 과정"이 필요하다고 역설했다. 이를 위해서는 기회를 구조적으로 제약당하는 약자와 소수자의 목소리가 반영될 수 있도록 정치를 바꿔나가야 하고, 또 특권이 클수록 부정부패와 경쟁의 부작용 역시 커질 수밖에 없기 때문에 각 분야에서 특권을 줄이며 '다원적 정의'를 실현하는 방법들을 구체적으로 고안해야 한다는 것이다.[5] 반면 능력주의를 무조건 배척할 것이 아니라 그 안에서 정의를 회복해야 한다는 주장도 있다. 정채석(2021)은 "정의와 평등을 능력주의의 공정성 회복을 위한 담론 전략의 중심 가치로 삼을 것"을 제안한다. 능력주의가 대중으로부터 폭넓게 인정받는 상황에서 능력주의에 기댄 공정 담론을 일방적으로 비판하고 거부하기보다는 "공정한 경쟁, 공정한 평가, 공정한 보상을 제약하는 사회구조적 조건들이나 현실적 맥락들을 드러내면서 능력주의 원칙의 한계를 비판하고 폭로하는 담론적 실천 전략"이 필요하다는 것이다.[6]

이상의 논의를 바탕으로 이 글은 현재 한국 사회에서 진행 중인 공정의 역습과 개념 혼란 문제를 해소하기 위해 다음과 같은 질문을 살펴보고자 한다. 한국 주류의 공정 담론에서 서로 밀접하게 연관된 것으로 여겨지는 공정과 능력주의는 과연 같은 것일까, 다른 것일까? 만약 둘 사이 차이가 있다면 어떤 점이 다르고, 그것이 갖는 의미는 무엇일까? 그리고 현재 한계에 부딪힌 한국 사회의 공정 담론을 보다 정당하고 정의로운 것으로 재정립하기 위한 방법은 무엇이 있을까? 이러한 물음에 답하기 위해 이 글은 한국 사회에서 공정 담론이 펼쳐지는 주요 영역이라 할 수 있는 노동과 교육에서의 공정성을 중심으로 논의를 펼치고자 한다. 교육과 노

---

5) 박권일, 『한국의 능력주의』, 이데아, 2021.
6) 정태석, 「능력주의와 공정의 딜레마: 경합하는 가치판단 기준들」, 『경제와사회』 제132호, 2021. 12-46면.

동은 한 사회에서 자원을 배분하는 중요한 통로가 될 뿐만 아니라, 대학 서열화에 따른 학력·학벌 차별, 대기업·중소기업 노동시장 구조에 따른 노동 격차 등 한국 사회의 핵심 과제와도 연관된 영역이라는 점에서 공정성을 살펴보기에 적합한 주제로 여겨지기 때문이다.

2. 'MZ 노조'의 진화(?)한 공정

우선 최근 한국 사회에서 가장 중심으로 떠오른 공정 담론을 살펴보자. 바로 'MZ노조'의 공정론이다. 2023년 2월 21일 MZ세대(1980~90년대 출생 밀레니얼 세대와 1990~2000년대 출생 Z세대) 사무직 노동자들이 주축이 된 노조 연합체 '새로고침 노동자협의회'가 발대식을 열고 출범했다. 여기에는 금호타이어 사무직노조, 부산관광공사 노조, 서울교통공사 '올바른노조', 코레일네트웍스 노조, 한국가스공사 '더 코가스' 노조, LG에너지솔루션 연구기술사무직노조, LG전자 사무직노조, LS일렉트릭 사무노조 등 '대기업·공기업·정규직' 8개 노조 조합원 6000여명이 참여했다. 이 단체는 민주노총이나 한국노총와 같은 노동조합법상 '연합(상급)단체'는 아니며, 각 노조가 경험을 공유하고 노동시장과 새로운 쟁의방식을 연구하는 수평적 협의체 성격을 가진다고 한다.[7]

사무직 MZ노조의 등장은 자신들이 몸담은 회사의 '연봉 및 성과급 배분', '채용 절차' 등에서 심각한 불공정이 도사리고 있으며, 여기서 느끼는 자신들의 불만을 기존의 노조가 해결해주지 못한다는 판단에서 비롯됐다. 원래 대기업·공기업의 사무직들은 노동자와 관리자 사이의 중간자적 위치라는 성격을 지닌 데다 대부분 단체협약에서 일정 직급 이상일 경우

---

7) "정치투쟁 그만, 공정과 상식으로"... 6000명 모인 MZ노조 협의체 출범", 『조선일보』, 2023. 2. 21.

노조 가입이 제한되는 경우가 많아, 생산·현장직에 비해 노조와는 거리가 멀었다. 하지만 경쟁이 심화하고 경제 성장이 침체된 시장 분위기 속에서 현재의 사무직 노동자들은 그동안 민주노총·한국노총으로 대표되는 거대 노조가 회사와의 교섭권을 갖고 강경 투쟁으로 임금·복지를 챙기는 동안 자신들은 소외됐다고 여기게 되었고, 이러한 문제의식이 '블라인드' 등과 같은 온라인 커뮤니티 속에서 분출되어 MZ노조의 탄생으로 이어지게 된 것이다.[8]

이들 MZ노조가 가장 앞세우는 가치는 단연 '공정'이다. 그중에서도 연봉 및 성과급 배분의 공정성이 가장 중요한 요소로 보인다. 새로고침 노협 유준환 의장(LG전자 사무직 노조위원장)의 언론 인터뷰들을 보면, 공정과 관련해 이들 요소와 연결 짓는 모습을 공통적으로 찾아볼 수 있다. 2021년 2월 LG전자 사무직노조를 만든 이후 그 설립 이유를 묻는 질문에 유준환 노조위원장은 다음과 같이 답했다.

"성과급 논란을 겪은 SK하이닉스 사건이 시작이었다. 이와 별개로 우리 자체적으로도 매해 누적된 불만이 있다. 4년차 연구원이라 모든 걸 다 보지는 못했지만, 다른 분들을 통해 불합리한 점이 많다는 점을 들을 수 있었다. 직접 요인은 성과급이다. 급여나 연봉테이블이 다른 대기업과 비교해 최하위 수준이다. 그렇다고 매출이나 영업이익이 작은 편이 아닌데도 임금인상률 자체가 너무 낮다."[9] "회사에서는 인사평가를 절대평가

---

[8] 이에 따라 이들 MZ노조는 기존 노조의 투쟁방식과 역할에 선을 긋고 '탈정치'를 강조하는 경향이 있다. 새로고침 노협 발대식에서 송시영 부의장은 "노조 본질에 불필요한 정치 편향적 구호가 아닌 미래 노동시장에서의 다양하고 올바른 입장을 대변하는 의지를 나타내고자 했다"며 "노조와 관계 없는 정치적 구호와 일부 불법적이고 폭력적인 시위로 대중적 인식이 안 좋은 것도 사실이고 효과가 있는지도 의문"이라고 말했다 (뉴시스, "정치 아닌 노조 본질 집중"…MZ노조 '새로고침 협의회' 출범, 2023.2.21.) 그러나 이와 관련해 민주노총 공공운수 노조는 성명서를 내고 "노조가 탈정치를 해야 한다는 주장은 노조의 태생과 역사를 전혀 이해하지 못한 몰역사적 주장"이라며 "공공기관 노조가 공공부문 정책과 무관하게 직원 임금·복지만 챙겨야 한다는 것도 정체성이 탈각된 채 현실을 반영하지 못한 주장"이라고 반론을 폈다.

로 진행한다면서도 한 팀에 A를 받은 사람이 몰리면 다른 팀 A보다 낮은 임금인상률을 적용하는데 이는 부당하다고 생각했다. (…) 전체적으로 조직원들이 열심히 했고 성과가 좋아서 고가가 A와 B에 몰렸는데 그로 인해 임금 인상 폭이 (다른 팀보다) 상대적으로 낮게 나온 것은 문제 (…)."10)

채용 절차의 공정성도 중요한 요소 중 하나다. 서울교통공사 올바른 노조, 한국가스공사 '더코가스' 노조 등은 문재인 정부에서 공공기관의 비정규직 정규직화 정책을 수행하는 데 대해 공정성 문제를 제기하며 만들어진 노조들로 알려져 있다.11) 유준환 의장 역시 MZ노조의 공정성을 논하며 기존 채용 절차에 대한 문제의식을 드러냈다. "일단 공정을 많이 얘기하는 것 같아요. 투명도 많이 얘기하고요. 채용시장에서의 투명도 그렇고, 다른 회사와의 비교도 쉽게 되는 세상이잖아요. 앱도 있고 익명 게시판도 있고 정보가 빠르게 공유되기 때문에 그런 부분들이 강조가 되는 것 같습니다."12)

이들 대기업·공기업 사무직 MZ노조가 내세우는 공정은 과연 정당한 것일까? 물론 정당한 면이 있다. MZ노조 탄생의 시발점이 된 것으로 알려진 2021년 초 SK하이닉스 성과급 논란을 살펴보자. 이는 2020년 하이닉스가 영업이익 약 5조 원을 달성하면서 2019년에 비해 2배 정도로 올랐는데도 성과급 규모는 연봉 20% 수준으로 별 차이가 없자 MZ세대 직원들이 대대적으로 반발한 사건으로, 한 4년차 직원이 전 임직원에게 이메일을 보내 불만을 토로하면서 이슈로 떠올랐다. 이 시기 업종이 유사한 삼성전

---

9) 「LG전자 사무직 노조, "MZ세대 특성 아닌 공정의 문제…생산직도 가입문의"」, 『노동 법률』, 2021. 4. 14.
10) 「91년생 LG전자 노조위원장 "MZ여서 나셨다구요? 시대의 열망이죠."」, 『서울신문』, 2021. 7. 15.
11) 「닻 올린 MZ노조…윤 정부 '갈라치기' 무색하게 만든 결의문」, 『한겨레』, 2023. 2. 21.
12) 「MZ노조가 그리는 새로운 노동운동은?」, 『TV조선』, 2023. 2. 21.

자의 반도체 부분 성과급이 연봉의 47%로 발표되어 하이닉스 직원들이 더 상대적 박탈감을 느낀 것도 사태에 영향을 미쳤다.13) SK하이닉스 성과급 사건은 결국 그룹 오너인 최태원 회장이 연봉 반납을 선언하고, 영업이익 10%의 재원으로 성과급을 지급하기로 개선하면서 일단락되었는데, 이후 MZ노조의 공정성 민감도를 대표하는 사건이 되었다.

　이 사건에 적용할 수 있는 공정은 우선 분배공정성의 형평 원칙으로 볼 수 있다. 자신이 열심히 일하고 기여해 기업이 좋은 성과를 낸 만큼에 비례해서, 그리고 유사 업종과 지위에 있는 다른 사람과 비교해서 납득할 수 있는 정도의 보상을 받아야 공정하다는 인식이다. 그리고 절차공정성의 투명성과 참여성 역시 중요하게 작용했다. 자원 성과급 산정의 기준이 무엇인지, 그 과정을 투명하게 공개하고 거기에 임직원이 참여할 수 있는 지가 공정의 핵심 기준으로 여겨진 것이다. 그러므로 사회에서 중요하게 여겨지는 공정 원칙을 추구하고 있는 이들의 공정론을 단순한 이기주의와 지배 이데올로기로 치부하기는 어렵다. 공정의 형평원칙에 따른 보상과 절차적 공정이라는 형식은 현대 사회의 제도와 심성 구조를 구성하는 기둥의 하나이며, 그러므로 이 자체를 폄훼한다면 다수 시민의 동의를 얻기 어려워질 수 있다.14)

　MZ노조가 비정규직의 정규직 전환을 불공정하다고 여기는 것도 같은 맥락이다. 제한된 취업 기회 속에서 공채시험은 이제까지 공정한 능력 평가 방식으로 여겨져 왔고, 따라서 개인이 노력한 결과로 시험 절차를 통과해 정규직을 성취한 입장에서 이에 상응하는 노력과 동일한 절차 없이 비정규직 노동자들이 자신과 같은 보상을 획득하는 것은 공정하지 않다고 여길 수 있다. 이 역시 분배공정성의 형평 원칙과 절차공정성의 객관성을 적용한 것이라 볼 수 있을 것이다. 시험과 공채제도를 통한 절차

---

13) 신재용, 『공정한 보상』, 홍문사, 2021.
14) 신진욱, 「더 큰 정의로 공정을 다시 쓴다」, 『창작과비평』 제49권 제3호, 2021, 48-61면.

적 공정 원칙은 제대로 지켜진다는 가정 하에서는 부모의 뒷배나 연줄을 통한 불법·탈법적 채용 행태를 막을 수 있다는 점에서 합리적인 면도 있다. 내신-대입-채용에서 매 순간 시험 경쟁을 통해 '토너먼트'를 겪어온 MZ세대에게 익숙하고 자연스러운 방식이기도 하다.

따라서 MZ노조가 내세우는 공정성을 우리 사회는 어느 정도 존중할 필요가 있다. 그러나 일면 정당한 것으로 보이는 이들의 공정론도 조금 다른 위치에서 보면 한계가 보인다는 점도 확실히 인식해야 한다. 그리고 그 한계는 한 기업이라는 울타리를 벗어나 전체 노동시장의 구조를 조망할 때 보다 명확해진다. 즉 한국 사회의 자원 분배 시스템에 대한 구조적 사고가 필요한 것이다.

3. '불공정 구조' 속 공정의 불공정 1: 노동시장

한국 노동시장에서 임금 격차가 심각한 수준이라는 것은 잘 알려진 사실이다. 통계청 '2021 임금근로일자리 소득(보수) 결과' 자료에 따르면, 기업규모별(매출액 기준)로 구분했을 때 대기업에 다니는 노동자의 월 평균소득은 563만 원, 중소기업은 266만 원으로 중소기업이 대기업의 절반도 되지 않는다. 종사자규모별로 살펴봐도 300명 이상 기업 노동자의 평균소득은 451만 원인 반면, 50~300명 미만 기업 노동자는 329만 원, 50명 미만은 245만 원에 불과하다.

대기업과 중소기업의 임금 격차는 다른 나라와 비교해서도 큰 편이다. 한 연구에 따르면, 500인 이상 대규모 기업 대비 중소기업의 임금 수준은 52.3%로, 미국(88.5%), 일본(85.8%)과 비교했을 때 격차가 크게 벌어진다(2016년 기준).[15] 국내 대기업 노동자는 다른 나라보다 임금을 '많이'

---

15) 노민선, 「기업 규모별 임금격차 국제 비교 및 시사점」, 『주소기업 포커스』 제17권

받고, 중소기업 노동자는 '적게' 받고 있기 때문이다. 대기업과 중소기업의 임금 격차가 벌어진 것은 장기적인 추세이기도 하다. 1980년에는 500인 이상 대기업과 중소기업 월평균임금 차이가 10%가 채 되지 않았지만, 1990년 무렵에는 대기업이 25% 정도 더 받는 것으로 격차가 벌어졌고, 1990년 후반부터 꾸준히 올라 최근에는 50% 정도 더 받는 수준에 이르렀다.[16)]

그렇다면 대기업과 중소기업의 커다란 임금 격차는 과연 공정한 것일까? 노동시장에서 통용되는 공정의 형평 원칙을 적용했을 때 정당하다고 볼 수 있을까? 경제학에서 임금 격차를 설명하는 몇 가지 이론 중 공정의 형평 원칙과 연결 지을 수 있는 대표적인 것으로 '인적자본이론(human capital theory)'을 들 수 있다. 인적자본이론은 개인의 능력 곧 인적자본에 대한 투자가 증가하면 생산성이 높아지고 이에 대한 보상으로 임금소득도 증가한다는 것이다. 이에 따르면 대기업 노동자는 중소기업 노동자보다 상대적으로 높은 인적자본을 보유했기 때문에 더 높은 생산성을 보이고, 그에 대한 보상으로 높은 임금을 받게 되면서 격차가 발생한다.

그러나 임금 격차에 대한 여러 연구들은 기업 규모별 보상 차이에서 능력에 따른 형평 원리가 엄밀히 작동하는 것은 아니라고 말한다. 한 연구에서 300인 이상 종사자가 근무하는 대기업과 중소기업의 임금 격차를 분석한 바에 따르면, 대·중소기업 간 총 임금 격차는 44.2%로 나타났고 이중 근속연수·학력 등 '인적자본' 차이에 의한 임금 격차는 23.8%, 인적자본 차이로 설명되지 않는 '차별'에 의한 임금 격차는 20.4%로 추정됐다.[17)] 이와 유사한 다른 연구에서도, 원청·하청기업의 총 임금 격차는

제13호, 2017, 1-16면.
16) 성재민, 「사업체 규모 간 임금 격차 추이와 몇 가지 원인 분석」, 『노동리뷰』 제196권, 2021, 9-24면.
17) 문영만, 「대기업과 중소기업 임금격차 및 결정요인」, 『노동경제논집』 제42집, 2019, 43-72면.

47.5%였는데 인적자본 차이에 의한 임금 격차는 28.8%이고 차별에 의한 임금 격차는 18.7%로 추정됐다.[18] 이러한 현상은 정규직·비정규직의 임금 격차에도 그대로 나타나, 정규직 노동자와 비정규직 노동자의 총임금격차 중 약 87%는 인적자본의 차이에 의해 설명될 수 있었지만 약 13%가 설명될 수 없는 부분으로 나타났다.[19]

'설명되지 않는' 임금 격차가 대기업 고임금·고위직일수록 더 두드러진다는 연구 결과도 있다. 이 연구에서는 300명 이상 기업이 누리는 '규모-임금 프리미엄'은 노동자의 임금 분위가 올라갈수록 상승하는 모습을 보였는데, 이는 임금이 높은 노동자일수록 규모에 따른 임금 혜택을 더 크게 누리고 같은 대기업에서 근무하더라도 임금이 낮으면 혜택을 덜 누리고 있다는 것을 의미한다. 즉 대기업에서 임금이 높은 사람일수록 규모-임금 프리미엄으로 인해 임금이 상대적으로 더 많이 상승하면서 규모 간 임금 격차를 확대시키고 있는 것이다.[20]

이처럼 한국 노동시장에서 대기업과 중소기업 간 발생하는 임금 불평등은 공정의 형평 원칙과 관련 있는 인적자본으로만 설명하기 어렵다. 오히려 노동자의 능력과 숙련보다는 '기업 차이' 때문에 임금 격차가 더욱 확대되는 것으로 보는 것이 정당하다. 최근 국책연구기관 경제·인문사회연구회가 한국 노동시장의 임금 격차를 종합적으로 분석한 결과를 보아도, "노동자의 숙련과 무관한 기업별 임금 프리미엄의 격차가 임금 불평등의 주요한 요인"이라고 밝히고 있다. 이때 중요한 것은 임금 격차가 기업이 생산성 이득을 노동자와 배분하는 정도(렌트 배분)가 강화됐기 때문이 아니라, 기업의 시장집중·외주화·비정규직 활용 등 구조적인 이유 때문

---

[18] 문영만, 「원·하청기업의 임금 격차 및 해소방안에 관한 연구: 공급측 요인과 수요측 요인의 종합적 접근」, 『지역사회연구』 제27집, 2019, 55-77면.
[19] 김윤환·김기승, 「임금분포에 따른 정규직과 비정규직의 임금격차에 관한 연구」, 『직업능력개발연구』 제21집, 2018, 167-190면.
[20] 송상윤, 「기업규모 간 임금격차 원인 분석」, 『노동경제논집』 제41집, 2018, 63-105면.

에 더욱 벌어진다는 점이다. 특히 1만 이상 '초거대기업'과 중소기업 간 임금 격차에서 노동자 특성으로 환원되지 않는 기업 측 원인이 더 두드러지게 나타나고 있다.[21]

그러므로 한국 노동시장의 임금 격차는 '분단노동시장이론(segmented labor market)'에 의해 보다 효과적으로 설명될 수 있다. 분단노동시장이론은 노동시장의 위계가 생산제품의 시장이 독과점을 형성해 수요가 안정적이고 이윤이 높은 '1차 노동시장', 경쟁적 상품시장과 불안정한 수요로 인해 이윤이 낮은 '2차 노동시장'으로 나뉘어 있으며, 두 시장은 서로 다른 임금 결정 체계가 작용하고 있다는 것이다. 이에 따르면, 1차 노동시장에 속하는 대기업은 구조적으로 높은 이윤과 지불능력을 가지게 되어 2차 노동시장인 중소기업보다 높은 임금을 지급함으로써 기업 규모에 따른 임금 격차가 발생하게 된다.[22] 이처럼 분단노동시장이론은 임금 격차가 노동자의 능력과 생산성에 비례해 벌어지는 것이 아니라, 노동시장의 구조적 문제 때문에 확대되는 것이므로 공정의 형평 원리를 엄밀히 따르고 있다고 보기 어렵다.

한국 대기업과 중소기업 관계와 자원 배분의 '구조적 불공정'은 임금 격차에 관한 공정성을 살펴볼 때 매우 중요한 요소가 된다. 물론 대기업이

---

21) 경제인문사회연구회, 「임금격차 해소방안에 관한 정책연구」, 『협동연구총서』, 2022.
22) 또 다른 임금 격차 이론으로는 '보상적임금격차이론(compensating wage differentials theory)', '효율성임금이론(efficiency wage theory)' 등이 있다. 보상적임금격차 이론은 작업조건이 더 힘들고 위험하거나 열악한 경우 적절한 노동력을 얻기 위해 보상임금을 지급한다는 이론이다. 실제로 프랑스 비정규직 노동자들은 고용불안정의 대가로 정규직에 비해 6~10%의 돈을 더 받을 권리가 있다고 한다. 이 역시 큰 틀에서는 공정의 형평 원칙을 적용할 수 있는 사례이지만, 한국 노동시장에서 일반화되어 있다고 보기는 어렵다. 효율성임금이론은 노동자에게 생산성에 따라 임금이 주는 게 아니라, 시장균형임금보다 높은 임금을 지불함으로써 노동생산성을 높인다는 이론이다. 상대적으로 잉여이윤이 많고 지불능력이 큰 대기업이 더 높은 생산성을 위해 더 많은 임금을 지불함에 따라 격차가 생긴다는 것이다. 이 역시 기업의 이윤 목적을 위해 노동자의 인적자본에 비례하는 수준보다 더 큰 보상을 준다는 점에서 엄밀한 형평 원칙을 따른다고 말하기 어려워 보인다.

협력 중소기업들에게 안정된 중간재 시장을 보장함으로써 협력기업을 성장시키는 측면이 있는 것은 사실이지만, 대기업들은 중간재를 공급하는 중소기업에 대해 우월한 협상력을 토대로 중간재 공급가격을 낮춰 높은 수익성을 추구하기도 했다. 중소기업의 혁신 성과가 있을 경우 대기업은 이를 비용절감을 납품단가 인하로 귀결시켜, 중소기업이 이룩한 성과를 대기업으로 귀속시키는 일도 빈번히 일어났다. 또 대기업들은 세계시장의 불확실성에서 초래되는 가격 변동 등의 위험을 일부 협력 중소기업에 분담시킴으로써 경기 완충의 수단으로 활용하기도 했다. 따라서 대기업 중소기업의 노동생산성 격차는 중소기업의 성과를 대기업이 전유하는 구조에서 비롯되는 측면이 있으며, 이는 대기업 노동자들과 중소기업 노동자들의 임금 격차를 심화시키는 데 기여하고 있다고 볼 수 있다.[23]

이 때문에 경제·인문사회연구회 연구도 기업 간 임금 격차를 줄이기 위해 다음과 같은 정책이 필요하다고 제안한다. '노동시장의 구조적 문제에 따른 생산성 격차를 줄이기 위해 중소기업의 생산성 향상에 대한 지원 우선', '기업의 생산성 향상이 중소기업의 매출 증가로 이어질 수 있도록 공정거래 촉진', '원·하청 관계에서 비대칭적인 시장지배력 문제를 해소하기 위한 정부의 강력한 의지 표명 및 정책 마련', '임금공시, 적정 임금제, 초기업적 임금결정제도 등 직무별 보상 도입', '연대기금 방식 도입', '조세제도와 2차 분배의 적극적 활용', '과도한 임금 격차의 피해를 보는 비정규직 등에 대한 직접적인 보호조치' 등이 그것이다.[24]

한국 노동시장의 이 같은 구조적 불공정에 주목하면, 일견 정당해 보였던 MZ노조를 비롯한 주류 공정 담론의 한계도 명확히 드러난다. 먼저 살펴볼 수 있는 점은 이들이 주장하는 공정의 형평 원칙이 '성 안에서만

---

[23] 남종석, 「한국 산업생태계의 구조적 특징과 위기」, 『뉴 래디컬리뷰』 제79집, 2019. 13-49면.
남종석, 「대기업-중소기업, 노동생산성 차이와 그 구조」, 『레디앙』, 2015. 6. 3.
[24] 경제인문사회연구회, 「임금격차 해소방안에 관한 정책연구」, 『협동연구총서』, 2022.

작동한다는 것이다. 대기업 안에서 자본가와 노동자, 고위직과 하위직, 사무직과 현장직에 대한 보상을 형평에 따라 공정하게 분배하는 일은 당연히 중요하다. 하지만 애초에 대기업의 높은 생산성과 성과가 협력 중소기업 몫의 일부를 수탈해왔던 측면이 있었다면, 이 구조 자체에서 공정의 형평 원칙이 실현됐다고 보기 어렵다. 그러므로 이러한 불공정 관계와 구조를 고려하지 않고 대기업 내부의 공정만을 얘기하는 것은 더 거시적 차원의 공정을 은폐하고 외면하는 것과 같다. 물론 대기업 노동자 개인들이 중소기업 노동자들의 임금을 직접적으로 수탈해왔다고 얘기할 수 있는 것은 아니다. 그렇지만 대기업 노동자들도 불공정 구조 속에 속해 있는 일원이고 그 가운데서 혜택을 받고 있는 점이 있기 때문에, 보상의 공정 원칙을 고려함에 있어 한국 노동시장의 자원 분배가 대기업-중소기업(원청-하청)의 불공정한 관계에 토대를 두고 있다는 사실을 중요하게 다뤄야 한다는 점은 분명하다.

같은 맥락에서 정규직과 비정규직을 가르는 공채제도와 같은 절차 공정성 역시 '성을 지키기 위한' 것에 머무른다는 한계를 지닌다. 절차 공정성 강조하는 것은 과정 자체에 집중하게 만들기 때문에 시스템의 구조와 분배 결과에 대한 논의를 소외시키는 경향이 있으며, 따라서 기왕에 벌어진 차별을 정당화하고 이를 유지, 확산하는 기제로 작동할 수 있다. 그러므로 한국 노동시장의 왜곡된 시스템에서 거시적으로 불공정한 자원 배분이 자행되고 있는데, 그 자원 배분을 가르는 절차와 기준만을 강조하는 것은 공정하지 않다. 비유하자면 '나쁜 게임'의 규칙과 절차를 제대로 지킨다고 해서 '선한 게임'이 되는 것이 아닌 것이다.

4. '불공정 구조' 속 공정의 불공정 2: 교육시장

자원 배분 시스템의 구조적 불공정과 그로 인한 보상의 불공정은 한국의 교육 영역에서도 나타난다. 교육과 노동은 인적자본의 개발 및 축적이라는 점에서 긴밀하게 연결돼 있으며, 따라서 자원 배분의 공정성 원칙을 살펴볼 때 한국의 교육 시스템과 연관 지어 들여다보는 일도 매우 중요하다. 이미 교육 경쟁의 출발선이라 할 수 있는 부모의 사회경제적 배경이 자녀에 교육 및 노동 성과에 지대한 영향을 미친다는 사실, 즉 부유한 가정에서 자란 자녀가 상위권대학에 더 많이 진학해 더 높은 임금을 받는다는 사실은 수많은 연구 결과가 뒷받침하고 있다. 그런데 이 같은 '기회의 불평등'은 차치하더라도 소위 말하는 대학 서열에 따른 노동시장의 보상 격차가 공정성 원칙에 어긋난다는 증거 역시 여럿 찾아볼 수 있다.

대학서열과 생애임금격차에 관한 최근 연구에서 대학 졸업자 1400여 명이 1998~2017년 20년 동안 받은 임금을 분석한 결과, 대학서열 상위 1집단(18개) 졸업자가 하위 5집단(53개) 보다 취업 시기엔 임금을 14% 더 많이 받고 40~44세 때는 최대치인 46.5% 많이 받는 것으로 나타났다. 여기서 취업 초기 임금 격차가 나이가 들면서 점차 벌어졌다는 점을 주목할 만하다. 이는 인적자본 수준이 높을수록 새로운 것을 더 빨리 배워 숙련도를 높일 수 있기 때문에 나이가 들수록 인적자본 수준이 더 높아진 것으로 볼 수도 있으며, 학벌효과나 네트워크 효과 등으로 불합리한 차별이 발생하고 노동시장의 비효율성으로 인해 차별이 더 확대된 것으로 볼 수도 있다. 이 연구는 분석 방법에 따라 후자의 가능성이 있다는 사실을 배제하지 않는다.[25]

다른 연구에서는 상위 1~30위 평판도 대학 졸업이 첫 취업 성과에 미친 영향을 분석한 결과, 상위 대학의 졸업은 대학 학점을 통제하든지 통제하지 않든지 임금 수준과 대기업 정규직 취업에 유의미한 영향을 미치는 것으로 나타났다. 즉 인적자본과 상관없이 상위 대학을 나왔다는 이유만

---

[25] 이지영·고영선, 「대학서열과 생애임금격차」, 『한국노동연구원 워킹페이퍼』 제1호, 2019, 1-37면.

으로 31위 이하 대학 졸업에 비해 취업과 임금에 혜택을 받는다는 사실이 통계적으로 나타난 것이다. 이에 대해 이 연구는 한국 사회에서 대학 학벌은 인적자본의 논리를 따르기보다는 '사회적 배제'의 관점으로 보는 것이 타당하다고 지적한다. 사회적 배제란, 한 집단이 교육 수준이나 재산 등의 수단을 통해 다른 집단들을 자원이나 기회로부터 배제시키는 현상을 말한다.[26]

교육 수준과 노동시장 성과를 '지방대'를 중심으로 분석한 연구도 있다. 이 연구에 따르면, 다른 조건이 유사할 때도 지방대 졸업자는 인서울대 졸업자에 비해 약 16% 정도 낮은 임금을 받는 것으로 추정됐다. 또 지방대 졸업자는 중소기업이나 전공과 맞지 않는 직장에 다닐 확률이 상대적으로 더 높은 것으로 나타났다. 이 결과들을 볼 때, 지방대-인서울 출신 간 임금 격차는 비슷한 직장 내에서의 생산성 차이보다는 취업한 직장의 질적 차이에서 비롯될 가능성, 즉 입직 단계의 선별에 의한 것일 가능성이 높다고 할 수 있다.[27]

이 같은 결과들을 보면, 교육-노동과 연계된 보상의 격차는 개인의 능력과 노력뿐만 아니라 대학 간판에 따른 '선별'과 '배제'에도 적잖은 영향을 받고 있음을 알 수 있다. 이 역시 대기업, 중소기업 간 임금 격차와 마찬가지로 개인이 아니라 대학의 차이로 인한 구조적 차별로서 공정의 형평

---

[26] 김성훈, 「대학 학벌이 대졸자의 첫 취업 성과에 미치는 영향」, 『교육과학연구』 제45집, 2014, 1-20면.
[27] 김희삼, 「지방대학 졸업자의 노동시장 성과와 지역별 교육격차」, 『한국개발연구』 제32집, 2010, 55-92면. 이 연구에 의하면, 인서울 대학 졸업자와 지방대 졸업자 간 임금격차의 2/3는 학과 평균 수능점수의 차이로 설명될 수 있는 것으로 나타났다. 이는 나머지 1/3은 인적자본 논리에 따라 설명되지 않는다는 것을 뜻한다. 이에 대해서는 두 가지 가설을 생각해 볼 수 있다. 첫째, 입학 당시의 수능점수가 같더라도 지방대가 제공하는 교육서비스의 질이 낮기 때문에 지방대 졸업자의 인적자본이 상대적으로 낮으며, 이로 인해 임금의 격차가 나는 것이라 할 수 있다. 둘째, 교육서비스의 질은 차이가 없는데도 노동시장에서 지방대 출신자들이 단순히 불이익을 받는 경우를 생각해 볼 수 있다.

원칙에 어긋난다. 공정의 형평 원칙을 엄밀히 적용한다면 대학 간판과 학벌 효과라는 차별적이고 중복적인 혜택이 개인에게 귀속되는 것을 정당화하기 어려우며, 따라서 상위권대 출신이 자신이 받는 보상을 능력과 노력에 따는 결과로 당연하게 생각하고 우월적 태도를 갖는 것은 합당하지 않다.

한국에서 대학 간 격차 역시 구조적으로 불공정한 시스템에서 비롯된 측면이 크다. 대표적 사례가 정부 재정지원의 격차다. 대학교육연구소가 2019년 정부의 대학재정지원을 분석한 보고서에 따르면, 전국 4년제 대학에 지원한 '일반지원금(학자금과 국공립대 경상비 지원 제외)' 대학당 지원액은 수도권대가 225억 원이었지만 지방대는 121억 원으로 절반 정도에 불과했다. 가장 많은 격차가 벌어진 연구개발사업 재정지원을 보면, 수도권대의 지원액은 149억 원인데 비해 지방대는 52억 원으로 3분의 1 정도밖에 되지 않았다. 특히 연구개발사업 전체 지원액 중 상위 10개 대학이 차지하는 비중은 43.8%에 달해 상당액을 소수대학이 독점하고 있었고, 그 상위 대학 내에는 서울 대규모 대학 6곳이 포함되어 있었다. 지방대는 특성화대인 포항공대를 제외하면 지방거점국립대 3곳뿐이었다. 정부 지원의 대학 규모 및 서열 간 격차와 지역 간 격차가 복합적으로 빚어지고 있는 것이다.[28]

여기서 또 주목할 것은 4년제대와 전문대의 격차다. 정부의 전문대 일반지원금은 4년제 대학 일반지원의 1/10 수준에 그쳤다. 분석 대상인 전국 대학 중 4년제대는 198곳, 전문대학은 136곳으로 수적으로 큰 차이가 나지 않지만, 지원금액은 이렇게 큰 격차가 나는 것이다. 따라서 대학당 지원액 역시 4년제대는 수도권대 337억 원, 지방대 185억 원이었지만, 전문대는 수도권과 지방 모두 34~35억 원으로 낮았다.

가장 공정하게 자원을 배분해야 할 정부가 일부 상위권대에 심각하게

---

28) 대학교육연구소, 『정부 대학재정지원 분석. 현안보고』 통권22호, 2021.

편중된 방식으로 재정 지원을 한 이유는 능력주의에 입각한 '선택과 집중', 그리고 절차적 공정인 '평가와 경쟁'을 거친 선별적 차등 지원 방식을 채택했기 때문이다. 소위 명문대로 불리는 '스카이' 대학은 설립 초기 때부터 엘리트 교육기관으로서 집중 지원과 특혜를 받았으며, 1990년대 대학 재정 지원제도가 획일적 평가를 통한 선별 지원 방식으로 바뀐 이후에도 그동안의 경쟁 우위를 바탕으로 독과점적 혜택을 누렸다. 그러므로 정부의 일부 명문대에 편중한 집중 지원은 공정의 형평·평등·필요 원칙에 모두 어긋나는 '역진적 배분'이며, 이는 한국 교육 시스템의 구조적 불공정을 그대로 드러낸다. 그리고 이러한 한국 교육의 불공정한 구조는 각 개인의 교육-노동 성과에 대한 보상의 불공정으로 이어진다. 수능점수나 입시제도에 대한 단순한 공정성 논의가 진정한 공정 논의가 될 수 없는 이유다. '불공정 구조' 속의 공정은 결국 불공정일 뿐이기 때문이다.

5. 공정과 능력주의의 결별, 그리고 구조적 정의

이상의 논의를 바탕으로 이 글은 자원 분배의 공정성을 논의함에 있어 다음과 같은 결론을 내리고자 한다. 첫째, 공정의 형평 원칙과 능력주의 이데올로기는 구분해야 하며, 공정의 형평 원칙은 존중하되 능력주의는 경계해야 한다. 노력과 기여에 따른 정당한 보상을 공정하다고 보는 공정의 형평 원칙은 세습적·귀속적 특권을 차단하고, 부패와 불법, 반칙을 거부하는 도구로 유용하며, 신분 사회에서 계층이동을 가능하게 해주는 사다리 역할을 하는 게 사실이다. 따라서 이 원칙은 사람들에게 가장 쉽고 명확하며 직관적인 것으로 받아들여지고, 현실 사회에서 강력한 분배 원칙으로 작동하고 있다. 실제로 오늘날 한국 사회에 존재하는 상당수의 차별과 불공정은 공정의 형평 원칙을 엄격히 적용하는 것으로 대응할 수 있다. 노동시장에서 가장 공정한 것으로 받아들여지는 '동일가치노동

동일임금' 역시 비례적 형평에 정당성의 근거를 두고 있다. 무엇보다 공정의 형평 원칙은 다른 평등·필요 원칙의 존재를 인정하고 이들과 상호작용할 것을 고려하기 때문에, 상대적으로 유연하며 사회적 협력과 연대를 도모하고 정의와 평등의 가치를 존중할 가능성을 배태하고 있다.

능력주의는 이와 다르다. 능력주의는 공정의 형평 원칙과 상당 부분 중첩되고 그 장점을 수용하고 있지만, 능력에 대한 보상과 차별의 정당화를 '절대화'한다는 점에서 큰 차이가 있다. 공정의 형평 원칙은 운이나 가정배경, 사회적 조건 등 불가항력적인 요소나 구조적 불공정에서 오는 불합리한 격차에 대해 관심을 기울이지만, 능력주의는 이를 은폐하고 오히려 차별을 합리화하는 무기로 동원된다. 승자들이 승리를 오직 자기 노력의 결과라고 여기고 자신을 우월하게 여긴 채 다른 사람을 업신여기고 차별하는 것을 당연하게 생각하도록 만드는 것이다. 이에 따라 능력주의 안에서 공정하고 합리적인 격차와 불합리하고 차별적인 격차는 구분되지 않는다. 그러므로 우리는 상대적으로 겸손한 원칙인 공정의 형평 원칙과 오만한 이데올로기인 능력주의를 정확히 구분해야 하며, 자원 배분의 공정성을 논의할 때는 철저히 전자를 적용하도록 주의해야 한다. 경제사회적 자본의 세습을 방지하고 불법·편법을 폐지하는 등의 목적으로 능력주의 원칙을 적용할 때는 사회적 합의에 따라 꼭 필요한 분야에 적용하되 공정의 형평 원칙에 어긋나지 않는 수준에서 시행되어야 한다.

둘째, 우리 사회 자원 배분 시스템에 구조적 불공정이 존재하며, 이를 고려하지 않고 진정한 공정을 실현하는 것은 불가능하다는 사실을 직시해야 한다. 한국에서 가장 안정적이고 처우가 높은 대기업·공기업 노동자들이 자본가, 동료 노동자와 공정하게 자원을 배분하는 일은 매우 중요하지만, 그것이 '성 밖' 노동자들과 사회 구성원의 희생을 고려하지 않는 것이라면 결과적으로 공정하지 않다. 이는 '성 안'의 구성원들도 대기업-중소기업, 원청-하청, 정규직-비정규직 사이의 불평등한 권력과 위계, 그리고 이로부터 비롯된 뒤틀린 재원 배분 시스템을 개선하는 데 적절한 관심을 기울여야 한다는 뜻이다. 사회구조적 차원의 정의에 대해 낸시 프레이저는 '긍정'과 '변혁'을 구분하고 사회 구조의 틀을 바꾸는 것의 중요성의 역설했다. 그에 따르면 "부정의에 대한 긍정적 개선책"은 사회질서의 불공정한 결과를 창출하는 근저의 틀은 손대지 않은 채 그 틀이 만들어 내는 결과를 교정하고자 하는 것을 의미하고, "변혁적 개선책"이란 이와는 반대로 근저에서 이를 발생시키는 틀을 재구조화함으로써 불공정한 결과를 교정하고자 하는 것을 의미한다.[29] 따라서 한국 사회에서 공정을 논의할 때는 이미 주어진 자원 분배 시스템의 부조리한 관계와 맥락을 무시하거나 당연시해서는 안 되며, 보다 엄밀하고 정당한 공정을 실현시키기 위해 필요한 구조적·제도적 변화를 도모하고 실천하는 수준까지 나아가야 한다.

셋째, 공정의 형평 원칙이 한계를 지녔다는 점을 정확하게 인식하고, 평등·필요 원칙을 비롯해 참여, 연대, 존엄과 같은 '정의'의 가치를 복합적으로 사유해야 한다. 공정의 형평 원칙은 명확하고 강력하며 한 측면에서 정의로운 것이지만, 이것만으로 공정성을 논의한다면 필연적으로 부정의에 가닿을 수밖에 없다. 우선 형평 원칙의 주요 기준인 노력과 능력, 기여 등은 그 자체로 추상적이고 상황이나 맥락에 따라 완전히 의미가 달라져, 객관적인 기준과 합의를 만들기가 어렵고 이에 따라 자원 배분이 왜곡될 수 있다. 형평 원칙을 관철하는 과정에서 비례 논리에 근거하지 않는 다른 중요한 가치를 소외시키거나 부정하는 결과를 낳을 수도 있다. 예를 들어 성별, 인종, 나이, 지역, 외모와 신체조건, 장애, 종교, 성적 지향 등 다양한 차이는 무시되고, 누적된 차별 속에 놓인 사회적 약자에게 보다 혜택을 주는 '적극적 우대 조치'와 같은 것도 들어올 자리가 없다. 특별히 이 원칙에 따라 우리가 상상할 수 있는 가장 완벽한 상태의 공정을 이룬다고 하더라도, 그 끝은 정의롭지 않다는 점이 중요하다. 공정의 형평

---

29) 낸시 프레이저 외 지음, 문현아 외 옮김, 『불평등과 모욕을 넘어』, 그린비, 2016.

원칙이 완전하게 실현된다는 것은 '이상적 능력주의'가 실현되었다는 것과 일맥상통하는 말인데, 이는 결국 어느 정도의 보상 격차와 축적을 인정하는 것이고, 종국에는 소수에 대한 자원 집중과 불평등, 사회적 배제를 불러올 수밖에 없기 때문이다.

따라서 신진욱(2021)은 "더 큰 정의로 공정을 다시 쓰는 것"을 강조한다. 그에 따르면, 지난 몇 년 동안 한국 사회의 공정 담론은 '신자유주의 주체의 능력주의적 믿음'과 '기득권 집단의 수구적 담론 전략', 그리고 '구조적 불평등 문제에 대한 분노'라는 이질적인 요소들이 혼재해 있었다고 할 수 있다.[30] 그러나 이제 정의로 다시 쓰는 공정은 신자유주의와 능력주의, 상층 기득권을 중심으로 입사시험, 채용절차, 자격증 등을 논의했던 협소화된 공정론을 넘어 더 큰 정의를 말해야 한다. 즉 이는 "절차적 정의를 중시하되 그 한계를 주시하고 자본주의 사회의 비례・등가적・계산적 정의의 지배력에 대항하면서 지배계급들에 의해 간과되고 억압되는 평등적 정의를 확대하는 것"을 의미한다. 나아가 더 큰 정의는 "평등, 존엄, 인권, 박애, 연대와 같은 다른 보편적 가치들과 어울려 풍부해져야 한다".[31] 이처럼 정의로 다시 쓰는 공정은 한국 사회 각 개인과 집단에 정당한 보상의 근거가 될 수 있을 뿐만 아니라, 비합리적 차별과 부조리한 구조에 저항하는 토대가 될 수도 있고, 각 개인 및 집단의 공동체적 인정과 연대의 씨앗이 될 수 있다.

6. 다시 쓰는, N개의 공정론

결론적으로 우리 사회의 공정론은 성 밖에 '보통 사람'의 공정론이어야

---

30) 신진욱, 「더 큰 정의로 공정을 다시 쓴다」, 『창작과비평』 제49집 제3호, 2021, 48-61면.
31) 신진욱, 위의 논문, 48-61면.

한다. 즉 이 글에서 논의한 교육-노동 영역에서 말하자면, '지잡대'를 나와서 '좋좆소'에 다니는 청년들의 공정이어야 하는 것이다. 잘 알려졌다시피, '지잡대'는 '지방에 있는 잡스러운 대학'의 줄임말로 2000년대 중반 이후 인터넷을 통해 널리 퍼진 혐오 표현이다. 원래 지방 소재 대학 중 일부 부실대학을 가리키는 말이었지만 점차 수도권을 제외한 지방 소재 대학 전체, 나아가 서울 소재 학교를 제외한 대학 전부를 뜻하는 말로 범위가 넓어졌다. '좆좆소'는 2021~2022년 중소기업의 현실을 다루며 유행한 웹드라마 이름으로 '좆소좆소 좆소기업'을 줄인 말인데, 여기서 '좆소'는 본래 중소기업을 욕하면서 부르는 'X소'를 표현한 속어이다. 지역대학과 중소기업은 우리 사회에서 가장 평범하고 일상적이며 우리 사회 구성원 대다수가 몸 담고 있는 곳임에도 불구하고, 이 같은 차별적 표현으로 불리는 것 자체가 한국 사회의 부조리와 사회적 비극을 보여주고 있다.

현재 주류 언론과 정책의 언어가 '인서울' 대학을 나와 '대기업·공기업 정규직'에 다니는 청년들의 이야기에 주목하고 있지만, 이들은 기껏 상위 10~15% 수준 사람들의 이야기를 대변해주는 것일 뿐이다. 실제로 언론 보도에서 다뤄지는 청년 세대 공정 담론은 엘리트와 중산층 중심으로 환원되거나 구매력이 높은 일부 소비층과 그들의 취향으로 소구되는 양상으로 나타난다. 이러한 협소한 청년 담론은 매우 다양하고 이질적인 청년 세대의 모습을 소수 엘리트 집단으로 환원해 과잉 대표하고, 계급이나 젠더 등과 관련한 청년 세대 내의 다양한 불평등 문제를 무시하고 삭제하는 문제점을 지닌다.[32] 청년들 중에서도 능력주의 원칙과 절차공정성 원칙을 선호할수록 불평등을 옹호하고,[33] 능력주의 믿음이 강할수록 소득불평등을 정당화하려는 경향이 발견되는데,[34] 이들의 목소리가 과대 대표되

---

32) 김수아·이설희·홍남희, 「세대 갈등 관련 보도실태 및 개선 방안」, 『한국언론진흥재단 지정주제 연구보고서』, 2022. 2.
33) 박현아, 「청년들의 소득불평등에 대한 공정성 인식: 불평등 관계의 다양성을 중심으로」, 『경제와사회』 제135집, 2022, 278-313면.

면서 한국 사회 전체에 능력주의적 공정론만이 확산되고 있는 것이다.

이 때문에 공정 담론 밖 청년들에게 공정은 내 얘기 아니라 관심이 없는 것이거나, 자신이 소외됐다는 사실을 깨닫는 절망을 주는 것이거나, 불평등과 불공정을 악화시키는 상황에 분노를 불러오는 것이 될 수밖에 없다. 지방대 구성원들이 한국 사회의 학벌 문제를 깊이 파고든 〈어느 대학 출신이세요?〉를 보면, 조국 사태로 온 나라가 시끄러웠던 시기 한 지방대 학생이 "서울대는 조국의 학교라서, 고려대는 조국 딸의 학교라서, 부산대는 조국 딸이 입학한 의학전문대학원이라서 재학생들이 촛불시위와 같은 목소리를 낼 수 있었다고 생각한다"고 인터뷰한 대목이 나온다.[35] 명문대와 의전원 등 엘리트 교육기관 입시를 위해 논문·인턴과 같은 고급 스펙을 쌓는 일을 두고 벌어지는 논란들이 전혀 피부에 와 닿지 않는다는 말이다.

사회공공연구원이 지방대 출신, 중소기업·비정규직, 성소수자 등 '공정 담론 밖' 청년들을 인터뷰한 바에 따르면, 이들이 느끼는 한국 사회의 공정 담론에 대한 인식은 다음과 같다. "첫째, 현재의 공정 담론에 대해 피로감과 소외감을 느끼고 있었고, 둘째, 차별적 공정 담론이 전제하는 시험주의가 자신의 삶을 부정하고 있다고 느끼고 있었다. 셋째, 공정 담론이 정작 청년인 자신의 삶에 큰 영향을 미치는 차별에 대해 말하지 않음으로써 차별의 구조를 은폐하고 있다고 인식했다. 넷째 차별적 공정 담론 때문에 청년들에게 필요한 정책을 공론화시키지조차 못한다고 여기고 있었고, 또 차별적 공정 담론이 소수자인권을 악화시키는 등 인권정책의 후퇴를 가져올 것이라고 보았다."[36] 이처럼 '지방대'를 나와서 '좋좋소'에

---

34) 이희정, 「청년들은 소득불평등을 어떻게 바라보고 있는가?: 사회계층 인식과 능력주의 인식을 중심으로」, 『한국사회학』 제56집, 2022, 45-82면.
35) 제정임·곽영신 외 저, 『어느 대학 출신이세요?』, 오월의봄, 2021.
36) 사회공공연구원, 「차별적 공정담론 연구: 성격과 형성과정, 그리고 사회적 경향」, 『연구보고서』, 2022. 4.

다니는 절대 다수의 청년들, 그리고 이러한 조건조차 갖추지 못한 이들에게 현재의 공정 담론은 저들의 것일 뿐 내 것이 아니다.

그러므로 우리 사회에 필요한 공정 담론은 그동안 소외되어왔던 담장 밖 청년들을 아우르는 구조적이고 총체적인 것이어야 한다. 즉, 소수 상위권대에 국가 자원을 독과점적으로 지원하는 교육 시장에서 출신 대학 간판에 따른 차별적·중복적 보상 혜택이 주어지고, 기업 규모와 지배에 따라 약탈적 이중구조로 형성된 노동시장에서 개인의 능력·노력과 무관한 보상 격차가 누적적으로 벌어진다는 사실을 폭로하는 것이어야 한다. 그리고 사회적으로 합당한 관심과 지원을 받지 못한 채 더 열악한 교육환경에 몰리고 구조적으로 자신의 노력한 만큼의 성취를 얻기 어려운 지방대·전문대·대학비진학 학생들, 자신이 땀 흘리고 수고한 만큼 보상을 받기는커녕 제 몫의 일부를 불공정한 시스템 속에 빼앗기고도 차별은 당연하고 합리적인 것이라는 목소리 속에 파묻힌 중소기업·하청·비정규직 노동자들의 정당한 요구와 필요를 드러내는 것이어야 한다. 현재 한국 사회에서 다층적인 위기로 인해 취업·연애·출산 등 N가지의 것들을 포기해 'N포 세대'라고 불리는 보통 청년들의 입장에서 제각기 다시 쓰는 'N개의 공정론'이 필요한 것이다.

참고문헌

김성훈, 「대학 학벌이 대졸자의 첫 취업 성과에 미치는 영향」, 『교육과학연구』 45(4), 1-20, 2014.

김수아·이설희·홍남희, 「세대 갈등 관련 보도실태 및 개선 방안」, 한국언론진흥재단 지정 주제 연구보고서 2022-02.

김윤환·김기승, 「임금분포에 따른 정규직과 비정규직의 임금격차에 관한 연구」, 『직업능력개발연구』 21, 167-190, 2018.

김희삼, 「지방대학 졸업자의 노동시장 성과와 지역별 교육격차」, 『한국개발연구』 32, 55-92,

2010.

남종석, 「한국 산업생태계의 구조적 특징과 위기」, 『뉴 래디컬리뷰』 79, 13-49, 2019.

낸시 프레이저 외, 『불평등과 모욕을 넘어』, 그린비, 2016.

노민선, 「기업 규모별 임금격차 국제 비교 및 시사점」, 『중소기업 포커스』 17(13), 1-16, 2017.

임희성, 「정부 대학재정지원 분석」, 『대학교육연구소 현안보고』 22, 2021.

문영만, 「대기업과 중소기업 임금격차 및 결정요인」, 『노동경제논집』 42, 43-72, 2019.

_____, 「원·하청기업의 임금 격차 및 해소방안에 관한 연구: 공급측 요인과 수요측 요인의 종합적 접근」, 『지역사회연구』 27, 55-77, 2019.

박권일, 『한국의 능력주의』, 이데아, 2021.

박현아, 「청년들의 소득불평등에 대한 공정성 인식: 불평등 관계의 다양성을 중심으로」, 『경제와사회』 135, 278-313, 2022.

박효민·김석호, 「공정성 이론의 다차원성」, 『사회와이론』 27, 219-260, 2015.

송주명 외, 「차별적 공정담론 연구: 성격과 형성과정, 그리고 사회적 경향」, 『사회공공연구원 연구보고서』 2022-04, 2022.

성재민, 「사업체 규모 간 임금 격차 추이와 몇 가지 원인 분석」, 『노동리뷰』 196, 9-24, 2021.

송상윤, 「기업규모 간 임금격차 원인 분석」, 『노동경제논집』 41, 63-105, 2018.

신재용, 『공정한 보상』, 홍문사, 2021.

신진욱, 「더 큰 정의로 공정을 다시 쓴다」, 『창작과비평』 49(3), 48-61, 2021.

오상봉 외, 「임금격차 해소방안에 관한 정책연구」, 『경제인문사회연구회 협동연구총서』 22-49-01, 2022.

이지영·고영선, 「대학서열과 생애임금격차」, 『한국노동연구원 워킹페이퍼』 1, 1-37, 2019.

이희정, 「청년들은 소득불평등을 어떻게 바라보고 있는가?: 사회계층 인식과 능력주의 인식을 중심으로」, 『한국사회학』 56, 45-82, 2022.

정태석, 「능력주의와 공정의 딜레마: 경합하는 가치판단 기준들」, 『경제와사회』 132, 12-46, 2021.

제정임·곽영신 외, 『어느 대학 출신이세요?』, 오월의봄, 2021.

남종석, 「대기업-중소기업, 노동생산성 차이와 그 구조」, 레디앙, 2015. 6. 3.

시사IN, 「문재인 정부를 흔든 '공정의 역습'」, 2018. 3. 5.

조선일보, "'정치투쟁 그만, 공정과 상식으로'… 6000명 모인 MZ노조 협의체 출범, 2023. 2. 21.

노동법률, "LG전자 사무직 노조, 'MZ세대 특성 아닌 공정의 문제…생산직도 가입문의'", 2021. 4. 14.

서울신문, "'91년생 LG전자 노조위원장 'MZ여서 나섰다구요? 시대의 열망이죠.'", 2021. 7. 15.

한겨레, "닻 올린 MZ노조…윤 정부 '갈라치기' 무색하게 만든 결의문", 2023. 2. 21.

TV조선, "MZ노조가 그리는 새로운 노동운동은?", 2023. 2. 21.

03장

준비되지 않은 돌봄과 준비된 돌봄 사이
-한국 소설 속 돌봄 노동자 이야기

1. 돌봄 노동은 누가 해야 하는가

　불과 이삼 십여 년 전만 하더라도 돌봄 노동은 부모의 도리, 자식의 효도, 가족의 희생과 같은 수식어로 포장되어 값으로 환산할 수 없는-또는 환산해서는 안 되는-의무이자 마땅한 행위로 인식되었다. 게다가 '돌봄은 숭고한 행위'라는 사회적, 윤리적 평가는 돌봄 노동을 자본으로 교환하는 과정을 자연스럽게 지워버림으로써 대가나 보상을 원하는 돌봄 노동자들을 향해 '천박하다', '돈밖에 모른다'는 식의 비판을 정당화하는 명분이 되기도 했다.
　그나마 가부장제도가 견고했던 시절, 남자는 경제 노동을 책임지고 여자는 가사와 돌봄 노동을 책임지는 것이 기본 값이었던 시절에는 이런 논리가 별 저항 없이 통했고 가족과 공동체 역시 이 구조 안에서 그럭저럭 잘 굴러갔다. 그러다 1970년대에 들어서면서 자본주의 이데올로기가 도입되었고 이것만이 한국 경제를 살릴 수 있는 가장 확실한 방법이라는 믿음 아래 여성, 농민, 아이까지 노동력을 가진 사람은 모두 경제 활동에 동원되었다.

장밋빛과 함께 경제 부흥이 도래하면서 풍족한 삶이 일상화될 때쯤 비웃기라도 하듯 경제 불황이 불어 닥쳤다. 견디면 될 줄 알았던 경제 불황은 끝을 모르고 곤두박질쳤고 그 고통은 유감스럽게도 여전히 진행 중이다. 경제 불황이 닥치기 전까지만 해도 공동체의 단위였던 가족은 '먹고사니즘'을 위해 이제 개인으로 잘게 쪼개져 흩어져야 했다. 아버지의 경제 노동만으로는 가족이 먹고 살기에 턱없이 부족했기에 각자가 1인분의 삶을 살아내기 위해 가족은 해체되어야 했다. 1인 가구 증가는 이러한 사회적 배경과 무관하지 않다.

공동체를 구성하는 단위가 쪼개지고 나뉘는 과정에서 여러 문제가 발생했지만, 그중에서 가장 큰 문제는 돌봄 노동의 공동화(空洞化)와 그로 인한 경제적 비용 발생이었다. 그동안 가족의 돌봄 노동을 (강제) 책임져야 했던 엄마, 아내, 며느리, 딸이 모두 경제 활동에 투입되면서 돌봄 노동 영역은 비게 되었고, 돌봄 노동은 불가피하게 타인의 노동으로 채워야 했다. 문제는 역시나 비용이다. 그동안의 돌봄은 여성의 무급 노동으로 채울 수 있었지만 이제는 이것이 불가해지면서 비용을 지불하는 유료 노동이 된 것이다.

돌봄의 비용이 만만치 않은 것도 문제지만 돌봄 노동자의 조건이나 능력 또한 천차만별인 것도 무시할 수 없는 문제였다. 마음에 맞는 좋은 돌봄 노동자를 구하기란 쉽지 않다. 물론 경제적 여유가 있다면 그나마 선택할 수 있다. 성격이 좋은 사람, 힘이 좋은 사람, 오랜 시간 돌봄이 가능한 사람 등등 돌봄 노동에 적합한 사람을 선택해 고용하면 되기 때문이다. 그러나 경제적 여유가 있으면서 돌봄 노동자를 고용하는 경우는 드물지 않을까 생각한다. 대개는 자신이 경제활동을 통해 번 돈의 일부를 돌봄 노동에 써야 하는 경우가 많기 때문에 가능한한 돌봄 노동자의 고용 시간을 최소화하거나 공동 간병인을 고용하는 방식으로 비용을 아끼기 위해 애를 쓴다.

돌봄 노동이 필요한 당사자들의 의견이 뒷전으로 밀리는 것도 문제다.

돌봄이 필요한 당사자들은 어린아이, 노인, 환자 등 자신의 의견을 명확하게 제시할 수 있는 능력이 없거나 결정권이 없는 사람들이다. 돌봄 노동자는 보호자의 경제 능력과 처지에 따라 선택되고, 돌봄 노동자 역시 당사자보다 고용주의 의중을 더 중요하게 생각한다. 돌봄 노동자-당사자-고용자의 관계는 상호관계이어야 하지만, 실제로는 위치가 정해지고 그 위치에 따라 통보하고 받는 일방관계인 경우가 많다.

시대가 변하고, 사회가 변했다고는 하지만 그래도 돌봄 노동은 가족이 담당하고 있는 경우가 대부분이다. 그래도 남보다는 낫지 않겠냐는 이유로, 돌봄 노동자를 쓰는 비용이 네가 버는 돈보다 더 크다는 이유로, 하다못해 학대니 폭력과 같은 건 걱정하지 않아도 된다는 이유로 말이다. 그러나 정작 가족의 돌봄 노동을 담당한 당사자들의 생각은 다르다. 다른 선택권이 없어서 돌봄 노동의 책임을 떠안기는 했지만 '나'만 갈아 넣어야만 하는 돌봄, 끝이 보이지 않는 돌봄의 세계는 생각만으로도 우울하다. 돌봄 노동 자체가 싫다는 게 아니라 돌봄 노동으로 인해 타인으로부터 소외되는 것, 내 일상이 소멸되는 것이 싫다는 것이다.

야박하게 들릴지도 모르겠지만 가족만이 가족을 돌봐야 한다는 명제, 가족이 가족을 가장 잘 돌볼 수 있다는 낡아버린 지 오래다. 가족 해체, 독립가구 증가, 저출산, 고령화 현상은 일시적인 문제도 아니고 남의 이야기는 더더욱 아니다. 당면한 현실이자 피할 수 없는 변화다. 그렇기 때문에 가족에 의지하는 돌봄 노동 역시 방향 전환을 해야 한다.

우리에게 필요한 건 숭고함으로 포장된 돌봄이나 필자에 기대는 무거운 돌봄이 아니라 먹고 입고 싸는 것처럼 기본적인 돌봄, 필요할 때 언제든지 요청할 수 있는 가벼운 돌봄이다.

돌봄이 필요하지 않는 사람은 없다. 내가 태어나 지금까지 문제없이 일상을 유지할 수 있는 건 돌봄 노동 비용을 다양한 방식으로 지불하고 있기 때문이다. 돈일 수도 있고, 마음일 수도 있다. 아니면 또 다른 노동 형태일 수도 있다. 돌봄 노동은 한 방향으로 흐르는 것이 아니라 순환한다. 수많은 누군가의 돌봄으로 지금의 내가 되었듯이 지금은 아니더라도 언젠가는 나 역시 돌봄 노동을 해야 한다. 이건 선택이 아니라 필수다.

어떤 사람은 이를 대비해 돌봄 노동과 관련한 것들을 준비하기도 한다. 돌봄과 관련한 각종 자격증을 따기도 하고 자신의 수입 일부를 돌봄 노동에 쓰기 위해 따로 떼어 놓기도 한다. 하지만 그렇지 못한 경우도 많다. 돌봄 능력이 없는 상태에서 당면하게 되는 실직이나 갑작스러운 사고, 예상보다 빨리 도착한 부모의 질병은 준비할 시간도 주지 않고 돌봄 노동을 요구한다. 여기에 선택권은 그다지 없어 보인다. 당장의 돌봄을 포기할 수 없기에 어쩔 수 없이 자신의 일상을 일부 포기하는 게 가장 현실적이다. 힘들지만 이 정도는 그럭저럭 감당할 수 있다고 믿고 또 그렇게 자기 최면을 건다. 하지만 두려운 건 앞으로 포기해야 할 일상이 점점 늘어날 것이 분명하다는 데서 오는 좌절감과 패배감이다.

종료를 알 수 없는 돌봄 노동, 하면 할수록 외로워지는 돌봄 노동은 한 개인의 미래를 차단한다. 행복하게 함께 사는 게 불가능하다면 함께 죽는 것밖에 할 수 없다는 생각에 미치는 순간 비극은 벌어진다. 간병 살인은 법이나 윤리, 도덕만으로는 옳고 그름, 선과 악을 판단할 수 없는 처절하고 참혹한 비극이다.[1] 멀리서 들려오는 타인의 슬픈 이야기를 뉴스에서나 나오는, 멀리서 들리는 비극으로 쉽게 치부해서는 안 된다. 언제든지 나의 비극, 당신의 비극, 우리의 비극이 될 수 있기 때문이다.

지난 2월, 어머니가 자식을 죽인 사건이 세간에 알려졌다. 38년 동안 중증 장애를 앓는 자식을 돌본 여자는 자식이 불치병까지 앓게 되자 자기 손으로 자식을 죽였다. 검찰은 징역 3년을 구형했고 법은 선처를 받아들여 집행유예를 선고했다.[2] 의료 전문가는 재판 과정에서 "간병 가족이 구제받을 수 있는 국가 제도를 만드는 계기가 되도록 검찰이 역할을 해

---

[1] 유영규 외, 『간병살인, 145인의 고백』, 루아크, 2019. 은 간병 살인의 당사자와 관련자를 인터뷰한 책이다.
[2] 『한국일보』, 2023년 2월 11일자.

달라"고 호소했다. 우리는 그가 저지른 범죄가 살인이라는 데 멈추지 않고 자신의 인생을 향한 피맺힌 절규이자 울부짖음이라고 이해하고도 남는다.

이 글이 다루고자 하는 세 편의 소설은 모두 돌봄 문제를 다룬 것들이다. 백온유의 『페퍼민트』는 '영 케어러(Young Carer)'로 불리는 청년 돌봄 노동자의 가족 돌봄 이야기고, 이주혜의 『자두』와 김유담의 『돌보는 마음』은 각각 부모와 아이의 돌봄 노동을 맡은 성인의 이야기다. 화자는 모두 여자다. 다른 성인 보호자가 없는 것도 아니고, 가족이 없는 것도 아니지만 그들은 저마다의 이유로 각각 부모와 자녀의 돌봄 노동을 책임지고 있다. 그들은 기약 없는 돌봄 노동 앞에서 서서히 지쳐가고 있다. 더 정확하게는 돌봄 노동에서 벗어나고 싶다는 간절함과 그러면 안 된다는 검열 사이에서 괴로워한다.

세 편의 소설에 등장하는 주인공이 가진 공통적인 고민은 '타인의 삶과 내 삶을 병행할 수 없는 나다. 그들의 능력과 실력은 돌봄 노동을 전담하는 순간 뒷전으로 밀려난다. 이제부터는 돌봄 노동이 1순위가 되어야 하기 때문이다. 그러나 돌봄 노동은 내가 선택한 것이 아니라 주어진 것이라는 것, 그것은 내가 선택할 수 없다는 데서 갈등은 시작된다.

일방적으로 주어진 의무 앞에서 돌봄 노동자가 가장 두려워하는 건 돌봄 행위에 대한 두려움보다 그로 인해 나의 일상이 파괴되는 것, 나의 예외적이고 비일상적인 조건으로 인해 타인과 단절되는 것이다. 게다가 열과 성을 다해 돌봄 노동을 했지만 돌아오는 말이라고 해봤자 '좀 더 잘 해주었으면 얼마나 좋았을까.' 같은 서운함을 듣기라도 하면 도대체 얼마나 더 잘해주어야 '착하고 좋은 돌봄 노동자'로 '인정'해 줄지 되묻지 않을 수 없다.

2. '영 케어러'의 욕망이 현실이 되기까지: 백온유, 『페퍼민트』

영 케어러(Young Carer)의 사전적 의미는 집안일과 가족의 돌봄을 도맡은 18세 미만의 아동을 가리키는 말[3]로 영국에서 처음 만들어진 용어다. 영국과 달리 일본의 경우 영 케어러의 범위를 10대에서 30대까지 포함하기도 하는데, 한국 역시 일본과 비슷하게 10대에서 미혼의 30대까지 영 케어러로 보는 경향이 일반적이다. 최근에는 '청년 케어러' 혹은 '청년 돌보미'라는 용어를 좀 더 많이 쓰기도 하는데, 아버지를 돌보는 20대 청년의 이야기를 담고 있는 『아빠의 아빠가 됐다』[4]라는 책이 대중에게 널리 알려지면서 청년 케어러의 문제가 사회적 이슈가 되기도 했다.

영 케어러의 증가 원인에는 여러 가지가 있지만 평균 수명 연장으로 인한 세대 내 고령자 증가, 이와 반대로 세대 인구의 감소가 주요 원인이다. 이와 함께 핵가족, 1인 가구 증가로 인한 가족 내 돌봄 노동자의 부재 역시 원인 중 하나로 꼽힌다.

가족 내에서 돌봄 노동과 경제 노동을 하는 사람이 각각 구분되어 있으면 그나마 다행이지만 한 사람이 두 가지 노동을 동시에 수행한다면 그 무게는 훨씬 무겁다. 게다가 물리적, 신체적인 한계로 인해 둘 중 하나를 선택해야 하는 상황에 놓이게 되면 경제 노동 대신 당장 급한 돌봄 노동을 선택하곤 하는데, 이 과정은 결과적으로 빈곤으로 가는 과정이라는 점에서 나은 선택은 될 수 있어도 좋은 선택이라고 말할 수 없다. 돌봄 노동을 하게 되면 정기적, 정규적 노동을 하는 것은 어렵게 되고 어쩔 수 없이 비정기, 비정규, 시간제와 같은 불안정한 노동을 선택할 수밖에 없다. 경제적 취약층이 될 가능성은 말하지 않아도 충분히 예상 가능하다.

영 케어러의 경우 미성년이라는 이유로 경제노동을 하지는 않지만 대

---

3) 시부야 도모코, 『영 케어러』, 황소걸음, 2021년, 6쪽.
4) 조기현, 『아빠의 아빠가 됐다』, 이매진, 2019년.

신 학업을 병행해야 한다. 그러나 당장 눈앞의 돌봄이 해결되지 못한 상황에서 긴 시간을 학교에서 보내야 하는 것은 부담이기도 하고 학습에 집중하기도 쉽지 않다. 학교에 있는 시간 동안 돌봄이 필요한 가족에 무슨 일이 생길지도 모른다는 불안감, 장기간 계획과 시간이 필요한 학업에 대한 회의감은 영 케어러의 학업을 방해하는 장애물이다. 결국 두 가지 업(業) 사이에서 갈등하다 결국 학업을 포기하는 영 케어러가 많은데, 학업 중단은 성인이 된 후 여러모로 불리하게 작용하는 동시에 질 나쁜 노동 시장으로 유입될 가능성이 크다는 점에서 문제적이다.

백온유의 장편소설 『페퍼민트』는 식물인간이 된 엄마를 돌보는 영 케어러 시안의 이야기다. 시안은 병원에서 삼 년째 엄마를 돌보고 있다. 물론 주 간병인은 아빠이고, 시안이 학교에 가 있는 동안은 유료 간병인을 고용하고 있지만 24시간 돌봄이 필요한 엄마를 위해서는 시안 역시 돌봄 노동자가 되어야 했다.

시안이 돌봄 노동을 외면할 수 없는 이유는 책임감과 죄책감 때문이다. 책임감이란 자식은 부모의 돌봄을 책임져야 한다는 사회적 의무에서 비롯된 감정이고, 죄책감이란 부모에게 돌봄에 대해 보답하지 않는 것은 불효(패륜)로 규정하는 것에 대한 자기검열이다. 시안은 이 두 가지 감정으로 엄마를 위한 돌봄 노동을 버텨 나간다.

시안에게는 돌봄 노동만큼이나 중요한 것이 있으니 바로 학교생활이다. 청소년기에 학교는 학습 그 이상의 의미를 지니는 공간이다. 학교에서 또래를 만나고 또래를 통해 교감하며 동시에 사회 구성원이 되기 위한 필요한 덕목을 익히기 때문이다. 그리고 이 과정에서 개인은 자아실현의 욕망을 꿈꾸며 미래를 설계한다.

하지만 시안에게 학교생활은 사치에 가깝다. 당장 내가 없으면 생사가 결정되는 엄마 앞에서 친구와의 교감, 연대, 자아실현 따위는 중요하지도 시급하지도 않은 문제다. 장기적인 관점을 갖추지 못하고 자신이 해야 할 일과 돌봄 노동 사이에서 갈등[5]하는 시안의 모습은 보통의 영 케어러가 거치는 갈등과 똑 닮아있다.

시안은 학교생활과 돌봄 노동 사이에서 오는 괴리감으로 때로는 슬프고 때로는 불쾌하다. 돌봄 노동자로서 시안은 빨리 철 든 아이로 통한다. 엄마가 있는 병원에서 시안을 오랫동안 지켜본 다른 돌봄 노동자들은 시안에게 칭찬을 아끼지 않는다. 요즘 세상에 저렇게 의젓하고 마음이 깊은 아이는 없다는 말로 시안을 격려한다. 그러나 그 칭찬이 좋게 들리지만은 않는다. 정말 그렇다는 게 아니라 그래야 한다는 의무감을 시안에게 심어주는 것 같아서다.

병원과 달리 학교에서 시안은 무책임하고 의욕 없는 학생이다. 반에서 자기 번호가 무엇인지도 모르고 해야 할 일이 무엇인지 체크하지 않아 선생님께는 혼나고 친구들에게는 피해를 주는 왕따 아닌 왕따다. 저번에도 그러더니 이번에도 교실 청소를 안 하고 또 도망 가냐는 친구의 비난에 시안은 자신은 절대 그런 적이 없다고 화를 낸다. 그러나 칠판에 쓰인 청소 담당 번호가 자신의 번호라는 걸 그제야 알게 된 시안은 밀려오는 부끄러움과 동시에 교실이라는 공간이 낯설게 느껴진다.

학생으로서의 시안은 또래 친구들에게 투명해져 보이지 않은 된 지 오래다. 시안에게 학교는 그저 학생이란 사회적·공적 신분을 유지하기 위해서 거쳐 가는 공간에 불과하다. 이 공간에서 시안은 누구와도 사적 관계를 만들지 않는다. 사적 관계는 곧 친밀함을 의미하는데 안타깝게도 시안은 학교에서 친밀함을 나눌 대상이 없다. 마치 유령 같은 존재다. 왜 그럴까.

비슷한 경험과 그것을 공유하는 과정은 또래 집단 형성에 있어 중요한 과정이다. 성적 문제, 이성 문제, 교우 문제와 같은 것은 비슷한 또래라면 겪는 문제들이고 이를 공유하다 보면 자연스럽게 유대감과 신뢰감이 생긴다. 반대로 지극히 개인적인 경험, 보편적이지 않은 경험은 공유하기 어렵

---

5) 시부야 도모코, 『영 케어러』, 황소걸음, 2021년, 9쪽.

다. 경우에 따라서는 치명적인 약점으로 작동할 수도 있다. 이른바 비정상적인 가족 관계, 다수와 다른 독특한 취향이나 가치관이 놀림거리의 대상이 되는 것이 집단 따돌림, 소외의 이유가 되는 사실만 보아도 쉽게 짐작할 수 있다.

가장(시안의 아빠)의 경제적 무능력과 가사 담당자(시안의 엄마)의 부재는 자칫 또래에게 비정상적인 가족이라는 편견을 심어줄 수 있다. 시안은 이러한 편견이나 오해 아예 차단하기 위해 주변 친구들에게 돌봄 노동에 대해서 일절 언급하지 않는다. 하지만 돌봄 노동으로 인한 피로감과 무력감은 학교에서 고스란히 드러난다. 수업시간에 잠을 자기 일쑤고, 엄마 걱정에 수업을 제대로 들을 수 없다. 또래 친구들의 고민은 시안에게 그저 시답지 않은 수다일 뿐이다.

그런 시안에게 해원이 등장한다. 한때는 시안의 가장 친한 친구였던 해원과의 재회를 통해 시안은 돌봄 노동의 무게로부터 가벼워질 수 있는 계기를 갖게 된다. 하지만 해원은 시안에게 돌봄 노동의 굴레를 씌운 장본인 가족의 일원이라는 점에서 불편하고 또 불쾌한 존재이기도 하다. 해원 엄마의 부주의로 시안 엄마가 병을 얻고 그로 인해 식물인간이 되었기 때문이다. 하지만 그 사실을 모르는 해원은 과거처럼 시안과 사적 친밀감을 기대한다. 시안은 그런 해원이 얄밉다. 아무렇지 않게 일상을 유지하는 가해자 가족과 해원의 모습에서 불합리함을 느낀 시안은 얄미움을 넘어 해원에게 마땅한 대가를 치르게 하고 싶다는 생각에 이른다.

결국 시원은 해원에게 엄마의 상태를 눈으로 확인시켜줌으로써 자신이 해원과는 완전히 비일상적이고 비정상적인 삶을 살아가고 있다는 걸 밝힌(coming-out)다. 그렇게 해서라도 해원이 죄책감을 느끼길 바라는 마음이었다. 그러나 이 행동은 해원을 단지 괴롭게 하기 위한 "고약한 마음"만이 아니라 역설적으로 자신의 약점을 드러내서라도 타인과 유대하고 싶다는 간절함에서 비롯된 것이기도 하다는 점에서 마냥 비난하기 어렵다.

해원에게 화살을 돌리는 것은 어쩌면……비약이겠지만 더 이상 그것은 내게 중요하지 않았다. 그러면 뭘 원하는데?
저 애가 내가 느끼는 고통의 일부의 일부라도 이해하는 것(강조: 인용자)

시안의 목적은 해원이 죄책감으로 고통스러워하는 것이라고 말하고는 있는 듯하지만 근본적인 목적은 해원이 자신의 고통을 이해해주길 바라는 것에 있다. 이해한다는 것은 곧 타인과 감정을 교환하고 교감하는 것에 다름 아니다. 해원이 고통스럽길 바라는 시안의 마음은 역설적으로 해원이 자신의 고통을 이해해주길 바란다는 마음, 자신의 고통을 공감해주길 바라는 마음과 다르지 않다.

엄마의 투병, 그로 인한 돌봄 노동의 시작, 일상의 파괴는 겨우 열여섯 살의 시안이 받아들이기 너무나 벅찬 짐이었다. 효도나 철들었다는 말로 수용하기에 시안은 너무 어리고 약했다. 긴 기간 동안 돌봄 노동으로 시안이 느낀 건 외로움과 두려움이다. 돌봄 노동을 고통을 나눌 상대가 없다는 데서 오는 외로움, 자신을 유령처럼 대하는 또래와 그 속에서 느끼는 단절감, 자기 일상은 이런 방식으로 유지되다 결국 사라질지도 모른다는 두려움이다.

다행스럽게도 시안은 돌봄 노동만큼이나 중요한 것은 자신이라는 걸 깨닫게 된다. 엄마의 돌봄을 타인에게 맡기는 것은 슬프지만 자신을 지키는 것 역시 중요하다는 걸 아는 시안은 엄마의 돌봄 노동으로부터 한 발짝 멀어지기로 결심한다. 동시에 과거의 미움과 증오의 대상이었던 해원과 안녕을 고한다. 해원이 싫어서가 아니라 자신의 감정으로부터 객관화하기 위해서다. 해원과 나은 관계, 긍정적인 관계를 유지하기 위해서 역설적으로 해원과 관계를 종료해야 한다는 게 옳다는 판단이다. 해원과의 관계 청산은 시원에게 돌봄이라는 세상 말고도 다른 세상을 나아가도록 만드는 또 다른 계기가 된다는 점에서 유의미하다.

3. 내가 훔친 돌봄: 이주혜, 『자두』

　이주혜의 장편소설『자두』는 주인공 유나가 시아버지의 간병을 하면서 일어나는 이야기를 담은 소설이다. 결혼 9년 차, 프리랜서 번역가, 아이가 없는 유나는 비교적 안정적인 결혼 생활을 유지한다. 돌봐야 하는 대상이 없는 덕분에 여유롭고 또 자유롭다. 아이를 낳으라는 부모의 잔소리가 없는 건 아니지만 불임이 병이 아님에도 치료까지 받으면서까지 아이를 낳을 생각은 남편인 세진도 유나도 없다.

　유나가 시아버지를 처음 만나러 간 날 그는 "봄꽃보다 반가운 사람이 왔구나."라며 유나를 기꺼이 맞이한다. 아들인 세진만큼이나 자신에게 사랑을 주는 시아버지를 보며 유나는 며느리가 아니라 딸처럼 대하겠다는 시아버지의 말에서 진심을 느낀다. 그냥 하는 말이 아니라는 것을 증명이라도 하듯이 시아버지는 유나를 딸처럼 대하면서도 동시에 친딸에게 하듯 함부로 기대지 않는다. 신혼부부를 끼고 사는 건 추태라고 하면서 아들 내외와 합가를 강하게 거부하는 시아버지를 보며 유나는 돌봄의 무게를 덜 수 있어서 다행이라고 솔직하게 말한다. '로맨스 그레이의 현신'으로서의 면모를 여실히 보여주며 타인이 돌봄 없이 완벽하게 1인분의 삶을 해내는 노년의 시아버지는 어쩌면 현실에는 없는 이상적인 노인의 모습이었다.

　그러나 시아버지가 암에 걸리고, 타인의 돌봄 노동이 없으면 생존이 불가하게 되자 상황은 완전히 달라진다. 가장 먼저 영향을 받는 건 당연히 가족인 유나와 세진이었다. 나이가 들고, 언젠가는 아버지의 잠재적 돌봄 노동자가 될 것이라고 생각은 했지만 이런 방식은 전혀 예상하지 못한 것이었다. 돌봄의 무게는 견딜 수 없었고, 그 무게로 인해 유나와 남편 세진의 일상은 완전히 납작해지다 못해 뭉개졌다.

　돌봄 노동 앞에서 유나와 세진에게는 균열이 발생하는데 가장 먼저 균열을 일으킨 건 일상이었다. 시아버지의 입원과 동시에 유나와 세진의 일상은 말 그대로 조각났다. 아버지의 예상할 수 없는 섬망 증상으로 인해 수면 시간이 조각났고, 돌봄 노동으로 인해 일할 시간이 조각났다. 유나는 시아버지가 잠든 틈새 시간을 이용해 번역 일을 했고, 세진 역시 불규칙한 간병 생활로 몸이 조각난 상태로 출근했다. 가족의 의무이기에 돌봄은 돌봄대로 최선을 다해야 했고, 일상을 포기하면 생계를 유지할 수 없기 때문에 일은 일대로 최선을 다해야 했다. 힘들면 둘 중 하나를 포기할 법도 하지만(대개는 여자가 일을 그만두고 돌봄 노동을 전담한다) 둘 중 누구도 자신의 일상을 포기하면서까지 아버지를 돌본다는 선택지는 애초에 없다. 이건 유나와 세진이 암묵적으로 동의한 바기도 하다. 아버지의 건강 회복만큼이나 유나와 세진에게 중요하고 또 필요한 건 조각난 일상을 최대한 원래에 가깝게 되돌려 놓는 것이고, 그 방법을 모색하는 것이다.

그러나 유감스럽게도 시아버지의 상태는 기대와 달리 점점 나빠졌고 더이상 유나와 세진의 시간과 노동으로 버틸 수 없는 지경에 이른다. 타인의 시간과 노동을 빌리지 않으면 시아버지는 물론 유나와 세진의 일상이 파괴되는 건 불 보듯 뻔했다. 결국 유나와 세진은 간병인을 고용하기로 한다. 일급 8만 원의 비용이 부담되지 않는 건 아니지만 이것만이 돌봄 노동에서 벗어나 일상을 지킬 수 있는 유일한 방법이라고 생각한 유나는 기꺼이 비용을 감당하기로 마음먹는다.

유나는 처음 본 시아버지를 무심하게 다루는 간병인 황영숙을 보며 노련하다는 단어로 평가한다. 노련하다는 말은 일을 잘 한다는 뜻도 있지만 익숙하다는 뜻도 있다. 그는 효율적인 간병을 위해 필요한 것을 요구하고, 간병과 관계없는 것들에 관해서는 일체의 관심을 두지 않는다. 보호자에게 간병과 필요 없는 이야기는 주고받지 않는다. 오로지 돌봄 행위 그 자체에만 집중할 뿐이다. 돌봄 노동자를 고용하는 입장에서 돌봄 노동자에게 바라는 건 노련함만큼이나 다정함과 같은 마음이지만 유나는 다정한 돌봄 노동자보다 노련한 노동자가 훨씬 낫다고 생각한다. 다정함은 가족인 자신이 채워주면 될 것이라는 생각 때문이었을 지도 모른다.

황영숙의 노련함으로 이전의 일상을 되찾아 가는 것 같아 다행이라고 했지만 동시에 그의 노련함은 때때로 유나를 불쾌하게 만들었다. 자신은 부담스러운 비용을 지불하면서까지 겨우 일상을 얻었는데 황영옥은 자신에게 돈을 받으면서도 손톱에 매니큐어나 칠하는 일상을 버젓이 누리고 있기 때문이다. 게다가 간병인은 불편하니 내보내라는 시아버지의 말은 유나의 마음을 더욱 날카롭게 만든다. 자식과 며느리의 돌봄은 당연하다 여기면서도 타인의 돌봄은 자신이 불편하다는 이유로 거부하는 시아버지의 이기적인 모습에 화가 난다.

병세가 호전될 것이라는 기대와 달리 시아버지는 섬망증상까지 보인다. 그는 섬망증상이 나타날 때마다 황영옥에게 자신의 물건을 훔쳐간 '도둑년'이라고 말한다. 하지만 그 말은 유나에게 하는 말이기도 했다. 봄꽃보다 반가웠던 사람이었던 유나는 사실 아들을 뺏어간 도둑년이나 마찬가지였기 때문이다. 유나는 툭하면 도둑년 소리를 내뱉는 시아버지를 보며 자신은 처음부터 철저히 이방인이었음을 깨닫게 된다. 시아버지의 간병이 시작되기 전만 해도 유나와 세진, 그리고 시아버지는 적당히 가깝고 적당히 먼 이상적인 가족의 형태를 유지한다. 그러나 시아버지의 간병이 시작되면서 유나와 세진, 그리고 유나와 시아버지의 관계는 균열을 넘어 완전히 깨져버린다.

유나는 시아버지-세진과의 관계에서 타자로 위치한다. 유나와 시아버지의 관계가 딸과 친아버지 같은 관계가 유지되기 위해서는 한 사람의 노력만으로는 절대 불가하다. 결혼 초반에 두 사람 사이에 이런 관계가 가능했던 것은 유나와 시아버지가 같은 목적을 향해, 동등한 힘으로 노력했기 때문이다. 그러나 상황은 달라졌고 시아버지의 태도도 달라졌다. 어쩌면 달라진 게 아니라 처음부터 시아버지는 유나를 가족으로 받아들이지 않았을지도 모른다. 아들 세진을 상실하지 않으려면 어쩔 수 없이 유나를 가족으로 받아들여야 한다는 초자아의 명령이 그를 억압했기 때문에 유나를 받아들였을 가능성이 크다. 결국, 이 억압은 섬망을 통해 드러나는

데 시아버지는 틈만 나면 유나에게 '도둑년'이라고 부르며 내 자식을 빼앗아 도둑년이라는 원색적인 비난을 멈추지 않는다.

시아버지가 화자로 등장하여 과거 회상하는 장면은 돌봄 노동을 대하는 왜곡된 그의 무의식을 담은 장면이자 이 소설의 핵심이기도 하다. '나'(시아버지)가 두려워하고 또 혐오하는 궁극적인 것이 무엇인지 잘 보여주는데 그는 자신의 것을 훔쳐가는 것, 자신의 것을 빼앗는 모든 존재를 혐오한다. 그런데 정작 자신은 남의 것을 훔치면서도 당당하다. 아내였던 숙이는 사실 훔치듯이 데려온 사람이고, 늙어서도 잊을 수 없는 달콤한 자두는 남의 집에서 몰래 딴 열매였다. 죄책감을 느낄 법도 하지만 그는 자신만의 논리로 죄책감을 제거한다. 이를테면 숙이를 다시는 울리지 않겠다는 다짐으로, 탐욕스러운 주인의 자두는 먹어도 벌 받지 않는다는 근거로 스스로 죄를 상쇄하는 것이다.

자기 집 마당에 열린 자두를 나누어주지 않는 주인 여자는 탐욕스럽지만 남의 집 마당에 열린 자두를 몰래 훔쳐 먹는 건 행복하다. 사랑하는 여자를 훔치듯이 데려온 것은 미안하지만 남들이 부러워하는 아들이 있는 건 자랑스러운 일이다. 그런 논리로 병이든 지금 유나의 아버지는 유나와 황영옥의 노동을 공짜로 훔치려고 하고 있다. 가족이라는 이유로 또는 가족이 아니라는 이유로 말이다.

자기합리화에 가까운 그의 논리를 이해해줄 사람은 유감스럽지만 피로 연결된 가족 말고는 없다. 이를 증명이라도 하듯 세진은 도무지 이해할 수 없는 행동을 하는 아버지를 설득하는 대신 그런 아버지'까지도' 수용하지 못하는 유나와 황영옥을 처벌한다. 황영옥에게는 해고를 통보하고 유나에게는 영옥의 해고를 통보한다. 유나와의 상의는 필요 없는 절차다. 가족의 문제를 상의할 수 있는 건 가족뿐이기 때문이다. 세진과 시아버지는 진짜 가족이지만 유나는 그들과 진짜 가족이 될 수 없음을 확인하는 순간이다.

시아버지의 탐욕과 아버지에게서 연민을 떨치지 못하는 아들 세진 앞에서 유나는 결국 폭발한다. 시아버지에게 자두를 드시라고 들이미는 영옥의 머리채를 잡으며 도둑년이라고 화를 내는 시아버지를 보자 유나는 영옥을 보호하고 시아버지를 밀친다. 때로는 환자의 폭력을 감내해야 하는 것도 어쩔 수 없는 돌봄 노동자의 일이라고 하지만 그 폭력을 저지하지 않거나 두둔하는 것은 다른 문제다. 유나는 그것을 분명하게 구분할 줄 알았지만 세진은 그러지 못했다. 세진에게 영옥은 필요에 의해 고용된, 그렇기에 고용주의 마음에 들길 노력해야 하는 피고용인일 뿐이었기 때문이다.

가족들이 모두 떠난 자리에 이방인 유나와 영옥만이 남는다. 가족으로 불렸던 유나와 숙련자로 불렸던 영옥을 기다리는 건 세진의 처벌이다. 유나는 죄를 짓지 않고도 용서받는 기분과 죄를 짓지 않고도 처벌받는 기분에서 벗어날 수 없다. 아버지-세진의 관계는 아버지-세진/유나 관계에서 아버지-세진/유나-황영옥의 관계로 확장된다. 여기서 빗금 '/' 위에 놓인 것은 주체이고 빗금 아래 놓인 것은 대상이다. 이 대상은 주체가 규정하는 것에 따라 사회적 위치, 신분, 호칭은 끊임없이 미끄러진다.

며느리가 아닌 딸로 대하겠다는 시아버지는 병 앞에서 유나를 자기 아들을 훔쳐간 도둑년으로 취급한다. 그가 '신뢰할 수 없는 화자'[6]라고 할지라도 진심은 전자보다 후자에 가깝다. 유나의 돌봄 노동을 당연히 여기는 것을 넘어 함부로 대하는 시아버지의 행위는 '내 아들을 빼앗아간 못돼먹은 나쁜 여자'라는 판단 아래서 비롯된 결과다. 자신의 욕망을 위해 타인의 것을 훔치는 것, 자신의 돌봄을 위해 타인의 시간과 노동을 훔치려 하는 행위에 대한 죄책감은 유감스럽게도 시아버지에게서 찾아볼 수 없다.

---

[6] 신뢰할 수 없는 화자란 일정 수준의 판단력을 갖추지 못했거나 인지 능력이 떨어져 발화를 신뢰할 수 없는 화자를 의미한다. 대표적인 예로 아이, 환자, 장애인 등을 들 수 있다. 문학에서는 종종 신뢰할 수 없는 화자를 등장시키는데 그들의 발화는 감시와 검열로부터 상대적으로 자유롭기에 오히려 진실에 가깝기 때문이다.

세진의 분노 역시 이것과 다르지 않다. 세진에게 황영옥은 자본 아래 언제든지 교환 가능한 피고용인이라는 생각에서 벗어나지 않는다. 황영옥에 대한 세진의 행위가 곧 자신을 대하는 태도와 다르지 않다고 생각한 유나가 결국 세진과 가족 관계를 종료하기로 선언하는 건 그들의 삶에 의해 자신의 삶이 미끄러지는 것을 견디지 않겠다는 저항의 최전선이기도 하다.

4. 돌보는 마음을 얻는 데 필요한 비용: 김유담, 『돌보는 마음』

김유담의 단편소설 「돌보는 마음」은 기혼에 아이를 가진 직장여성이 돌봄 노동자를 구하면서 겪게 되는 일련의 과정을 담은 소설이다. 사랑과 희생으로 치환되곤 했던 '돌봄의 마음'이 고용과 임금이 오가는 노동 시장에서 새로운 의미로 해석되어야 함에도 불구하고, 여전히 '돌보는 마음'에 인간적 애정을 기대하는 마음이 얼마나 타당한 것인가에 대한 질문을 던진다는 점에서 주목할 만하다.

주인공 미연은 복직을 앞두고 딸아이의 육아를 맡길 돌봄 노동자를 찾는 중이다. 그녀가 생각하는 고용 조건은 합리적인 비용과 육아에 숙련된 사람이다. 그러나 미연이 제시하는 조건에 들어맞는 사람을 구하는 건 쉽지 않다. 합리적인 비용이라는 말은 사실 고용주에게 유리한 비용일 가능성이 크고, 숙련이란 말 역시 상대적일 뿐만 아니라 판단하기도 어렵기 때문이다. 역시나 미연이 돌봄 노동자에게 제시한 가격은 시세를 반영하지 못한 턱없이 부족한 금액이라는 것, 국가기관이 인증한 실력과 이용자의 만족도는 별개라는 사실에 맞닥뜨리면서 미연은 심란해진다. 어떻게 해야 할지 몰라 고민을 털어놓은 미연에게 세 아이를 키우면서 동시에 커리어를 유지하고 있는 워킹맘 혜정은 '마음이 드는 사람을 뽑되, 여차하면 교체하겠다는 마음'으로 시터를 찾으라는 조언을 한다.

유능한 워킹맘 혜정의 소개와 전문 기관의 보증, 그리고 여차하면 교체하겠다는 마음 세 가지를 완벽하게 장착한 미연은 정순을 소개받아 시터로 들인다. 정순의 가사 노동은 대체로 만족스럽지만, 막상 돌봄 노동은 그렇지 못한 것이 영 마음에 걸리는 미연이다. 미연의 부부처럼 아이를 진심으로 예뻐하지 않는 정순의 태도 때문이다. '마음'이 굳이 필요 없는 가사 노동은 유능할지 몰라도 노동 돌봄에 '마음'이 없다는 데 생각이 미치자 결국 미연은 교체 카드를 꺼낸다. 미연이 필요한 건 자신의 사랑과 마음을 온전히 대신해 줄 도우미이므로.

그러던 중 우연히 아파트 놀이터에서 미연의 사정을 듣게 된 남희가 미연에게 자신이 기꺼이 아이를 돌봐주겠다고 제안한다. 그것도 미연이 제시하는 조건을 모두 수용하면서 말이다. 적당한 비용, 노동자를 감시할 수 있는 장치, 게다가 (가족처럼) '돌보는 마음'까지 갖춘 남희는 고용주 입장에서 최적의 노동자인 셈이다.

그런데 남희에게는 미연의 아이 말고 돌봄이 필요한 또 한 사람이 있었는데 바로 그녀의 시어머니다. 하지만 남희는 이 사실을 미연에게 말하지 않는다. 정확히 말하면 이 사실을 알릴 필요나 의무는 없다. 그건 어디까지나 남희의 사적인 영역이고 그것이 아이를 돌보는 일에 어떠한 피해를 주지도 않기 때문이다. 하지만 남희에게 이 비밀은 자기검열처럼 작동하며 미연에게 들켜서는 안 되는 금기로 작동한다. 가족도 제대로 돌보지 않는 사람이 남의 가족을 진심으로 돌볼 수 있겠냐는 의심과 비난이 눈에 보이기 때문이다. 이 사실이 밝혀진다면 남희는 '가짜' 돌봄 노동자로 전락하게 될 것 뻔하다.

역시나 미연은 남희가 자신의 가족인 시어머니를 방치하는 것도 모자라 학대한다는 사실을 알게 되고 충격을 받는다. 그러면서 가족을 학대하는 사람이 '생판 남'인 지우를 가족처럼 돌보는 건 불가능하다는 판단을 내린다. 그런 미연 앞에서 시어머니는 학대받아도 싼 사람이라며, 자신은 결코 나쁜 사람이 아니라고 적극적으로 변호하는 남희를 보면서 미연은 혼란스럽다. 남희는 아이와 자신에게 부족함 없는 시터고, 만약 미연이 CCTV를 통해 남희가 시어머니를 학대하는 장면을 보지 않았더라면 고용 관계는 문제없이 지속했을 것이다.

좀더 확장하여 미연이 아닌 남희 입장에서 생각하면, 남희와 시모의 관계는 미연이 신경 쓰지 않아도 되는, 더 정확히 말하면 침범하지 말아야 하는 남희의 사적인 영역이다. 남희와 미연의 관계는 계약으로 맺어진 공적 관계인만큼 미연은 남희의 사생활에 대해서는 개입할 필요도, 명분도 없는 것이 사실이다. 물론 시어머니를 학대하는 남희의 모습은 충격적이긴 하지만 미연이나 미연의 아이에게 아직 어떠한 피해도 주지 않았다는 면에서 교체 카드를 꺼내기는 무리이기도 하고, 미연 입장에서 그 선택이 최고의 선택이라는 보장도 없다. 가족을 마음으로 돌보지 않는 사람이 타인은 마음으로 돌볼 것이라는 말도 어쩌면 공동체 유지를 위해 만들어 낸 상상의 명제일 뿐이므로.

이 와중에 같은 팀 소속인 승주가 저지른 사건으로 미연은 또다시 골치가 아프다. 융통성을 가지고 고객 응대하지 못하는 승주 때문에 병원 고객 서비스 센터 팀장인 미연이 곤란한 상황에 부닥치게 된 것이다. 남자 노인은 위독한 신체를 무기로 삼아 수술 날짜를 앞당겨 달라고 요구했지만, 원칙을 고수하며 그의 요구를 거부한 승주의 태도에 기분이 상한 나머지 병원 서비스 수준을 언급하며 문제를 공론화한 것이다. 어떻게 해서든 문제를 수습해야 했던 미연은 승주를 불러 '고객의 마음'을 일일이 헤아리는 것도 일의 일부라며 승주를 타이른다. 하지만 승주는 매뉴얼과 원칙을 고수하며 미연의 충고와 고객의 사과 요구를 모두 거절한다. 미연은 승주의 마음을 이해하지 못하는 건 아니지만 그래도 돌봄 노동자의 특수성을 운운하며 승주를 겨우 설득한다. 그렇게 승주와 미연은 남자를 찾아갔고, 미연은 승주 대신 무릎을 꿇고 진심으로 사과하며 고객에게 '돌보는 마음'을 품을 수 있도록 교육하겠다고 약속하며 문제를 해결한다.

고객의 사적인 감정을 이해하는 것까지가 업무이자 직업윤리라고 말하는 남자와 반대로 공적 메뉴얼에 제시된 대로 수행하는 것이 자신의 업무라고 생각하는 승주 사이에서 미연은 자연스럽게 남희와 자신과의 관계를 떠올린다. 자신이 가진 사회적 위치를 이용해 타인의 감정까지 장악하려는 고객의 모습은 마치 시어머니를 학대하는 남희의 사적인 모습이 마치 그녀의 전부인 것처럼 환원하여 분노하고 비난하는 자신과 다르지 않다는 것을 깨닫게 되는 것이다. 미연은 승주와 남자 노인을 각각 자기 모습을 투영하며 가장 현실적인 답을 찾으려 했고, 결국 미연은 승주의 고용을 연장하지 않는 것으로 마음을 굳힌다.

어떤 노동이든 주어진 매뉴얼에 따라 원칙대로 업무를 수행하는 것이 기본이지만, 돌봄 노동은 일반 노동과는 다른 특수한 지점이 존재한다. 적어도 돌봄을 제공하는 노동자는 뛰어난 업무 능력만큼이나 돌봄 서비스 이용자로 하여금 과잉에 가까운 친절과 진심을 요구받기 때문이다. 이를테면 돌봄 노동에 필연적으로 마음이 동반되어야 한다는 암묵적인 계약이 존재하는 것이다. 이는 사랑과 희생하는 마음이 좋은 돌봄 노동, 양질의 돌봄 노동의 기본이라는 심리가 우리 사회에 내재해 있기 때문이다. 그리고 이것은 돌봄 노동이 다른 육체노동보다 훨씬 힘들고 어려운 이유가 되기도 한다.

승주의 업무 태도는 주어진 원칙에 따라 업무를 진행했다는 점에서만 보면 문제 될 것이 전혀 없다. 하지만 친절과 진심까지 요구하는 사회 분위기에서 승주의 '싸가지 없는' 원칙적인 태도는 반대로 돌봄 노동자로서 업무수행 능력이 부족하다는 것을 증명하는 증거가 될 뿐이다. 그렇다고 해서 함부로 승주를 비난할 수는 없다. 돌봄 노동은 희생과 사랑으로 '퉁'칠 수 있는 공짜 노동이 아니라 엄연히 비용을 주고받는 임노동이며 더 많은 돌봄, 좋은 질의 돌봄을 요구하고 싶다면 그만큼의 비용을 지불하면 될 일이기 때문이다. 우리는 가족의 사랑과 희생으로 만들어진 공동체가 아니라 모든 것을 자본으로 측량하며 이익에 따라 개인을 고용하고 또 평가하는 자본주의 시장 한복판에서 살고 있다는 점을 기억해야 한다.

5. 돌봄 노동은 누구나 해야 하는 일

 기계가 인간의 노동을 대체하고 있다고 말하지만, 많은 사람이 사라질 자신의 일자리를 걱정하지만 기계로 대체할 수 없는 노동, 사람의 손길만이 해결할 수 있는 돌봄 노동은 노동 시장에서 여전히 가장 밑바닥을 차지하면서 늘 구인난에 시달린다. 돌봄 노동 시장에 질 좋은 노동 교환이 이루어지지 않는 이유는 너무 많다. 고되고, 힘들고, 더러운 것만으로도 버거운데 처우까지 형편없기 때문이다. 문제점이 분명한데도 나아질 기미는 좀체 보이지 않는다. 돌봄 노동자가 가족이라고 해도 달라지는 건 없다. 오히려 비용이 들지 않아 다행이라며 누구를 위한 위로인지 모를 말을 습관처럼 내뱉는다.
 기쁨인지 슬픔인지 알 수 없지만 앞으로 우리는 건강하지 못한 몸으로 더 오래 살아야 한다. 이 말은 곧 내가 돌봄을 받으며 살아야 할 시간이 늘어난다는 뜻인 동시에 내가 돌봐야 할 대상도 늘어난다는 뜻이다. 앞서 언급했지만 돌봄 노동이 힘든 건 노동 자체에서 오는 육체적 피로 때문이기도 하지만 무엇보다 대체인력도, 기약도 없는 이른바 '독박 돌봄'에 대한 두려움 때문이다. 과거처럼 가족에 의지하는 돌봄 노동은 더 이상 해결방안이라고도 할 수 없고 그래서도 안 된다. 돌봄은 개인이 해결해야 하는 문제가 아니라 공동체 공공의 문제임은 틀림 없는 사실이다.
 더불어 돌봄 노동자들을 위한 사회적 위로 장치가 필요하다. 돌봄 노동자의 빈자리에 대체 인력을 투입하는 시스템을 다양하게 마련하여 그들의 사적 시간을 확보해주어야 하고, 동시에 당신이 아니면 이 사람을 돌봐줄 사람이 없다는 심리적 압박으로부터 자유롭게 해줘야 한다. 책임이 뒤따르지 않는 돌봄은 없지만 돌봄 노동자에게 모든 책임을 떠넘겨서도 안 된다.
 사람들은 말한다. 좋은 돌봄 노동자를 만나고 싶다고, 가족 같은 돌봄 노동자를 원한다고. 하지만 동시에 저렴했으면 좋겠다고 말하고, 필요할 때 언제든지 부를 수 있는 상시 대기 돌봄 노동자였으면 좋겠다고 말한다. 하지만 이 바람은 동시에 누군가 나에게 바라는 것인지도 모른다는 것을 잊지 않는다면 적어도 '마음에 들 때까지', '상시 교체 가능', '무한 책임' 같은 극단의 단어는 적어도 쉽게 말할 수 없지 않을까.

참고문헌

김유담, 『돌보는 마음』, 민음사, 2022.
백온유, 『페퍼민트』, 창비, 2022.
유영규 외, 『간병살인, 154인의 고백』, 루아크, 2019.
이주혜, 『자두』, 창비, 2020.
조규현, 『아빠의 아빠가 됐다』, 이매진, 2019.

시부야 도모코, 『영 케어러』, 황소걸음, 2021.

04장

불안의 시대, 일상의 재현과 청년의 서사

1. '삶은 전쟁'이라는 수사와 현실

최근 1950~60년대 출판된 문학잡지와 교양지를 소설과 함께 읽으려는 연구가 활발하게 이루어지고 있다. 잡지와 소설은 대중에게 일상을 보여주는 장으로, 현실이 어떻게 물질로 구체화되는지를 구현하는 대표적인 매체이다. 또한 작품 속의 생활 소품과 기호품에의 세밀한 묘사는 당대의 일상을 재구하는 데 유효하다.

이와 함께 현재의 정치사회적 지형과 인식이 한국전쟁과 직간접적으로 연결되고 있다는 점이 환기될 필요가 있다. 주지하듯 한국전쟁은 정치사회문화 전반에는 물론 한국문학에 영향을 미친 중대한 사건이다. 전쟁과 전후의 소설화는 주로 거대 이데올로기의 관점에서 이루어졌다고 할 수 있다. 참혹한 전쟁과 그로부터 입은 내면의 상처와 상흔이 전후문학을 그려내는 주요 주제들이었다. 그런데 전쟁은 현장의 긴박함뿐만 아니라 전쟁 이후의 삶을 변화시키고 규정한다는 점에서 현재적 '유효성'을 지닌다. 다시 말하면 이미 일상으로 스며들어 개별 주체들에게 투영된 구체적 양상을 살필 때에 전쟁이 지닌 지속성을 밝힐 수 있게 되는 것이다. 특히 우리 시대 '청년'에 대한 다양한 담론들에서 '삶이 곧 전쟁'이라는 수사는 은유인 동시에 실제적으로 작동하고 있다고 할 수 있다. 지금 이곳의 청년 세대를 이해하기 위해서는 전쟁과 일상이 공존하며 전개되었던 그 시대로 소급해 보는 것도 한 방법일 것이다.

이러한 관점에서 살펴봐야 할 작가가 강신재이다. 강신재는 1949년 『문예』에 「얼굴」과 「정순이」가 추천되면서 등단한 작가로, 50~60년대에 많은 단편을 꾸준하게 발표하였고, 당대 비평가들의 주목을 받으며 왕성한 작품 활동을 하였다. 그간 강신재 소설에 대한 이해는 주로 '여성성'을 중심으로 감각적 섹슈얼리티, 낭만적 사랑과 동경의 서사 등에 논의의 초점이 놓여 있다. 또한 페미니즘과 여성성의 측면에서 대표적인 작품으로 초기 단편소설집인 『희화』나 「젊은 느티나무」에 주목한 연구가 중심을 이루고 있다. 여성 작가인 강신재에게 전쟁과 전후는 어떻게 인식되고 있을까. 또한 당대 20대의 청년들의 삶은 어떠했을까. 그의 장편소설 『청춘의 불문율』을 중심으로 일상의 재현 방식과 한국전쟁과 그 사건을 경험한 청춘의 서사를 들여다보기로 한다.

2. (소비)문화적 기호와 일상성의 재현

강신재의 『청춘의 불문율』[1]은 1950년대 후반에 간행된 대표적 여성교양지인 《여원》에 연재되었던 작품으로, 11개의 소제목으로 이루어진 장편소설이다. 『청춘의 불문율』은 기존 논의에서 중요하게 부각된 사회역사적 현실인식의 부재, 낭만적 사랑과 동경의 감각적 서사로 단순화하기에 다소 이질적인 작품이다. 물론 사랑의 모티프가 드러나 있지만 그 서사를 둘러싼 인물들과 특히 작품 전체를 이루는 주조는 다른 해석을 요한다. 먼저 논의의 전개를 위해 작품의 대강의 줄거리를 정리하면 다음과 같다.

---
1) 강신재, 『청춘의 불문율』(여원사, 1960). 본문에서는 쪽수만 기입하기로 한다.

지방 전문대학의 영문과에 재학 중인 '영화'는 가난과 비굴함과 '가족'이라는 운명적인 테두리에서 벗어나고자 결심하고 혼자 상경한다. 영화는 친구 송경구의 도움으로 김호준의 집에 가정교사로 들어간다. 쓸쓸한 인상의 말없는 김호준, 한때 철민이의 가정교사였던 우길수와 불륜에 빠진 학순 여사, 철없고 현실감각 없는 딸 애리, 반신불수인 영민이, 그리고 장난꾸러기이며 외로운 철민이로 구성된 가정에서 영화는 철민이를 모성과 사랑으로 대해 준다. 그곳에서 영화는 애리의 일을 돌보아주는, 고아로 성장한 의지 있는 청년 박윤을 만나 사랑의 감정을 키워간다.

어느 날 영화는 황 여사의 초대로 약혼축하연에 갔다가 애리와의 갈등으로 박윤과 소원하게 되고 그 집을 나와 서울 변두리에 방을 얻어 지낸다. 그곳에서 우연히 김호준을 만나게 되고 그의 생각과 자신에 대한 호감을 듣게 되며 다이아를 선물로 받게 된다. 그 후 영화는 신문에서 간첩으로 활동하다 동료인 최씨에게 죽음을 당하게 된 김호준의 사건을 보게 되고, 철민이가 걱정되어 다시 그 집으로 들어간다. 그곳에서 김호준과 관련되었다는 이유로 간단한 조사를 받은 후 영화는 피난 시절 잠시 묵었던 곳에 가 자신을 따뜻하게 보호해 주었던 총살된 군인과 전쟁의 기억, 그리고 자신의 처지를 생각하며 고통스러워한다. 그곳에서 박윤과 해후하고 사랑을 확인한 후 두 사람은 영화의 고향으로 인사를 가는 것으로 이야기는 끝난다.

이 작품은 서사적 긴장이나 갈등에 초점이 맞추어져 있지 않다. 오히려 작가는 영화와 그 주변의 작중인물들의 소소한 '일상'을 보여주고 있다. 즉 아주 사소한 습관이나 차림새에 대한 묘사를 통해 인물의 특징을 구성해내는 것이다. 인물이 상황을 만드는 것이 아니라 상황을 통해 인물이 재현되고 있다. 김호준은 "(사십 세보다) 조금 더 나이든, 퍽 훌륭한 차림새를 하였으나 지치고 구슬퍼 뵈는 표정이 이마와 입가에 깊이 새겨진 신사'"(58쪽)로, 애리는 외양의 화려함을 부각시킴으로써 서울의 부유한 젊은이의 일상과 현실성 없는 대학생으로 성격화된다. 스무 살쯤 '레에쓰

투성이의 까운을 자리옷 위에 걸치고 머리는 스카프로 매고 콜드크림을 바른 얼굴,'(45쪽) '분홍 사뗀 슬립퍼,'(40쪽) '노란 금속의 큼직한 귀걸이가 감각적으로 빛났다.'(49쪽)처럼 매우 미시적으로 재현된다. 또한 시골에서 올라온 영화와 대비적 효과를 위해 "귀걸이니 브레스렛을…빨갛고 파란 구슬이니 번쩍번쩍 하는 금속이니 하는 것들"을 애호하는 애리, "하늘색 포푸린의 시원스런 옷차림을 한 영화,"(135쪽) "영화는 나팔꽃 처럼 밑으로 벌어진 은행빛 스카아트를 입고 간소한 데자인으로 된 검정레에쓰 웃도리로 만족하고, 애리는 크림빛 칵텔드레쓰를 골라 입"(147쪽)는 것으로 그려진다. 또한 당시 서울 부유한 집안의 장식이나 영화관의 정경("안에는 「마리아 셸」의 열연이 와이드 스크린을 휘덮고"(130쪽)) 등 전후의 실제 삶이 매우 사실적으로 묘사된다.

『청춘의 불문율』에서 일상을 보여주는 또 하나의 방식은 작가의 직접 서술이나 장면에 대한 묘사의 비중이 적은 대신 인물들의 간결한 대화로 제시된다. 영화의 내적 독백은 장면이나 작가의 생각을 대변해 준다. 특히 대화와 그들의 문화적 기호를 통해 작중인물의 다수를 차지하는 젊은 대학생들의 일상을 짐작할 수 있다. 주로 짧은 문장과 감각적 표현으로 이루어져 있어 경쾌한 느낌을 주며, 특히 영단어와 영어가 혼합된 문장이 빈번하게 나와 당시 젊은이의 일상어 사용의 단면을 알 수 있다. 헬로우 미쓰로, 「다니이케이」를 닮은 송경구, 쇼요윈도우, 플랜, 녹타안, 스으쓰케이스, 샤록 홈즈, 매담, 파아크, 프랑크해 보이다, 시이쓰, 레에쓰, 스카아프, 콜드크림, 페이, 미스트레스, 도우터, 스텝, 비지네스, 파티, 맘보음악, 댄스, 부루우스 등 서구 사회를 연상시키는 어휘가 빈번하게 나타나며, 이를 통해 당시 젊은이들의 서구사회에 대한 일종의 동경 내지 선망의 사회 분위기를 짐작할 수 있다. 이처럼 『청춘의 불문율』은 전후의 젊은이를 중심으로 한 일상의 문화를 섬세하게 보여준다. 그들이 쓰는 어휘와 옷, 습관 등 일상생활에 대한 미시적 접근은 전후 1950년대의 또 다른 측면을 재구한다는 점에서도 의미가 있다.

이 작품의 주제와 관련해 '일상성'은 핵심적인 요소이다. 소설에 대한 오랜 통념 중의 하나는 일상성의 서사 구조나 에피소드 중심의 이야기일 경우 미완의 소설 혹은 완성도가 낮은 것으로 평가하는 것이다. 다시 말하면 소설에 대한 평가에서 기-승-전-결의 인과적 서사 구조를 띠는 완결된 작품이 에피소드의 연쇄나 일상적 계기들을 보여주는 작품보다 높게 평가된다는 점이다. 그러나 이러한 관점은 역사나 이데올로기를 다룬 거대 서사의 국면으로부터 비롯된 것으로, 점차 소설의 서사는 "재현 대상이 거대 서사로 포착된 스팩터클한 역사적 국면이 아니라 그 서사에서 누락되고 억압되고 잊혀진, 어떤 '틈'"으로 향하고 있다. 이는 "한 국가 안의 변증법적 역사발전과정을 반영하여, 전형적인 역사적 갈등과 그 통합을 잘 반영하는 루카치의 역사소설 개념이 개별적, 미시적으로 분화해가고 있[2)]음을 반증하는 것이기도 하다. 그러기에 '일상성'을 형상화한 서사에 대한 다른 시각이 필요한데, 르페브르는 일상성에 대한 훨씬 근본적인 사고의 필요성을 다음과 같이 역설한다.

> 종래 철학은 일상이 비순수한 것이며 철학이 추구해야 할 삶은 일상에 초연하게 거리를 둔 부재의 추상적 삶으로 여겼다. 이상은 덧없음, 발현으로 상징되며, 이상은 일상과는 유리된 그 무엇으로 여겨진다. 그러나 이런 발상법은 철학으로 하여금 자신이 실현할 바탕인 일상을 없앰으로써 철학적 실현을 부정하는 모순을 낳게 했다. 사람들은 일상의 극복을 원하면서도 그것이 자신의 삶의 토대가 된다는 사실을 잘 알고 있다. 일상과 이상은 대립되는 존재이기보다는 서로에게 알리바이를 제공하는 존재이다. 예컨대 일상과 그것을 극복하고자 하는 욕망과의 관계를 알아보자. 일상은 욕망의 장소이다. 그러나 일상이 곧 욕망

---

2) 김정숙, 「풍경과 감정: 역사를 상상하는 두 개의 다른 시선」, 『비평문학』, 2008.12, 232쪽.

은 아니다. 일상은 욕망을 일으키게 하는 촉매이다. 왜냐하면 일상은 비욕망의 장소이며 거기서는 충만감 속에서 욕망이 죽고 그 재에서부터 욕망이 다시 생겨나기 때문이다. 욕망이 다시 생기는 순간 일상성은 사라지나 욕망을 일으키게 하는 것은 일상성이다.[3]

위에 따르면 일상성이란 삶의 토대인 동시에 끝없는 욕망을 일으키는 촉매이자 생산 공간이다. 곧 인간에게 있어 일상은 극복의 대상이자 필연적으로 그것에 결박된 모순어법이라고 할 수 있다. 또한 '일상성'이란 단순히 하찮은 모습들이나 무의미한 것이 아니라, 인간들이 활동하는 구체적인 시간과 공간 속에서 이루어지는 삶의 양상을 의미한다.[4] 곧 일상성의 의의는 있는 그대로의 현재와 그로부터 야기되는 인물들의 욕망의 근거지로 인정한다는 데에 있다. 일상성을 짚어내는 것은 곧 그 당대 사람들이 살아가고 있는 사회의 성격을 규정하는 것과도 연결된다.

『청춘의 불문율』은 일상어와 작중인물 간의 에피소드의 나열이라고 할 만큼 서사의 극적 반전을 꾀하는 부분이 거의 나타나지 않는, 일상 그 자체를 그리고 있다. 이 작품은 장별로 작품이 편성되어 있으며 각 장에 제목이 붙은 구성을 취하고 있다. 작품 속 인물들은 영화를 중심으로 연결되어 있으며, 몇몇 관계에서만 소소한 갈등이 빚어진다. 외적으로는 애라―박윤―영화, 김호준―학순 여사―우길수와 관련된 갈등과 영화의 내적 갈등이 종종 드러난다. 사건 중심이 아닌 인물과 인물 사이의 미묘한 심리와 내면을 통해 삶의 모습을 재현하는 일상성의 서사 구조를 띠고 있는 셈이다.

일상성은 지속성을 중심으로 재현된다. "일상생활의 구체적인 동태와 심리에 대한 시각은 일상성의 플롯에 결합된 전망, 즉 계기성의 부재 자체

---

[3] 앙리 르페브르 자박정자 역, 『현대세계의 일상성』, 세계일보, 1991, 171쪽.
[4] 한금윤, 「역사적 상황의 일상화-1950년대 손소희 소설 연구」, 『원우론집』 23집, 1996, 3장 참조.

가 시대와 역사인식에 대한 하나의 새로운 전망을 시사하기도 한다. 그리하여 작중 상황이나 시대적 배경을 일상화시킴으로써 획득되는 것은 시각의 균형이다.[5] 이러한 비계기성은 전망의 결여와 연속적 순환성을 드러내며 결말의 미해결[6]로 이어진다. 한 마디로『청춘의 불문율』은 특별하거나 인과적 사건 중심으로 전개되지 않는 점에서 일상성, 지속성을 서사화한 열린 소설이라고 할 수 있다. 특히 작품의 마지막 장면이 드넓은 '들판'의 공간으로 끝난 점은 작중인물의 삶에 대해 지속시키는 평가 유보적 방식[7]과도 관련된다.

3. 전쟁과 가족 해체로 인한 불안정한 공동체 감각

이 작품은 사랑, 세대, 경제적 문제 등이 얽혀 있는 일상을 다룬 작품으로, 특히 인물들은 전후 사회에 발생한 어떤 공통의 문제를 겪고 있다. '이주'와 그에 따른 가족 해체가 그것인데, 가족 해체는 크게 두 방향으로 진행된다. '영화'로 대변되는 청년 세대가 물질적 가난으로부터 벗어나고자 지방을 떠나 서울로 올라오는 방식이 그중 하나이고, 정신적 소통의 불능으로 인해 해체가 진행되는 기성세대인 김호준을 중심으로 한 도시 가정이 다른 하나이다.

그런데 중요한 점은 지방과 도시, 물질적 가난과 정신적 결핍에서 비롯된 가족 해체의 근저에 6.25 전쟁 체험이 잠복해 있다는 점이다. 영화가

---

5) 신종한, 「한국소설의 일상성」, 『동양학』 제35집, 단국대학교 동양학연구소, 2004.2, 99쪽.
6) 위의 논문, 84쪽.
7) 일반적으로 시간적 담화는 이른바 닫힌 결말을 통해 전망을 분명히 제시하기에 유리한 양식이며, 공간적 담화는 열린 결말을 통해 독서과정에 독자의 참여의지를 많이 열어 놓은 평가 유보적 양식이라고 할 수 있을 것이다. 김현, 『현대소설의 담화론적 연구』, 계명문화사, 1995, 21쪽.

대구를 떠나오게 된 결정적인 계기는 오빠가 당한 사기와 관련된다. 오빠는 6.25 전쟁에 참여했다가 다친 후 삶에 무의미함을 느끼고 무능과 실의에 빠져 있다. 오빠는 전쟁에서 얻은 깊은 외상을 겪고 있으며, 그의 일상적 삶을 직간접적으로 간섭한다. 전쟁은 잠복되어 있다가 어떤 계기와 욕망과 결합하여 한 인간의 삶을 파괴하는 양상으로 드러난다. 6.25 전쟁이 주는 비극성은 비단 현시적인 참상뿐만 아니라 이처럼 내면화를 통해 지속화된다는 데에 있는 것이다.

> 무슨 파편인가 총알인가가 가슴에 들어 있단 소릴 듣군 그만 저렇게 망구라졌구먼. 대학을 마치래두 마다구 뭘 하래두 싫대구, 곧 죽을듯이만 생각을 하는 모양이니 야단아니우? 의사 말은 꺼집어 낼 수는 절대 없지만 무슨 활동을 하는데 지장은 없을 게라구 그리는구마는……(38쪽)

> 불안에 짓눌린 가슴, 독촉을 받아도 더 빨리 걸어지지 않던 두 다리, 그리고 드디어 죽음의 공포가 그들의 덜미를 누르던 찰나에 화석(化石)하는 듯한 감각을 그는 한 번 더 뚜렷이 맛보고 있었다.
> 그리고 그것은 지금의 영화의 심정이 되씹어 보기를 원하는 일이었다. 요동하지 않는 늪의 물같은 고요함, 표면만의 평화를 그는 더 이상 견디어 낼 수가 없었다.
> 광량한 들판에서 영화는 미친 사람처럼 내어 달아 보기도 하였다. 그리고 어린 영화에게 친절하던 그 군인이 마침내 쓰러진 그 장소에 오자 그의 심장은 누를 수 없을 만치 격렬하게 고동했다.
> 그는 그 씩씩한 젊은이가 픽 하고 팽이처럼 돌며 거꾸러지던 그 풀 위에 자기의 몸을 내어 던졌다. 그리고 흑흑거리며 느껴 울었다. 죽음에 대한 얼어 붙을 듯한 공포는 그 어린 두뇌의 환상이 아니었다. 그것은 실지로 「존재」하는 것이었고, 방금 며칠 전에도 영화의 소매끝을 스치고 지나간 것이 아니었던가!(205쪽)

오빠를 포함하여 작중인물들은 '전쟁'을 직간접적으로 체험한 후 '죽음'에의 공포를 겪게 된다. 1950년대 전후의 일상은 이처럼 전쟁과의 연장선에 놓여 있다. 그 양상은 작중인물들의 성격화와 작품 전체 분위기를 지배하고 있는 '불안'의 정서로 드러난다. 이는 전후를 살아간 당시 사람들의 자화상이자 사회적 현실이다. 그 현실의 중심에는 '전쟁'이 실체로서 존재하거나 기억되고 있다. '전쟁'은 과거가 아닌 '존재' 그 자체인 것이다.

이처럼 전쟁은 친숙한 일상의 세계를 일시적으로 파괴하는 역할도 하지만, '전쟁의 일상화'라는 방식으로, 다시 전쟁을(즉 하나의 역사적 상황을) 거대한 일상의 질서 안으로 녹여버리고 있는 것이다.[8] 전쟁은 "존재하는 것"이며, "지금 이렇게 눈앞에 보이지 않더라도 죽음은 존재"(206쪽)하고 있다. 그런 의미에서 『청춘의 불문율』에 그려진 전쟁은 전면에 드러나지 않은 채 '일상생활'의 영역에 구현되고 있는, 마치 정지하지 않고 영향을 미치는 '운동'과도 같은 것이다.

가족 해체의 전조는 가족의 기반이 불안한 데서 온다. 정서의 공동체적 감각이 파편화되는 양상은 인간 안팎에서 진행되고 있다. 가족의 외적 형태가 경제적 빈곤에서 비롯된다면, 가족 관계의 파편화를 초래한 내적 요인은 윤리적 타락에서 기인한다. 영화의 가족이 혈연에 의한 간섭과 유대가 있으나 경제적 곤란을 겪는 전통적인 형태라면, 철민의 가족은 경제적으로 안정적 기반은 있되 소외와 배제로 인해 정서적인 위무가 제공되지 않는 근대적인 결핍의 공간이다. 두 가족은 '경제적 결핍'과 '위무의 결핍'이라는 점에서 모두 불안정한 공간들이다.

모두 결핍을 지닌 불안정한 가족은 당대 사회의 축소판이라고 할 수 있다. 지방을 중심으로 한 가족은 기반을 상실한 구성원의 이탈이 생기고, 서울에서는 가족 해체에 따른 핵가족화와 인간 소외가 일어나는 동시적인

---

[8] 한수영, 「소설과 일상성-염상섭의 후기 단편소설의 성격에 관하여」, 『소설과 일상성』, 소명, 2000, 104쪽.

진통을 겪게 된다. 또한 서울로의 '이주'는 혈연과 대가족 형태의 전통적인 가족의 형태가 점차 파편화되고 개인적인 소외 집단으로 변화된다는 점을 보여준다. 영화가 몸담았던 가족 공동체를 등지고 혼자의 거처를 마련하거나 핵가족인 김호준의 파편화된 관계는 전후 일상의 한 단면으로, 이후 한국 사회에 나타난 가족 변동의 전사(前史)와 관련된다. 더 나아가 이는 전쟁 이후 사회의 구조가 전통적인 전근대의 양식에서 파편화되고 합리성으로 나아간 근대적 양식으로의 이행을 보여주는 것이다. 이와 관련하여 관찰자의 시선으로 재현된 김호준의 자살과 이후 맞게 된 가족의 파멸은 비극적 미래에 대한 전조를 상징한다.

> 정말 이 화려한 저택에 어울리는 것은 그런대로 허영의 화신 같은 애리 정도일 것이었다. (침울함 이외에는 아무것도 갖지 않은 김호준씨는 물론 실격이고, 그 유치하고 촌스러우면서 욕정(欲情)만 왕성한 부인도 낙제, 그이는 아마 목노집 같은데 갖다 놓으면 꼭 알맞을 거야. 친절도 하고. 카리에스랏 다리에 기브스를 낀 영민이는 귀족적이기는 하지만 가엾게도 너무 야위었어. 그애는 아마 곧 죽을거야. 철민이? 머리도 좋고 이쁘게도 생겼는데 엄마가 나쁜 거짓말을 시켜. 장난도 심하고 나는 그애가 참 좋은데…….)(118쪽)

> 서울에 있기 싫은 마음이 다시 꾸역꾸역 고여 올랐다.
> 허술한 전세집을 얻어 들고는 아주 들어누워 버린 학순여사를 대하기도 진저리가 났고, 심각한 듯이 입을 비뚜린 우길수가 너불너불 드나드는 꼴도 보기 싫었다. 울고 지껄이며 수다스럽게 슬퍼하는 미망인에 비하여 한층 파김치가 된 백치 같은 애리를 보기도 역겨웠다.
> 영민이는 돌보아 주는 이가 없는 사이에 낙조(落鳥)한 새 모양 당연한 일같이 죽어서 사라졌고 철민이는 이마 너머로 사람의 낯빛을 살피는 조용한 아이가 되어 있었다. 찢어진 잠바나 팔꿈치가 나간 옷도리를

걸치고 있을 때면 퍽으나 구차하고 가엾어 보였다.(201쪽)

영화가 목도한 가족의 파멸은 "나이 어린 소녀로서 그렇게도 많은 죽음을 보았어야만 했던 사변 당시의 일"(192쪽)을 역연히 떠오르게 한다. 당시 가족이 붕괴되는 근저에 6.25 전쟁이 짙게 깔려 있기 때문이다. 거대한 참상을 경험한 이들이 이후 징후적으로 드러내는 파괴적인 양상이나 분열 증상은 전쟁 이후 작품에 나타난 인물들의 정신적 트라우마에서 기인하고 있음을 알 수 있다. 그런 이유로 "길가에 널려졌던 그 숱한 죽음들은 누구의 선의도 희생정신도 절대적으로 거부해 버린 모습이 아니었던가!"(192쪽)의 무윤리적 실존의 상태, 어떤 절대적 선의나 희생정신도 거부해버리는 '죽음'으로 공동화되어 버린다. "그 전율 가운데에서 영화(映畫)의 컷적인 휴우매니즘은 참 별로 신통할 것이 되지 못"(192쪽)하게 된다.

이 대목에서 강신재 소설은 또 하나의 중요한 의의를 지닌다. 전쟁 이후 문학계에 영향을 미친 서구 실존주의 사상의 단면을 알 수 있을 뿐더러 당시 지성계에서 설파했던 '휴머니즘'의 이데올로기가 설득력을 갖지 못하는 실상을 간접적으로 보여주고 있기 때문이다. 즉 어떤 이념으로서가 아닌 일상을 있는 그대로 재현하는 것이 가장 솔직한 문학적 반응임을 작가는 말하고 싶었던 것인지도 모른다.

한 마디로 전쟁은 그것을 경험한 이들의 정신에 침윤되어 삶의 태도와 일상을 지배하는 중요한 요소로 작용한다. 전쟁으로 인한 박윤의 고아의식, 생활에 대한 불안과 경제적 고민, 영화의 미래의 삶에 대한 독립심과 책임감, 경제의 자립을 위한 기투 등이 모두 전쟁으로 발생된 일상의 반응과 태도들이라고 할 수 있다. 전쟁은 피 흘리는 참상과 죽음에서뿐만 아니라 당시의 참상이 '지금 이야기'(165쪽)가 아니지만 이후의 삶을 규정하고 억압한다는 점에서 더욱 비극적인 사건이다. 작가는 피난 시절 자신을 돌보아주었던 무명의 군인이 총살당하는 장면, '잇대어 달겨드는 공포의 날들'(165쪽)에 노출된 젊은 군상들을 통해 전쟁 후의 징후적 효과와 그 속에서 살아내야 할 일상의 풍경을 제시한 것이다.

이 일상은 영화의 입을 통해 거듭 발화되는 '아이 가엾게도'와 같은 '가여움'의 정서로 제시된다. 이후 작가는 작품 전반에 집중되었던 '불안'의 정서를 후반부로 가면서 점차 건강한 것으로 옮겨 놓는다.

> 틀림없이 그 상이군인들은 직업을 가졌거나 학문을 하고 있을 것이었고, 그래서 그들은 자부심을 잃지 않고 명랑하다고, 무언지 모르게 영화의 마음도 뿌듯하게 기뻤다.
> 자기의 오빠 영삼이처럼 몸에 아무런 상처를 입지 않았으나 정신적으로 부상한 사람도 많을 것이었다. 몸과 마음이 다 함께 파괴되어 버린 사람도 있다. 굳센 정신의 주인만이 육체의 어떠한 불편에도 자기를 잃지 않고 버티어 나갈 수 있는 것이다……(156쪽)

"의수(義手)"를 낀 상이군인들의 건강한 자부심과 명랑성, 현실의 환유인 불구의 몸을 극복할 의지에의 요청은 어린 세대인 "철민이가 똑 바루 건강하게 자라나 주기를," 또한 "육체뿐만 아니라 성격이나 정신"의 건강함으로 이어지길 바라는 작가의 바람이자 시대적 요청임을 알 수 있다.

4. 세대의 지형도와 청년들의 현실 대응 방식

정치사회적으로 급격한 변화를 겪을 경우 특정 사건을 대하는 인물들의 반응은 각기 다를 것이다. 이 작품에 나타난 세대의 특징은 크게 세 국면으로 나눌 수 있다. 먼저 김호준을 비롯한 아버지 세대, 전쟁의 현장에 참여한 영화의 오빠로 대변되는 장년 세대, 그리고 유년기에 전쟁을 겪은 영화와 같은 청년 세대로 일별할 수 있다. 장년 세대와 청년 세대를 확연하게 구분 짓기는 어렵지만 이 둘을 나눌 수 있는 근거는 전쟁에 참전하여 살상의 참상을 직접 겪었는가의 경험치에 따라 현실을 받아들이는 감수성과 물리적 차이를 넘는 현실의 밀도가 다르게 표출되고 있기 때문이다.

각 세대의 특징은 파편적인 대화나 행동을 통해 파악할 수 있다. 물론 작품에서 각 세대에 대한 반응이나 판단은 주로 영화의 눈을 통해 제시된다. 가난으로 얼룩진 영화의 친척과 부모 세대는 "참 보잘 것 없는 일족"(10쪽)으로 표현된다. 혈연에 얽매여 있으면서도 자신의 이익 앞에선 한 치의 여유도 없는 구세대에게 젊은 세대는 회피하고 싶은 대상이다. 대학의 이상과 낭만을 가치화하는 김호준 역시 구세대의 성격을 소유한 인물로 그려지고 있다. 이전의 대학에 대한 생각과 사회의 인텔리로서 선민의식을 지닌 그에게 현재의 대학생은 학문적 수준뿐만 아니라 자신의 '푸라이드'를 갖지 못한, 서민적인 대상으로 비춰진다.

> 그런가. 우린 딱하니 제복을 입혀 놓고 학교당국에서 다소 까다롭게 감독도 하고 그러던 때의 대학이 더 대학다웠다는 생각이 잘 없어지지 않는걸.……그야 학교측이 완고 덩어리 같은 규칙도 내세우고 그래 불편한 점도 없진 않았지만. 그러나 학문의 수준은 높았고, 사회도 그만큼 대학생이란걸 소중이 아니까 또 본인들의 자부심도 대단하였지, 요즈음 학생들은 푸라이드를, 푸라이드란 말이 타당치 않으면 선민(選民)의식이라 할가 그런것을 덜 갖는것 같더군. 서민적으로 변한 것이 발전이라고 할 순 있겠지만(123쪽)

한편, 6.25 전쟁에 직접 참여한 영화의 오빠와 그의 전우들은 친구의 죽음에서 비롯되는 생의지의 허무와 무기력증을 앓고 있는 전쟁의 직접적 피해자다. 자기의 오빠 영삼이가 모든 것을 내던지고 자조(自嘲)와 허무함 속에 살고 있듯, 머지않아 목숨이 다하리라는 강박관념에 사로잡혀,

무위(無爲)와 빈정댐으로 소일하던 만기의 모습은 6.25 참전자의 전형을 보여준다.

> 모든게 다 쓸데 없다는, 일해서 돈 들어서 애들이랑 잘 길러 보았다 별수 없다는 그거지요? 그렇게 호강만 하구 자라던 그 누군지 하는 오빠 동무가 젤 먼저 총알에 맞어 죽더란 그런 말이죠? 그렇게 정성 들여 가꾸어진 사람은 죽어도 좀 나중에나 죽는줄 알았더니 싸움터에 나가 보니 아무 의미도 없더란, 그런 얘기죠?(18쪽)

이들에게 삶은 '무의미'하고 아이러니한 것이다. '총알'은 정성이나 의지, 그리고 능력을 무화시키고 실존 자체를 파괴하는 절대적인 '폭력'이다. 그 앞에 직면했었던 이들에게 산다는 것은 단지 '쓸모없는' 일 그 이상도 아니다. '무기력한 애매함'과 '무능력이란 큰 죄악'은 이들이 운명처럼 떠안은 이들 세대의 비극이다.

이에 반해 이들보다 어린 영화, 송경구, 우길수, 박윤, 김애리 등은 당대의 다양한 '청춘'의 아이콘들이다. 전후 소설들에는 여느 시대보다 '청년층'을 다룬 소설들이 다수 보이는데, 전쟁 후 소설가들이 청춘의 일상과 심리를 주대상으로 다룬 이유는 무엇일까. 『청춘의 불문율』의 서문에서 작가의 의도9)와 단서를 찾을 수 있다.

---

9) 작가의 의도와 함께 고려될 수 있는 대상이 작품이 실린 『여원』이다. 『여원』은 1955년 10월에 창간되어 1970년 4월까지 총 175호로 종간된 여성잡지로, 『여성계』, 『여상』과 함께 여성 독자에게 대중적인 인기를 얻으며 여성 문제를 공론화한 50년대 대표 교양지이다. 작가는 『여원』의 주독자층이라고 할 수 있는 대학생을 포함해 교양 있는 중산층 여성들에게 청춘의 감수성과 대중적인 흥미를 제공하려는 매체의 전략도 어느 정도 고려한 것으로 짐작된다. 『여원』의 매체적 특성에 대해서는 논문 「수기에 나타난 식민적 징후와 50년대 동일성 담론」(김정숙, 『어문연구』, 2008.4.)을 참조할 것.

젊은 사람들은 어느 시대에나 그들의 문제를 가지고 있다. 사랑하는 일, 생활하는 일, 그리고 이데올로기의 문제... 오늘날 이땅의 젊은이들은 다시 없는 소음과 혼란 속에서 역시 그런 문제를 가슴에 안고 있다. 그들은 불행하게도 자기의 눈앞에서 학살이니 파괴니 하는 것이 행하여지는 것을 보았고, 오랜 통념(通念)이, 윤리가, 종교가 뒤엎여지는 것을 보았다.

그들에게 위엄을 가지고 무엇을 가르칠 수 있는 사람은 지금은 없는 것이다. 그들은 각기 자기의 촉각(觸角)을 움직여서 잡다함 속에서 무엇인가를 발견하는 수밖에 방법이 없다.

혹은 향락을, 혹은 파멸을, 혹은 케케묵은 〈도덕〉의 미이라를 그들은 발견하고 그것을 힘껏 움켜잡는다. 극히 드물게 어떤 청년들은 생의 의미를 포착한다.

서문에서 작가가 밝히고 있듯 『청춘의 불문율』은 전후를 살아가는 젊은이들의 삶, 현실, 사랑을 보여주는 작품이다. 강신재에게 청춘들은 학살이나 파괴를 경험한 불행한 세대로, 그들에겐 통념이나 윤리, 그리고 종교가 더 이상 삶의 척도가 될 수 없다. 더 나아가 이전 세대로부터 어떤 가치를 전수 받을 수도 없는 '단절감'을 생래적으로 지닐 수밖에 없다. 그런 이유로 그들은 촉감이나 감각에 의존할 수밖에 없고, 자연 향락이나 파멸의 길로, '도덕'으로 위장된 허위의식의 삶을 살거나, 때론 극히 드물지만 생의 의미를 포착하기도 한다.

감수성과 삶의 방향이 정해지지 않은 청춘 세대에겐 '혼미'의 가중치는 더할 것이다. 작품에서 '청춘'은 "모든 부자연함, 불안함, 가난함, 전부에 대한 노염"(169쪽)이 한데 뭉쳐 놓은 것이거나 "청신(淸新)함이란 미지수를 의미한다." 다시 말하면 당대를 청춘과 관련지어 살피려는 것은 혼효된 양상들과 극복 가능성을 동시에 포괄하면서 현실을 길항적으로 볼 수 있는 척도를 마련하고자 한 작가의 의도로 보인다.

그 면면을 보면, 우선 우길수는 학순 여사와 불륜관계에 있는 인물로, 영화가 가장 싫어하는 인물상이다. 그는 T대학 국문과 학생으로 학비 곤란으로 자살을 시도하기도 했고, 생활력이 없으며 겁쟁이다. 한 마디로 우길수는 "불건강한, 자기 딴에는 정열적인 젊은이로 자처하고 있는 모양이나 실은 비겁한 타산가이거나, 혹은 이성(理性)이 맑지 못한 수컷이거나에 불과한 청년만큼 소름이 끼치도록 싫은 사람"(80쪽)이다. 다음으로, 김애리는 허영심과 약한 의지, 현실감각이 떨어지는 인물로 그려진다. 윤리 도덕적인 무책임성의 우길수와 생활의 무책임성을 보이는 애리는 등가의 인물로서, 경제적 정신적 독립을 위해 고투하는 영화에게 비판적인 대상들이다.

이들이 주로 젊은 세대의 부정적인 모습으로 그려지고 있다면, 단편적이지만 송경구는 미술학도로서 밝은 이미지와 따뜻한 본질을 지니고 있으며 선량하고 낙천적인 인물이다. 그리고 작품의 주요 인물인 영화와 박윤은 좀 더 발전적이고 긍정적인 인물로 제시된다. 영화는 가난과 '장사 얘기'나 군소리에 불과한 사소한 일로 싸우는 친척들의 틈바구니에서 독립을 희망하는 인물로, 오빠 영삼의 무기력한 삶을 비판하며 살아있는 자의 의무를 말하기도 한다. 또한 무능력을 '죄악'이라고 생각하며, 육체적 감각과 정신적 가치를 일원적으로 여긴다.

> 「유능」하다는 말은 영화의 머리에는 가장 매력 있는 어휘의 하나였고, 무엇이라도 해치울 수 있을 것 같은 자신, 아무 것도 해본 경험이 없다는 주뼛거림은 다 함께 이 일자리로써 테스트를 받아야 하는 것이었다. 영화는 입학시험 때처럼 마음을 사리며 여러가지 말을 자기에게 타일렀다.(50쪽)

영화는 "자기 속에만 있는 것이고, 누구에게 기대면서 바랄 수 있는 것이 아닌" 주체적인 '힘'을 갖고자 한다. '능력'은 영화의 개인에게뿐만 아니라 전후 현실을 극복하고 자본화의 길로 들어선 당대에 가장 긴급히 요구되는 자질이었을 것이다. 이러한 내면에 대한 인식과 현실에 대한 의지 표명은 현실을 직시하고 자립하고자 하는 청년 여성상을 보여준다. 다만 영화가 "영화는 이담에 퍽 좋은 엄마가 될거야."라며 "어떤 다른 찬사를 들었을 때보다도 마음속 깊이 만족"(138쪽)"하며 모성을 가치 있게 여기는 부분은 다소 작위적인 느낌을 준다. 당대 현모양처와 가부장적 문화 안에서 작가의 젠더적 의무감의 반영처럼 보인다.

박윤은 정치학부 학생으로 가족이 이북에 있어 실제로 고아로 자라난 인물이다. 박윤이 전쟁(이데올로기)의 무게를 몸으로 고스란히 받은 사람이자 어떤 것으로도 위무받을 수 없는 '고아'라는 점에 주목할 필요가 있다. 전쟁은 일상 곳곳에 스며있는 동시에 각 주체들에게 '고아의식'을 내면화하게 한 강력한 요인이기 때문이다. 영화가 그의 회상을 통해 쉽게 상상할 수 있었듯 "박윤은 그야말로 고아로서, 잇대어 달겨드는 공포의 날들을 이겨낼 도리가 없었을 것"을 독자 또한 공감할 수 있다.

그런 현실적 제약에도 불구하고 그는 '굳은 의지와 선(善)에 대한 끊임없는 지향'(97쪽)을 보이는 강건함을 지닌 인물이다. 작품에서 박윤은 영화의 사랑과 인생의 파트너로 함께할 바람직한 청년상을 표상한다. 특히 영화가 육체적인 접촉을 통해 '그늘' 내지 '깊이'를 자각하는 과정에서 육체의 섹슈얼리티를 자각한다는 점에서 영화의 주체를 형성하게 하는 의미 있는 타자이기도 하다. 이런 점을 볼 때, 작가가 가장 긍정적으로 제시하는 인물은 생활력과 경제력, 그리고 애정에 대해 건전하고 의지적인 생각을 지닌 박윤이다. 그를 여성 인물인 영화의 갈등과 혼란을 잠재울 인물로 모델화함으로써 '청춘'의 형상과 긍정적인 청춘상을 제시하고자 한 것이 작가의 또 다른 의도로 보인다. 그리고 사회에 대한 인식과 더불어 영화와 박윤의 해후를 통해 폐허 이후의 삶을 유지하기 위해 필요한 것으로 '사랑'을 제시한다.

이 세상에는 아름답고 즐겁기만 한 것이 없지는 않고, 그 최상의 것은 「사랑」이다…이 향기로운 밤은 참 얼마나 「사랑」과 어울리게 만들어져 있을까!(157쪽)

『사랑이 모든 것의 근원이 될 수 있읍니다. 모든 일을 이겨나갈 수 있는 용기도, 인내도, 기쁨도 거기엣 얻을 수가 있지요.』(211쪽)

작품에서 낭만성을 유지하되 환상적(쾌락적) 감각으로 나아가지 않으려는 이유는 그들이 모두 자신의 생활을 '독립적'으로 지켜나가면서 기본적인 생활을 영위해야 할 삶의 토대를 마련해야 한다는 점에 있다. 그래서 그들은 '공(경제력과 관련된 영역)/사(사적 감정과 관련된 영역)'의 구분을 통해 감정을 조절해 나가는 것이다. 이는 전쟁 이후 전근대적인 여러 신분적 관계가 완화하고 소멸하는 대신, 경제적인 합리주의 요소가 널리 보급[10]되는 방향으로 바뀌어가는 상황으로 확대해 볼 수 있다.

이런 감정 조절이나 공사의 조율은 현실을 바라보는 작가의 시선이 객관적이기 때문에 가능한 것이다. 이 작품은 작가의 주관적인 과잉이나 지배적 서술이 철저하게 배제되어 있다. 인물들의 형상화에서도 긍정적/부정적 인물로 대립각을 세우는 것이 아니라 이질적이고 다양한 모습 그대로 드러낸다. 현실은 인물들의 대화와 작중인물의 서술로 재구(再構)되고 재현된다. 그런 점에서 실존주의와 함께 담론으로 유행했던 '휴매니즘'을 처리하는 데도 작가의 태도는 가치중립적이다.

이처럼『청춘의 불문율』은 '시대의 자멸'로 부패한 학순 여사, 이데올로기의 정점에 있던 김호준, 가난에 고통받는 부모 세대와 전쟁후유증, 산 시체로 대변되는 전쟁참전 세대, 그리고 박윤과 영화가 보여주는 자기 이상을 지닌 청춘 세대의 지형도를 잘 보여주고 있다. 공존하는 이들 세대에서 작가가 특히 주목한 대상은 '자유'의 추구와 가시적으로 드러나는

---

10) 이대근,『한국전쟁과 1950년대의 자본축적』, 까치, 1987, 274쪽.

규제는 없지만 자기조절능력(정제)을 위해 분투하는 청춘의 세대이다. 가시화되지 않지만 엄연한 자기 질서를 지니고 있는 '불문율'은 자기 자신감과 자기중심의 삶을 살아갈 청춘을 표상해냈다는 점에서 '전진'과 동일한 의미로 다가온다.

5. 전후 세대 청년의 내면화와 삶의 지속성

　강신재의 『청춘의 불문율』은 《여원》에 실린 대중소설이란 점에서 여성들의 육체적 외양에 관한 담론이나 파트너십, 연애와 결혼, 치장 등 여성 교양과 관련된 부분들을 미시적으로 잘 그리고 있다. 인과적인 서사 방식이 아닌 소소한 일상을 에피소드 형식으로 보여준 점에서 당대의 현실에 사실적으로 다가가게 한다. 이런 대중적 기호로 작품에 비교적 쉽게 접근할 수 있으면서도 작품 곳곳에 깔려 있는 전쟁, 죽음, 사랑, 존재 등에 대한 존재론적 인식은 깊은 해석을 요한다.

　특히 『청춘의 불문율』은 전쟁의 참상을 중심으로 형상화한 여타의 작품과 달리 여성적 시각에서 일상을 전면적으로 내세우면서 전후 현실을 재현하고 있는 점에서 주목된다. 작품에서 전후는 현실의 '효과'로 드러난다. 전쟁의 참상을 직접 그리는 것이 아니라 전쟁 이후의 현실에 미친 여러 국면들, 특히 각 개인에게 드리워진 처지로 드러나고 있다. 어제와 다름없는 오늘, 그리고 미래의 삶이 반복될 것이라는 인식과 그 인식에 잠복해 있는 한국전쟁의 외상은 작중인물의 삶에 직간접적으로 영향을 끼치고 있음을 알 수 있다.

　현실에 드리워진 전쟁의 의미를 일상성으로 재구성함으로써 전후 현실을 보여주었다는 점에서 강신재의 시선은 의미 있는 지점을 드러낸다. 전쟁이 끼친 사회구조의 양상을 가족 해체와 일상 현실에 대한 대응 방식으로 형상화한 것은 전쟁을 관념적으로 그려낸 당대의 다른 작가들이 포착하지 못한 주제의식이라고 할 수 있다. 일상을 살아가는 작중인물들은 어떤 곡점에서 전쟁의 외상을 기억해내고 그것이 상승해 삶을 파괴하는 욕망과 결합하여 절망하기도 하고 봉합하기도 하면서 자신들의 삶을 지속해 나간다. 각 세대는 시대에 반응하면서 그들의 아비투스를 형성해 나간다. 또한 공간 이동과 가족 해체의 현상이 1960년대 이후 가속화되고 점차 사회구조의 변동으로 구체화된다는 점에서, 이 작품은 전통적인 전근대의 양식에서 개인적 합리성으로 나아간 근대적 양식으로의 이행 과정, 그리고 일상을 구성해 나가는 각 개인의 윤리적 현실적 태도를 잘 보여주고 있다.

작가는 자신이 그려낸 그 층위를 적극적으로 읽어내는 것은 작가가 아닌 독자의 몫이라고 말하는 듯이, 또한 일상의 운명이 지속성 자체에 있음을 보여주기 위해 어떤 가치평가도 유보한다. 『청춘의 불문율』이 지닌 미덕은 혼란한 한 시기인 '청춘'과 전후 현실을 객관적으로 재현한 소설적 리얼리티에서 찾을 수 있다. "죽음과 고뇌와 그리고 사랑이 꽃피는 들판"을 걸었던 두 청춘 남녀의 미래는 어떠했을까. 작품 속 전후 세대의 청년들을 대하며 지금 이곳을 살아가고 있는 청년들의 삶과 '청춘'의 의미에 대해 다시금 숙고하게 된다.

참고문헌

강신재, 『청춘의 불문율』, 여원사, 1960.
김정숙, 「풍경과 감정 : 역사를 상상하는 두 개의 다른 시선」, 『비평문학』 30, 2008.
_____, 「수기에 나타난 식민적 징후와 50년대 동일성 담론」, 『어문연구』 56, 2008.
김 현, 『현대소설의 담화론적 연구』, 계명문화사, 1995.
송인화, 「강신재 소설의 여성성과 윤리성의 문제」, 『한국문예비평연구』 19, 2006.
신종한, 「한국소설의 일상성」, 『동양학』 35, 2004.
이대근, 『한국전쟁과 1950년대의 자본축적』, 까치, 1987.

한금윤, 「역사적 상황의 일상화-1950년대 손소희 소설 연구」, 『원우론집』 23, 1996.
한수영, 「1990년대 문학의 일상성」, 『소설과 일상성』, 소명, 2000.
앙리 르페브르 지음 박정자 옮김, 『현대세계의 일상성』, 세계일보, 1991.

● 이 장은 비교한국학 학술지 17집에 실린 필자의 논문(김정숙, 2009)을 바탕으로 재구성되었다.

05장

베트남 MZ 세대 유학생들의 특징과 한국유학 선호 전공 선택 배경

1. 지역 인구문제 해결을 위한 접근

최근 대학가에는 지역 인구감소 문제 해결을 위한 지역 생태계 활성화 방안으로 외국인 유학생 유치에 관한 문제가 중요한 화두로 논의되고 있다. 특히 지역 대학에서는 취업과 연계된 교육과정을 요구하는 사회적 목소리를 반영하여 지방자치단체와 연계한 실무 중심의 다양한 교육과정 개편을 위해 노력하고 있다. 학계에서는 외국인 유학생 유치는 사회적, 경제적인 면에서 지역사회에 미치는 경제적 파급효과가 크기 때문에 지역 사회에서 직면한 지역경제 활성화와 경쟁력 확보의 문제를 해결하는 좋은 대안이 될 수 있다(권오영, 2020)는 주장이 제기되었다. 하지만, 시장화에 초점(이병제, 김기태, 고민경, 김경환, 김규찬, 2021:106)을 맞추어 경제적 편익 관점에서 외국인 유학생들의 유치를 계획하는 이와 같은 방향은, 실제적인 지역사회 정착의 주역인 외국인 유학생들의 요구와 기대를 충족하기에는 한계가 있다. 장기적 차원에서 외국인 유학생들의 지역 정착은 이들이 학업 수행을 통해 지역사회에서 정주민으로 정착하는 과정으로 나아가는 로드맵 즉, 외국인 유학생들의 전공 이수가 지역 산업의 활성화에 기여하는 안정적인 직업선택으로 이어지는 '지속가능성'을 염두에 두어야 한다. 이를 위해서는 우선 기존의 외국인 유학생 유치에 도입했던 언어교육 기반의 '어학연수 후 대학진학으로 이어지는 교육 모형'에서 나아가, 외국인 유학생들이 전공 선택 단계에서 자신의 적성을 고려한 진로개발에 초점을 맞추어 실무 중심 교육을 강화하는 '실무형 진로교육 모형'이 필요하다. 이는 기존에 '공급자 중심의 교육모형'에서 외국인 유학생들을 위한 교육모형에서 도입했던 언어와 문화중심 교육내용 제공에서 나아가 '수요자 중심의 교육모형' 즉 외국인 유학생들의 진로와 관련된 요구를 반영한 실무중심의 교육과정 운영을 통해 장기적 차원에서 외국인 유학생들이 지역대학의 원주민으로 정착하도록 안내하는 지속가능한 교육으로 이어질 것이다. 이와 같이 대학과 같은 고등교육 현장에서 지송가능성을 염두에 두어 외국인 유학생들의 요구를 고려한 유치방안에 대한 논의는 Hung, N.-T.&Yen, K.-L.(2022)에서 볼 수 있다. 이 연구에서는 교육 국제화 환경에서 외국인 유학생들의 교육 지속가능성을 위해서는 외국인 유학생들의 배경이 특정하다는 점을 감안할 때 학생들의 문화적 다양성과 관점 및 이상에 대한 이해를 바탕으로 혁신적이고 종합적 차원의 교육마케팅 수립이 필요하다고 하였다. 그리고 더 나아가 외국인 유학생들이 진로상담에 대한 요구가 많다는 점을 고려하여 유학생 채용을 위한 마케팅에서는 유학생들의 '진로'에 관한 문제를 중요하게 고려해야 한다고 역설하였다. 이는 외국인 유학생들을 위한 유치 전략에서 '진로'에 관한 유학생들의 요구가 매우 중요한 고려대상이라는 것을 시사하며 최근 우리나라와 같이 외국인 유학생들이 매년 증가하고 있는 상황에서도 고려해야 하는 중요한 사항으로 주목된다.

    법무부 출입국외국인정책본부에서 발표한 2023년 2월 외국인 유학생 통계월보에 따르면 2023년 1월을 기준으로 한국어 어학연수 등을 목적으로 공부하러 온 외국인 유학생은 총 20만 5천 167명으로 집계된다. 이중 베트남이 7만 212명으로 유학생 출신국 가운데 1위를 차지한다(2023년

1월 출입국외국인정책 통계월보). 베트남은 최근 국제사회에서 경제발전에 따른 소비시장이 크게 성장하는 국가로 거론되며 '20억 신남방시장의 교두보'(중앙일보, 2019)라는 용어로 불릴 정도로 국제적으로 주목을 받고 있다. 특히, 이러한 상황에서 주목받는 대상이 바로 2030세대 즉, 우리나라에서 'MZ(Millennials Generation) 세대[1]'로 불리는 청년세대이다. MZ(Millennials Generation) 세대는 우리나라에서도 최근 몇 년 사이에 우리 사회의 주역으로 교육, 진로 등이 사회활동과 관련된 문제해결 키워드로 거론되면서 사회 각계각층에서는 이들 세대의 고민과 어려움을 실제적으로 이해하고 해결하기 위한 다양한 청년 정책을 실현 방안을 모색하고 있다. 이들과 마찬가지로 베트남의 2030 MZ(Millennials Generation) 세대가 베트남 사회에서 소비문화를 주도하는 주체로 떠오르며 전통적인 베트남 생활문화에도 많은 변화를 일으키는 주역으로 활동하고 있다. 하지만, 이러한 베트남의 MZ 세대들 가운데 한국에 유학중인 상당수의 베트남 유학생들은 한국사회에서 진로와 취업을 고민하며 미래사회에 대비하는 우리의 한국인 MZ 세대의 청년세대들과 같은 세대로서 이들의 한국 유학은 단순한 한국의 언어문화 습득과 체험을 넘어 미래를 대비하는 큰 선택이 될 것이라는 점을 고려해 볼 때 베트남 유학생들을 위한 '지속가능성' 차원의 유치 전략은 베트남 MZ(Millennials Generation) 세대들의 학업과 진로에 대한 요구를 반영한 실제적인 교육실행을 위한 방안이 필요하다.

---

[1] 밀레니얼(Millennials)세대라는 용어는 미국의 작가 윌리엄 스트라우스와 닐 하우가 쓴 『세대들, 미국 미래의 역사』(1991년 출간)라는 책에서 처음 사용하였다.

2. 베트남 유학생들 현황

　베트남 유학생은 매년 한국에 유학을 오는 외국인 유학생 출신국 순위 가운데 가장 상승하는 대표적인 국가로 성장하여(권오영, 김아롬, 2019) 현재는 전체 유학생 순위 중 1위를 차지하는 것으로 발표되었다. 2021년도 교육부에서 발표한 국내 고등교육기관의 외국인 유학생 주요 국가별 현황 통계에 따르면 외국인 유학생 중 중국이 67,348명으로 가장 많았고 이어서 2위로 베트남이 35,843명인 것으로 발표되었으나, 2023년 2월에 발표된 법무부 출입국외국인정책본부의 외국인 유학생 통계월보에 따르면 2023년 1월을 기준으로 한국어 어학연수 등의 목적으로 한국을 방문한 외국인 유학생 수는 총 20만 5천 167명 가운데 베트남이 7만 212명으로 제 1위를 차지한 것으로 나타났다.

　베트남 유학생들이 한국 유학을 선호하는 이유에 대해서는 여러 가지 요인이 있지만, 배준환, 박현재(2020)에서는 베트남 유학생들 가운데 여학생들을 대상으로 한국에 유학을 오는 구체적인 동기에 관해 탐색한 결과 본국의 경제상황, 유학지와 베트남의 관계와 미래 전망, 유학지에서의 적응 그리고 재정적 문제 등을 종합적으로 고려하여 유학 국가를 선택한 것으로 보았으며, 한국은 베트남 유학생들이 선호하는 일본, 캐나다, 미국, 호주 등과 같은 5대 선호 유학지 가운데 본국의 경제상황과, 베트남과 한국의 관계와 미래 전망 그리고 유학지에서의 적응과 재정적 문제 등을 종합적으로 고려하여 한국을 최적의 유학지로 선택한 것으로 판단하였다. 하지만, 베트남 유학생들이 최적의 유학지로 선택한 한국에서 안정적인 학업과 생활을 이어가기 위해서는 이들을 위한 다양한 서비스와 지원 등이 뒷받침 되어야 한다. 또한, 실제 교육현장에서 외국인 유학생들이 느끼는 한국 대학생활의 만족도는 매우 낮은 것으로 나타났는데, 김미영, 이유아(2018)에 따르면 대학 내에서 외국인 유학생들의 수는 증가하고 있지만 특히 베트남 국가의 경우 아직까지 한국인들이 이들을 저개발국으로 평가하여 무시하는 경향이 있어 이에 대한 불편함을 크게 느끼는 것으로 파악되었다. 장이츠, 김민아(2021)에서도 역시 베트남 유학생들이 이와 같은 문제로 한국에서의 생활에 지속성을 유지하지 못 하는 것으로 나타났다. 김미영, 이유아(2019)의 또 다른 연구에서는 베트남 유학생들이 진로와 관련하여 갖는 부담에 관하여 조사하였는데 그 결과, 베트남 유학생들은 크게 진로목표변경, 대학원으로의 진로변경, 취업불안, 취업준비부족, 가족의 진로간섭 등으로 인해 스트레스를 겪고 있으며, 이 중에서도 특히 한국기업에 취업으로 막연한 목표로 설정하고 유학을 온 참여자들이 유학 과정에서 자신의 흥미나 적성에 대한 고민 과정에서 진로 목표를 변경하거나 대학원 진학을 한국에서의 취업불안을 위한 거주연장 대안으로 선택하여 진로목표와 취업에 대한 불안감이 큰 것으로 나타났다.

이처럼 한국 내 체류 중인 베트남 유학생들은 양적인 면에서 그 수가 증가하고 있지만, 정작 이들의 실제적인 고민이나 어려움을 충족시키기 위한 교육 대안은 아직까지 구체적인 방안이 논의되지 못 하고 있다. 리우레이, 왕샤오전, 이명희(2022)외국인 유학생들이 대학 캠퍼스에서 안정적으로 적응하고 지역사회에 지속가능한 활성화를 이끌어내기 위해서는 소비와 생산을 위한 외국인 유학생 청년들에 대한 역할에 대한 이해가 필요하다는 점을 강조하였는데, 이는 외국인 유학생들이 지역에 정착하여 학업 및 현지 정착의 지속가능성을 이루기 위해서는 이들을 위한 유치 전략도 외국인 유학생들이 원하는 것이 무엇인지를 구체적으로 파악하여 그들의 요구에 부응하는 유치 전략이 필요하다는 것을 시사한다. 주한 베트남 유학생 총회(컴퓨터월드, 2022. 7. 30)에 따르면, 한국을 알고 배우고자 하는 베트남 유학생들의 열망은 단순한 관심을 넘어 취업을 위한 구체적인 목표를 실행하기를 희망한다. 그러나 베트남 유학생들에 대한 한국인들의 인식은 김미영, 이유아(2018)에서 조사한 바와 같이 아직까지 베트남을 저개발국으로 평가하여 무시하는 경향이 있어 이에 대한 인식 전환이 필요하다. 현재 한국에 유학을 온 많은 베트남 국가의 유학생들은 한국이 좋아서 유학을 왔지만 이들 가운데 80%는 브로커를 거쳐 한국에 입국하여 빚으로 인해 학업 대신 불법 취업을 선택(서울경제, 2023. 1. 4)하며 이로 인해 한국사회에서 베트남 유학생들에 대한 인식은 대표적인 불법취업자 국가로 인식된 부정적인 인식이 팽배하다. 하지만, 최근에 급성장하고 있는 베트남 국가의 현황에 대하여 국제사회에서 주목하는 긍정적인 인식을 비롯하여 이 안에 현재 한국에 유학을 온 많은 청년세대들이 앞으로의 베트남과 한국의 상호 교류와 발전에 가교역할을 할 주요 인물들이라는 점에 주목해 볼 때, 베트남 유학생들에 대한 긍정적 인식전환을 위한 노력이 필요하다. 이를 위해서는 무엇보다 베트남 청년 유학생들에 대한 이해가 선행되어야 할 것이다.

3. 베트남 MZ 세대의 특징

MZ(Millennials Generation) 세대는 1980년대 초반과 1990년대 후반 사이에 태어난 사람들을 지칭하는 용어로 Y세대와 X세대 그리고 Z세대 등과 같은 세대를 구분하는 인구집단을 가리킨다. 밀레니얼 세대 가운데 Y세대는 1980년에서 1994년 사이에 태어난 사람들로 Echo Boomers, Gen Next, Gen Me, Generation 등과 같은 명칭 등이 이들을 지칭하는 용어들로 사용된다. 베트남에서는 이와 같은 MZ 세대를 지칭하는 용어로 '8X(땀 엑스)'와 '9X(친엑스)' 같은 용어가 사용된다. '8X(땀 엑스)'는 우리나라의 1980년대 생을 지칭하며, 1990년대 생은 '9X(친엑스)' 라고 부른다. 이중 최근 베트남에서 유행을 주도하는 소위 트렌드 세대는 '9X(친엑스)'로, 1982년에서 2004년 사이에 태어난 이들은 우리나라의 2030세대에 해당하는 세대이다. 이지연(2020:19)에서는 베트남에서 글로벌 밀레니얼세대와 구분되는 '땀엑스'와 '친엑스' 세대의 차이점을 다음과 같이 설명한다.

" '8X(땀 엑스)'는 글로벌 밀레니얼세대들과 다르게 이전 세대의 영향을 받아 베트남의 전통을 간직하고 있고, 찐친스 중 1990년대 초반 사람들은 Z세대와 유사하지만 '8X(땀 엑스)'처럼 전통적인 면을 동시에 지니고 있는 것이 특징이다. 하지만, 1990년대 후반에 태어난 '9X(친엑스)'는 디지털 네이티브라는 공통점으로 글로벌 세대와 거의 비슷하다."

'9X(친엑스)'는 1986년에 발표된 '도이머이(Đổi mới)'라고 하는 베트남 정부에서 과감하게 추진된 개방정책에 따라 급성장한 세대로 이전 세대와는 다르게 베트남 경제 발전의 혜택을 받아 이전 세대보다 부유하게 성장한 세대이이며 교육과 직업 및 환경 등의 다양한 면에서 많은 기회와 혜택을 누렸다. 베트남 전문 뉴스 인사이드(INSIDE)의 장연환 기자 보도(인사이드 비나, 2021. 1. 27자 기사 참고)에 따르면, 베트남은 도이머이 정책으로 인해 국민총생산(GDP) 증가와 교역액 확대 및 외국인직접투자(FDI))가 상승하여 외환보유액이 1997년 대비 무려 47.6배나 뛰는 것으로 나타났으며, 시장경제를 뒷받침하고 이끄는 새로운 제도와 개혁적 조치도 속속 도입됐다고 하였다.

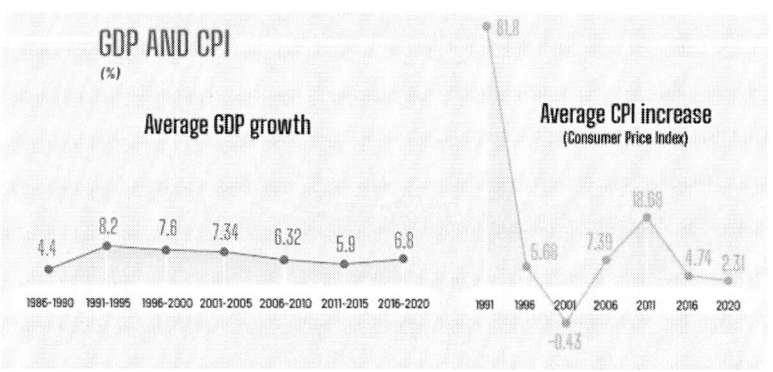

자료: 통계총국, IMF, WB/그래픽=vnexpress(출처 : 인사이드비나, 2021. 1. 27 기사)

또한 베트남 국가를 대상으로 보고된 KOTRA 해외시장 뉴스에 따르면, 도이머이(Đổi mới) 개방정책 이후 급속한 경제성장에 따라 국가의 경제성장률이 저소득 국가에서 중 저소득 국가에 진입했으며, 특히 밀레니얼 세대들이 소비시장을 장악할 정도로 과거의 기성세대들과는 소비 면에서 다른 양상을 보인다(한아름, 2021)고 보고하였다. 밀레니얼 세대는 인터넷과 같은 소셜 미디어 사용이 발달하는 시기에 태어난 세대로 이러한 매체 적응 및 사용에 익숙하여 이를 이용한 지식정보 활동에 매우 적극적이다. 그리고 베트남 기성세대들과는 다른 환경 적응을 통해 다른 첨단기기의 기술사용뿐만 아니라 사람들과의 교류뿐만 아니라 직장생활과 같은 조직문화에서도 업무 및 사무환경에서 개성이 부각되는 것이 특징으로 보고된다. 베트남에서 이들 세대는 전체 인구의 48%를 차지하며 이들의 소비성향과 특성이 최근 베트남 시장의 소비 트렌드를 주도하는 세대로 부각되고 있다. 미래에셋자산운용에서 분석한 베트남 밀레니얼 세대의 핫 아이템과 브랜드의 분석 결과에 따르면, 베트남 밀레니얼세대는 우리나라의 MZ 세대와 비슷한 관심과 선호도를 나타내는 것이 특징이다.

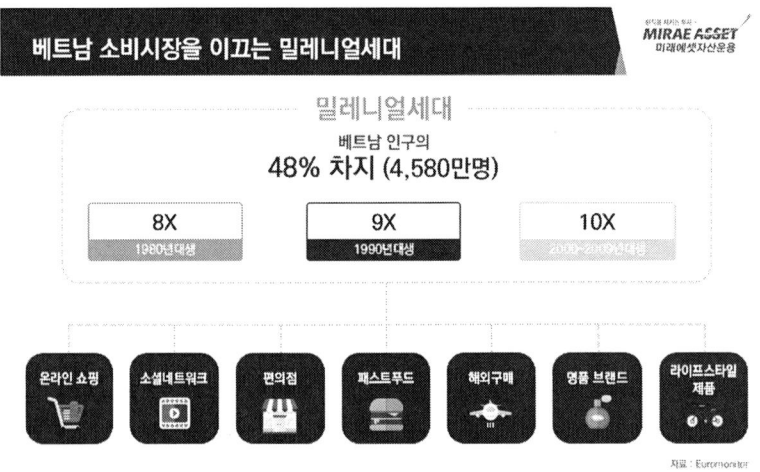

자료: 미래에셋자산운용
(출처:https://investments.miraeasset.com/board/news/view.do?id=11854&boardCode=1)

이들은 우선 우리나라의 MZ 세대와 마찬가지로 개인적 성향과 브랜드 경험을 중시하는 등 유행에 민감하며, SNS를 이용한 정보를 통해 온라인을 이용한 국내외 상품구입을 선호한다. 또한 페이스북이나 인스타그램과 같은 SNS를 이용하여 홈스테이, 축구, V-pop(Vietnamese pop), 코워킹 스페이스, 디저트, 음식 배달 등을 즐기며 국내외 여행을 선호하는 젊은이들이 증가하면서 관광산업이 빠르게 성장하고 있다(KOTRA 호치민 무역관, 2018년 소비 트렌드 분석 자료 참고). 이로 인해 베트남에서는 최근 온라인 쇼핑이 MZ세대들이 이용하는 주요 쇼핑 플랫폼의 대세가 되면서 오프라인 매장보다는 온라인 채널이 활성화되고 있다. 이에 우리나라뿐만 아니라 해외의 많은 기업들이 베트남의 주요 소비계층으로 떠오른 이들 밀레니얼 세대를 공략한 마케팅과 제품개발을 위해 노력하고 있다.

한편, 베트남 MZ 세대들의 특징은 MZ세대의 직장 내 의사소통 방식의 변화를 통해서도 밀레니얼 세대 이전 세대와는 다른 차이가 있는 것을 알 수 있는데, 베트남에서 MZ 세대를 대상으로 실시한 조사에 따르면 (Thế hệ MZ ở Việt Nam và cách họ làm việc, 2021)'에 따르면 MZ세대의 직장 내 의사소통 방식은 다음과 같은 특징이 나타난다.

[선호 의사소통]	[비율]
동료와 얼굴을 맞대고 이야기하기	8%
SNS 메시지 선호	**63%**
화상통화	10%
이메일	9%
대면 및 전화통화	8%
단문메시지(SMS)	

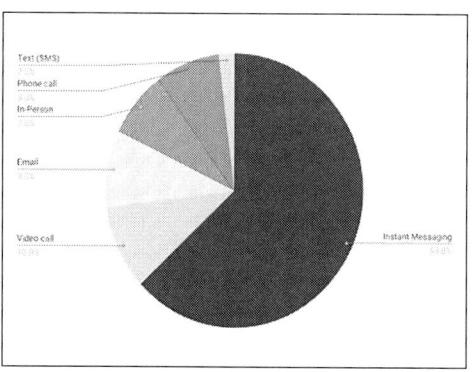

출처: Thế hệ MZ ở Việt Nam và cách họ làm việc(2021)

베트남 MZ 세대는 직장 내 의사소통 방식으로 베트남 기성세대와는 다르게 스마트 기기 사용을 기반으로 하는 SNS 메시지에 대한 선호도가 높게 나타나며, 이러한 특성으로 MZ 세대는 이전세대와는 다른 뛰어난 정보 접근성을 바탕으로 자기만의 취향을 중시하는 것을 볼 수 있으며 외부에 이를 드러내는 데 적극적인 태도를 보인다. 이로 인해 베트남 사회에서는 밀레니얼 세대를 '작은 사치'에 지갑을 열 수 있는 세대로 부르기도 한다.

한편 이러한 MZ 세대의 특징은 심지어 베트남의 전체 인구 중 70%를 차지하는 농촌지역에서 조차도 동일하게 나타난다. 이러한 배경에는 스마트폰과 같은 모바일 기기와 인터넷 사용의 대중화는 바로 베트남 농촌지역에 거주하는 사람들의 삶의 방식을 새로운 것을 향상 도전적 관점으로 변화시키는 데 중요한 영향을 미친 것으로 보고된다. 구글에서 발표한 베트남 농촌 모바일 보고서에 따르면, 베트남 농촌지역 거주자들은 일상생활에서 인터넷이나 모바일 이용하여 YouTube 모바일 앱을 온라인 플랫폼으로 이용하는 사례가 증가하고 있으며, 이를 이용하여 베트남 부모 세대들은 밀레니얼 세대와 같은 자녀들에게 무크(MOOC)나 자기개발 학습 프로그램 등과 같은 것을 적극적으로 이용하게 하여 자신들이 살아왔던 세대보다 더 나은 삶을 살아가도록 하는 교육에 적극적이고 많은 관심을 나타낸다.

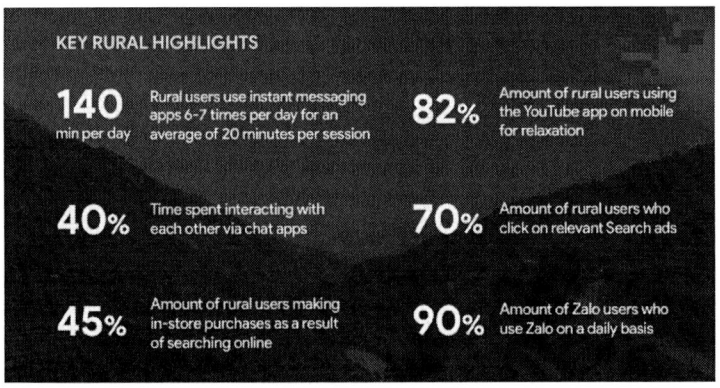

자료 : 베트남 농촌 모바일 보고서 (출처:The State of Mobile in Rural Vietnam Report 2018/2019)

이러한 이유로 베트남 MZ 세대의 부모들은 한국 못지않은 교육열로 자녀들의 경쟁력 확보를 위한 교육에 적극적은 투자를 하는 추세로 특히 해외 유학에 대한 선호도가 높다. 베트남에서 중산층 이상의 베트남 부모들은 자녀의 해외유학을 마치 유행처럼 선호하고 있으며 그 이유로는 베트남 현지 학교들에서 교육 내용은 주로 산업 현장에서 요구하는 전문 인력 양성보다는 이론 중심의 교육에만 치중하고 있어 이에 대한 실제적인 교육을 위해 해외 유학을 선택한다고 한다. 베트남 정부의 교육인재개발위원회에서 활동하는 응웬 민 주영 교수가 설명하는 베트남에서의 이와 같은 MZ 세대 부모들의 교육열은 "대다수 베트남 학교 졸업생들은 구직 요건을 충족할 수 없기 때문에, 뒤떨어진 교육과정 대신 엔지니어와 같은 산업 인력을 키우는 응용과학 교육에 무게를 둬야 한다."고 지적하였다(연합뉴스, 2015. 4. 16). 이러한 지적에 이어 베트남에서는 '2016~2020 사회경제 개발계획'이라는 교육분야의 현대화 및 인프라 확충 목표 수입이라는 정부 계획에 따라 국가적 차원에서 교육에 대한 적극적인 투자가 활발해 졌다. 이로 인해 최근 베트남에서의 교육열은 더욱 확대되어 부모 세대들은 자녀를 위한 사교육 및 사립학교 선택 선호 현상이 확대되었으며, 특히 경제적으로 여유 있는 부모들은 자녀들을 해외유학을 보내는 현상이 대중화되고 있다. 베트남에서 부모세대들을 중심으로 나타나는 이와 같은 교육열은 열악한 베트남 공교육 현장에 대한 학부모들의 불신과 자녀 신분상승에 대한 경쟁 심리가 복합적으로 작용하여 유학비 마련을 위한 경제적 부담을 감수하더라도 자녀의 외국어 능력 향상을 위서 적극적으로 투자하는 추세를 이어가고 있다(한국금융, 2019. 6. 17). 베트남 청년들의 한국 유학 배경에는 바로 베트남 부모 세대들의 자녀 교육에 대한 열성과 의지가 반영된 것이다.

4. 베트남 MZ 세대의 선호 진로

하지만 최근 베트남 청년 세대들이 한국과 같은 해외 유학 후 반드시 베트남 내에서 안정적인 직업을 갖게 되는 것은 아니다. 베트남의 경제성장은 과거에 비하여 빠른 속도로 발전하고 있지만 우리와 마찬가지로 실업 문제가 심각한 양상을 보인다. 베트남에서 청년실업이 고조되는 이유는 크게 두 가지로 파악된다. 그중 하나는 취업에 대한 기대치에 비하여 인구율이 높다는 점으로 이는 부족한 일자리에 비하여 젊은 청년들이 많다는 점과 대부분의 청년들이 지역보다는 대도시에서 사무직, 판매직 등과 같은 편하고 보수가 높은 직업을 선호하기 때문이다. 그럼에도 불구하고 기업에서 원하는 인재상에 적합한 20대가 적어 기업이 원하는 인재 수준의 수요와 공급의 불균형이 문제로 파악된다(최소연, 2016). 따라서 베트남에서 양질의 노동에 대한 수요는 증가하고 있지만 숙련 노동자 지수는 여전히 낮은 편이며 교육의 질은 노동 시장의 요구를 충족시키지 못하고 있는데, 이는 베트남 대학에서 기업이 요구하는 실용적인 취업 훈련과 이질적인 커리큘럼을 운영하기 때문인 것(한아름, 2020)으로 분석된다. 이 때문에 베트남 정부에서는 베트남 내의 이러한 청년실업 문제를 해결하기 위하여 해외취업을 적극적으로 권장하고 해외와의 노동협력을 정책적으로 강화하고 있다. 이러한 맥락에서 베트남 유학생들이 가장 많은 유학을 선택하는 국가가 바로 한국이다. 베트남 유학생들은 한국 유학 시 본국의 경제상황, 유학지와 베트남의 관계와 미래 전망, 유학지에서의 적응 그리고 재정적 문제 등을 종합적으로 고려하여 유학국가를 선택하는 것으로 나타났으며 이중 한국은 베트남 유학생 입장에서 문화적 유사성이 높고, 양국의 정치적·경제적 관계가 확대될 것으로 전망되는 점과 선진국(5대 유학지: 일본, 한국, 캐나다, 미국, 호주)으로 인식된다는 점 그리고 이러한 5대 유학국 중 가장 저렴한 비용과 시간제 근로가 가능하며 베트남인 커뮤니티 형성이 잘 되었다는 점이 한국을 최적의 유학 선택지로 판단하는 것으로 나타났다(배준환, 박현재, 2021:31). 베트남 청년들이 한국 유학 시 취업과 관련하여 가장 선호하는 전공들은 다음과 같다.

표 1 베트남 밀레니엘세대 청년들의 한국 유학 선호 전공

전공 분야	전공
중공업 공학	기계공학, 금형, 페인트, 주조, 제강, 조선, 자동차 및 자동차 조립 등
뷰티산업	미용, 메이크업 및 피부 관리 등
관광	호텔 및 레스토랑 경영, 접수, 요리, 여행자, 여행 가이드 등
통신 산업	언론, 텔레비전, 광고, PR 등
예술 산업	음악, 춤, 연기 등
경영학	재무, 회계, 마케팅, 인적 자원 관리 및 경영학, 특히 상업 분야 등
의료 및 보건	의학, 건강 등

출처 : Nhân Văn. 한국에서 취업 기회가 많은 HOT 전공

베트남 밀레니엘세대 청년들이 한국 유학 시 선호하는 전공 선택은 앞서 살펴보았던 베트남 MZ 세대의 특징과 관련이 있다. 베트남은 최근 독일에 본사를 둔 빈패스트(Vinfast)라는 민간기업 최대의 자회사를 중심으로 자동차 산업이 발전하고 있어서 베트남 기업에서는 하이테크 기술, 전자산업, 엔지니어링, 전자 산업 등과 같은 분야를 중심으로 국제적인 교육을 받은 훈련된 인력을 필요로 한다. 이에 베트남 MZ 세대 유학생들은 자동차 공학이 발달된 한국 유학을 통해 공학, 전자, 기계, 기술 분야를 공부하여 미래를 위한 잠재적 성장을 기대할 것이다. 또한 베트남은 최근 경제발전으로 인해 소비 계층이 확대되고 화장품, 미용 등과 같은 분야에 소비활동이 늘어나면서 뷰티산업에 대한 관심이 증대되고 있으며, 페이스북이나 인스타그램과 같은 SNS를 이용한 홈스테이나 맛집, 디저트, 음식, 국내외 여행 등을 선호하는 젊은이들을 중심으로 관광산업이 발전하고 있다. 이에 베트남에서는 이러한 MZ 세대들을 주요 소비계층으로 주목하고 있고 이들을 위한 미용, 관광 분야에 마케팅과 제품개발에 많은 노력을 기울이고 있어 이 분야에서의 전문가 양성을 기대하고 있다. 또한 베트남

밀레니엘세대들이 한국 유학 시 선호하는 전공 가운데 특히 주목되는 것은 바로 통신, 예술산업 분야이다. 베트남은 1925년 하노이에 설립된 인도차이나 미술학교 설립을 중심으로 주로 순수 미술이나 음악과 같은 순수예술을 중심으로 하는 교육이 전개되어 왔다. 하지만 1986년에 도입된 베트남 정부의 '도이머이' 정책 이후 문화와 예술분야에 예술가들에 대한 통제가 완화되면서 예술가들의 표현과 전시가 자유로워졌으며, 이 시기를 기점으로 베트남 예술분야에서는 창의력을 발휘하는 분야의 기업 후원과 개개인의 실험적 시도 등을 위한 교육적 접근이 활발해 지고 있다(강리나, art365, 2023. 2. 13에서 참고). 여기에 통신기기와 같은 정보통신 기술 이용이 활발한 밀레니얼 세대들이 한류와 같은 문화를 활발히 접하면서 자연스럽게 많은 밀레니얼 세대들이 통신, 연예와 같은 산업에 대한 적극적인 관심을 넘어서 전문 직업인으로 활동하려는 진로 선택의 계기로 이어지고 있다. 마지막으로 의료분야의 경우, 베트남에서 의료 상황은 인구대비 의료 인력이 매우 부족한 상황이다. 세계은행에서 발표한 2020년 보고서와 베트남 통계청의 2019년 통계 그리고 베트남 보건부의 2018년 백서를 종합하면 베트남의 인구 1,000명 당 의사 수는 2018년 기준 약 0.8명에 불과하여 베트남에서 매년 증가하는 인구 증가 대비 의사가 부족한 실정이다. 이에 베트남 정부는 인구증가속도와 인구 대비 의사수의 비율을 맞추기 위해 베트남 보건복지부에서는 이러한 의료 불균형의 문제를 해결하기 위해 2023년까지 인구 1만명 당 8~9명의 의사를 확보를 목표로 의료인 양성을 위한 교육에 적극적으로 투자하고 있으며, 의료분야의 적극적인 민간 참여를 통해 전체 의료분야의 품질 향상을 기대하고 있어, 우리나라를 비롯한 해외에서 베트남 현지에 의료기관 분원 설립 등을 적극적으로 추진하고 있다. 이러한 상황에서 향후 한국에서의 의료관련 교육을 전공한 베트남 유학생들은 베트남 현지에서의 전문 의료인으로서 안정적인 취업을 보장받을 것이다.

이처럼 베트남 MZ 세대들이 한국 유학 시 선호하는 전공은 단순히 유학생 개인의 관심에서 비롯한 선택이 아니라 베트남 국가의 현지 사정이나 사회활동의 주역인 청년세대들의 관심이 경제, 산업분야로 이어지는 분야에 뚜렷한 전공 선호 현상이 나타나는 것을 볼 수 있다. 베트남 유학생들에 대한 한국인들의 인식은 앞서 언급한 이유아(2018)의 연구 결과에서도 나타난 바와 같이 베트남 유학생들의 불법 브로커를 통한 한국 유학으로 인한 불법취업 선택 등과 같은 문제로 인해 아직까지 우리 사회에서 베트남 유학생들에 대한 인식이 불법취업자가 많은 저개발국가로 평가절하 되는 시선도 물론 무시할 수 없는 것이 현실이다. 하지만, 향후 베트남 유학생들이 최근 발전하고 있는 베트남 국가의 경제성장의 주역으로서 베트남 사회의 주역으로서 한국과의 실제적인 협력을 이어가게 될 주역이라는 점을 고려해 볼 때 이들의 한국 유학 선택이 막연한 불법취업으로서의 한국행이 아니라 한국 유학을 통해 자신의 학업 목표를 분명하게 수립하고 더 나라가 발전된 선진 기술을 터득하는 과정으로 이어지도록 베트남 유학생들을 위한 진로교육 교육과정에 대한 연구가 체계적으로 이루어질 필요가 있다.

5. 제언

우리나라의 외국인 유학생 유치 정책은 2000년대 중반 국제사회에서 한국의 지위와 영향력 향상과 같은 세계 변화에 능동적으로 대처를 위한 목적에서 정부초청 외국인 장학생 유치, 외국 대학과의 자매결연 등과 같은 외국인 유학생 유치 전략이 시행(김화영, 2005)되어 왔다. 그리고 이후 한국경제의 고도화가 이루어지면서 외국인 유학생 유치 전략도 점차 외국의 전문 인력[2]을 적극적으로 활용하는 목적으로 정책수립이 발전(송

---

[2] '전문인력(professional manpower)은 변호사, 의사, 엔지니어, 기술자, 교수, 과학자,

영관, 양주영, 2009)하였고, 이후 국가와 기업이 필요한 해외 인적자본 확보 및 미래 성장 동력 확충을 위한 방안에 이어 지역의 균형발전 촉진을 위한 외국인 투자유치 방안을 목표로 다양한 정책들이 발전해 왔다. 2021년도 국내 고등교육기관 외국인 유학생 통계에 따르면 한국 유학생은 매년 증가 추세이며 이중 베트남 유학생들의 비율이 점차 상승하고 있다. 특히 한국에 유학을 최근 오는 베트남 유학생들이 대부분 MZ 세대라는 점에 주목해 볼 때 향후 베트남 유학생들을 대상으로 하는 유학생 유치 정책 및 교육은 기존에 주력해 왔던 국제화나 시장화에 초점을 맞추는 방식은 개선되어야 할 것이다. 즉 지속가능성 차원에서 외국인 유학생이 선호하는 진로를 한국 대학에의 전공으로 선택하여 이후 지역에서 정주민으로 정착하여 한국인과 더불어 직업 활동으로 청년문화를 이어갈 수 있는 외국인 유학생 유치 전략과 교육실행을 위한 체계적인 연구가 필요하다. 외국인 유학생이 국내 대학을 선택하는 것은 선진화된 교육 환경에서 학위취득과 더불어 진로 및 취업에 있어 선택의 폭을 넓히는 것을 목표로 하는데, 아쉽게도 국내 대학에는 외국인 유학생을 대상으로 한 진로 개발이나 취업 역량 강화 프로그램이 많지 않으며, 그나마 일회적인 취업 박람회 수준에 그치고 있어 이들의 진로개발 역량개발에 실제적인 도움을 줄 수 있는 교육과정 개발이 필요하다(김지혜, 2021).

끝으로, 베트남 유학생들을 위한 진로 역량개발을 위한 교육은 베트남 유학생들이 요구하는 실무중심의 교육을 실행하는 데 매우 중요한 교육이라는 의미가 있지만, 더 나아가 우수한 베트남 유학생 인력양성을 통해 미래에 베트남 유학생들이 각자의 전공 분야에서 전문성을 발휘함으로써 한국과의 경제교육 차원에서 우호적인 관계를 형성하는 데 중요한 역할을

경영관리자 등 많은 교육과 훈련이 필요한 전문적인 직종에 속한 노동자로, 전반적으로 대학을 졸업하고 3~5년 이상의 추가교육을 이수하였으며 교육 후에도 상당기간 대학, 병원, 연구소 등의 전문기관에 종사함으로써 자발적이고 개인적으로 전문적인 활동을 유지할 수 있는 고급인력을 의미한다(송영관, 양주영, 2009:12).

할 것으로 기대한다. 전문가들은 베트남 청년세대의 젊은이들을 대상으로 교육이나, 마케팅과 같은 분야의 체제를 이어가기 위해서는 무엇보다 베트남 사람들의 관계형성이 대한 문화를 이해하는 것이 중요하다고 한다. 베트남은 우리와 같은 동남아 국가로 문화적, 관습적으로 매우 유사한 특성이 있지만, 중국의 '꽌시'처럼 '관혜'라고 하는 가족이나 친구를 중심으로 하는 신뢰 문화가 뿌리 깊은 것이 특징이다. 따라서 베트남 유학생들이 한국에서의 교육 과정에서 실제적인 교육을 통해 실무중심 경험을 쌓고 이 과정에서 그들의 직업 현장에서 한국인 동료 및 직업 현장과 긍정적인 관계를 형성한다면 향후 그들이 한국에서 습득한 정보, 기술, 역량이 한국과 베트남의 양 국가의 경제, 산업, 문화적 발전에도 긍정적인 시너지 효과를 이룰 것이다.

참고문헌

강리나, 「모두를 위한 예술: 베트남 미술교육의 실험과 변화」, 『2022 해외 문화예술교육 기획리포트』 5호, https://arte365.kr/?p=97874, 2023.
김미영, 이유아, 송연주, 「베트남 유학생들의 대학생활 적응에 관한 연구」, 『교육문화연구』 24(1), 481-503, 2018.
김지혜, 「외국인 유학생의 진로 개발 역량 분석 연구」, 『교양교육연구』 15(6), 351-365, 2021.
김화영, 「대학교육의 국제화를 위한 외국인 유학생 유치 활성화 방안」, 울산대학교 교육대학원 석사학위논문, 2005.
권오영, 「외국인 유학생 유치 그리고 지역사회 경쟁력」, 『정책메모』 2020-06호, 제 803호, 1-11, 강원연구원, 2020.
권오영, 김아롬, 『강원도 외국인 유학생 유치, 지원방안』, 춘천시, 강원연구원, 2019.
리우레이, 왕새오전, 이명희, 「지속가능한 대학캠퍼스의 지역사회 활성화 연구」, 『한국과학예술융합학회』 40(5), 87-104, 2022.
배준화, 박현재, 「베트남 여학생들의 한국유학 동기 탐색」, 『현대사회와다문화』 10(4), 1-35, 2021.

베트남 농촌모바일 보고서 (The State of Mobile in Rural Vietnam Report 2018/2019), 구글 보고서 2018/2019, MMA, 자료 :

file:///C:/Users/hyuko/Downloads/The_State_of_Mobile_in_Rural_Vietnam_Report.pdf (자료접속일 : 2023. 2. 10).

베트남, "자녀교육 해외로…작년 유학비용 1조6천억원", 연합뉴스, 2015. 4. 16,

https://www.yna.co.kr/view/AKR20150416096600084.

송영관, 양주영, 「외국인 유학생 유치정책을 통한 외국 전문인력 활용방안」, 『무역투자연구 시리즈 09-02』, 9-70, 대외경제정책연구원. 자료, 2009 :

https://www.kiep.go.kr/gallery.es?mid=a10101010000&bid=0001&list_no=1392&act=view.(자료접속일 : 2022. 1. 3).

인사이드비나, "'괄목상대'…도이머이 선언후 35년 베트남경제의 변화", 2021. 1. 27. 출처 : http://www.insidevina.com

이병제, 김기태, 고민경, 김경환, 김경환, 김규찬, 「포용사회를 위한 외국인 유학생의 실태와 사회보장의 과제」, 『한국보건사회연구원 연구보고서 2021-08』, 한국보건사회연구원, 2021. 자료 :

file:///C:/Users/hyuko/Downloads/%EC%97%B0%EA%B5%AC%EB%B3%B4%EA%B3%A0%EC%84%9C%202021-08%20(1).pdf (자료접속일 : 2022. 1.5).

이지연, 『베트남 비즈니스 수업』, 더퀘스트, 2020.

장이츠, 김민아, 「코로나바이러스감염증-19 대유행 이후 한국거주 중국인 유학생의 사회적 낙인경험」, 『보건사회연구』 41(1), 22-41, 2021.

최소연, [고용노동부 공식블로그-해외정책기자단 해외특파원] 「높은 청년실업 함께 해결하기 위해 노력하는 정부와 청년!」, 고용노동부, 2016.

https://m.blog.naver.com/PostView.naver?isHttpsRedirect=true&blogId=molab_suda&logNo=220870530293(자료접속일 : 2022. 1. 7).

한아름, 「밀레니얼세대를 공략하라, 명품시장 기회의 땅 베트남」, 하노이 무역관, KOTRA, 2021.

함아름, "베트남 팽창하는 국제대학 교육시장", 하노이무역관, KOTRA.

https://dream.kotra.or.kr/kotranews/cms/news/actionKotraBoardDetail.do?SITE_NO=3&MENU_ID=180&CONTENTS_NO=1&bbsGbn=243&bbsSn=243&pNttSn=187493, (자료접속일 : 2022. 1. 10).

Research Plus, "외국인 전문인력, 유학생 정책 개선방안", 국무조정실, 2017.

https://docviewer.nanet.go.kr/reader/96e11e2ef0c0453898963c35978df789, (자료접속

일 : 2022. 1. 5).

한국관광공사, "베트남 MZ 세대 보고서- 베트남 MZ 세대 특징", 2022.
  file:///C:/Users/hyuko/Downloads/%EC%8B%AC%ED%99%94%EB%A6%AC%ED%8F%
  AC%ED%8A%B8-%EB%B3%B5%EC%82%AC%20(3).pdf, (자료접속일 : 2022. 1. 12).]

김우성의 베트남 인사이트(2), 「청년들의 나라, 커지는 베트남 교육 시장」, 『한국금융』,
  2019. 12. 2.
  https://www.fntimes.com/html/view.php?ud=201906171539448004c1c16452b0_18.

Hung, N.-T.&Yen, K.-L., Towards Sustainable Internationalization of Higher Education: Innovative Marketing Strategies for International Student Recruitment, Sustainability, 14, p. 8522, 2022. file:///C:/Users/hyuko/Downloads/sustainability-14-08522-v2.pdf, (자료 검색일 : 2023. 1. 20)

Nhân Văn, Những ngành học HOT cơ hội việc làm cao ở Hàn Quốc(한국에서 취업기회가 많은 Hot 전공),
  https://nhanvanedu.com/nhung-nganh-hoc-hot-co-hoi-viec-lam-cao-o-han-quoc/(자료 접속일 : 2022. 1. 13).

Báo Đầu tư Chứng khoán, Bộ trưởng Nguyễn Chí Dũng: CMCN4.0 là cơ hội để Việt Nam tận dụng trỗi dậy, yếu tố quyết định ở con người(Nguyen Chi Dung 장관: Industry 4.0은 베트남이 사람의 결정적인 요인인 상승을 활용할 수 있는 기회입니다),
  https://www.tinnhanhchungkhoan.vn/bo-truong-nguyen-chi-dung-cmcn40-la-co-hoi-d
  e-viet-nam-tan-dung-troi-day-yeu-to-quyet-dinh-o-con-nguoi-post317602.html, T.N /
  baodautu.vn 2023. 3. 24 기사 (자료접속일 : 2023. 3. 26).

Thế hệ Z ở Việt Nam và cách họ làm việc(베트남의 Z세대와 그들이 일하는 방식), 2020. 10. 30일자 기사,
  https://tntalent.vn/sites/tntalent/cam-nang/danh-cho-ung-vien/the-he-z-o-viet-nam-va-c
  ach-ho-lam-viec-18.html (자료접속일 : 2022. 1. 3).

Daan van Rossum, Thế hệ Z ở Việt Nam và cách họ làm việc(베트남의 Z세대와 그들이 일하는 방식), 2020. 11. 30일자 기사,
  https://vietcetera.com/vn/the-he-z-o-viet-nam-va-cach-ho-lam-viec (자료접속일 : 2022. 1. 3).

HIỂU RÕ HƠN THẾ HỆ Z TẠI VIỆT NAM - XU HƯỚNG TIẾP CẬN HIỆU QUẢ(베트남의 Z세대에 대한 더 나은 이해 - 효과적인 지원 동향),
  https://ghdmedia.com/bai-viet/hieu-ro-hon-the-he-z-tai-viet-nam-xu-huong-tiep-can(자

료접속일 : 2022. 1. 15).

컴퓨터월드, [만나봅시다]「재한 베트남 유학생들은 한국 기업에 취업을 원합니다」, 2022. 7. 30.

중앙일보, "20억 남방시장의 교두보... 베트남 2030을 공략하라", 2019. 4. 25.

● 이 장은 한국문화융합학회 2022 겨울 학술대회(2023년 2월 17일)에서 발표된 필자의 학술대회 발표논문을 바탕으로 재구성되었다.

2부
중국 지역사회의 청년 생태계

06장
'부족주의자'가 되지 않으려면? '부근'의 회복! | **김유익**

07장
'경계'에서 기회를 찾는 보통 중국 청년들의 마을 창업 | **김유익**

08장
중국 절강 지역사회의 경제와 MZ세대의 취업실태 | **최 용**

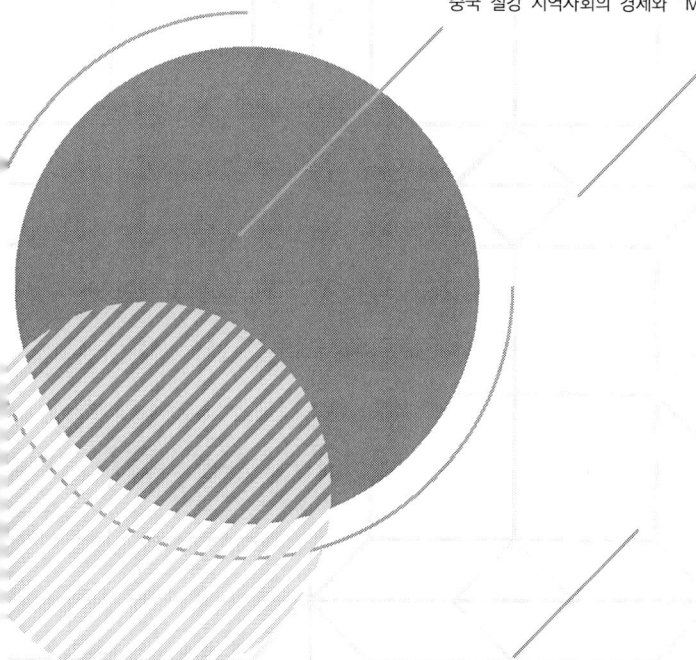

06장

'부족주의자'가 되지 않으려면? '부근'의 회복!

1. 부근의 상실

"미래는 지속가능한 로컬 중심 사회가 돼야 한다는 선생님 말씀을 듣고 있으니 가슴이 두근거립니다. 하지만 제가 사는 도쿄에서 대부분의 사람들은 글로벌라이제이션 사회의 사고방식을 따라서 경쟁지향적인 삶을 추구해요. 주위에서 저와 생각이나 취향이 비슷한 동류를 찾기 힘들어서 더 고립된 느낌을 받습니다. 어떻게 해야 할까요?"

2011년 1월 일본의 에코문화 NGO인 "나무늘보클럽"이 요코하마에서 주최한 간담회에 참가한 한 대학생이 〈오래된 미래〉의 저자로 한국에도 잘 알려진 생태문화운동가 헬레나 호지에게 이런 질문을 던졌다.
"글로컬라이제이션의 시대입니다. 인터넷을 통해서 다른 동네, 다른 도시, 다른 나라에 있는 동료들과 연대하면서 고립감을 탈피할 수 있어요. 꼭 주위에서 동지를 발견해야 하는 것은 아닙니다." 그의 답변에 나를 포함한 대부분의 청중들이 고개를 끄덕였다.

"부산의 지역 동네에 내려가서 생활과 작업을 하는 페미니스트 청년

예술가들이 이웃들과의 관계 형성에 어려움을 겪고 있다고 호소합니다. 가부장적인 지역사회 사람들, 특히 부근의 마초 중장년 아저씨들과 소통이 잘 안 된다는 것이죠. 하지만 인터넷이 있으니, 주로 전국에 흩어져 있는 청년 여성 예술가들과 교류하는 것이 가능하다고 합니다. 물리적으로는 떨어져 있지만 정서적인 부근과 주변을 만들어 나간다고 볼 수도 있지 않을까요?"

이 인용문은 2022년 가을, 한국 연세대학교 조문영과 독일 막스플랑크 사회인류학연구소의 중국인 인류학자 샹뱌오(項飆)가 한중 청년 문제와 그들이 주변과 관계 맺기에서 겪는 어려움들에 대해 화상 대화를 나눴다. 내가 번역자로 참가한 샹뱌오의 저서『주변(부근)의 상실: 방법으로서의 자기』의 한역 판 출간 직후 언론 소개를 위해 작가와 추천사를 쓴 인류학자가 나눈 깊이 있는 토론 중의 한 대목이다.

"제가 이야기한 '부근'은 심리적인 친연성을 전제로 한 추상적이고 개념적인 부근이 아니라, 나를 둘러싼 대체 불가능한 물리적 부근을 말합니다. 내가 살고 있는 주변에서 피할 수 없이 항상 맞닥뜨릴 수밖에 없는 환경을 이야기합니다. 그러니까 '부근'은 인터넷으로 접속 가능한 멀리 있는 동류가 아니라, 생활하면서 접촉을 피할 수 없는 그 거북한 이웃들인 것이죠." "저는 중국 학생들이 이런 부근을 다시 발견할 수 있도록 게임을 하듯 인류학적 훈련을 시키고 있습니다. 예를 들자면 대문 밖을 나섰을 때 늘 마주치는 존재가 아파트 경비원, 환경미화원, 동네 가게나 식당의 주인장, 종업원 이런 분들인데요. 이 분들이야말로 실은 자기 삶의 부근이거든요. 하지만 (중산층) 대학생들이 이 분들에게 관심을 갖게 되는 경우가 드물죠. 그래서 저는 학생들이 우선 이들을 관찰하면서 과연 어떤 생각을 하고 어떤 삶을 살고 있을지 상상을 해보라고 합니다. 그리고 나중에 직접 가서 인터뷰를 해보라고 하죠. 일종의 민족지를 작성하는 것입니다. 나중에 자기 상상과 실제가 어떻게 다른지 비교해 봅니다. 평소에는 간과하고 있던 자기 부근을 관찰하고, 제대로 이해를 하는 훈련을 해보는 것입니다."

2020년에 출간된 이래 이미 중국에서 20만 부가 팔린 이 책과 출간 전후의 다양한 인터뷰, 발제문을 통해서 샹뱌오는 중국 청년들이 겪고 있는 심리적 공황상태의 주요한 원인 중의 하나가 "부근의 상실"이라고 말한다. 사람은 자신과 자신을 둘러싼 세계의 관계를 명확히 이해할 때 세상을 제대로 해석하고 동시에 자기 삶의 의미를 구성해 나갈 수 있는데, 이를 위해서는 우선 자신의 '부근'을 명확히 알고 설명할 수 있어야 한다는 것이다. 자아라는 것은 실존적으로 본디 존재한다기보다는 바깥세상과의 관계를 통해서 형성되는 것이기 때문에 이 관계를 잘 파악하지 못하면 자신이 어떤 사람이고 어떻게 살아가야 하는지도 알 수 없게 된다.

이렇게 자신이나 자신을 둘러싼 부근과 그 바깥 세계를 이해하지 못하면 부근을 뛰어 넘어 바로 구름 위로 올라서려고 한다. '초월'적인 시선으로 세상을 바라보려고 하는 것이다. 예를 들어, 인터넷 '키배'에 열중하는 젊은 애국주의자들인 '소분홍(小粉紅)'이 민족주의와 국가주의 이데올로기에 맹목적으로 집착하는 배경에도 이런 '부근의 상실'이 있다.

중국 경제가 급속히 성장하던 2008~2010년 이전까지만 해도 노력하면 누구나 그 대가를 얻을 수 있다고 믿었다. 사업이나 장사를 해서 큰돈을 벌 수도 있고, 빚을 내고 목돈을 마련해 도시에 집을 사두면 자산 가격이 올라서 자연히 중산층 대열에 합류할 수 있었다. 그런데 고속성장이 둔화하고 이것을 '뉴노멀(new normal, 新常態)'이라고 부르기 시작하면서, MZ, 특히 90년대 이후 출생자들은 자신의 노력만으로는 원하는 것들을 얻을 수 없다는 사실을 깨닫게 됐다. 사회가 성장기를 지나 성숙기로 접어들면 다수의 사람들이 세속적인 의미의 성공신화를 만드는 것은 어려워지기 때문에 삶의 목표와 의미를 만들기 위한 다양한 서사가 필요하다. 그런데 이것은 스스로 찾아야 하는 것이지, 무조건 남들을 따라한다고 만날 수 있는 것이 아니고 국가와 사회가 제시하는 모범답안이 따로 있는 것도 아니다. 권위주의 사회라면 국가 프로파간다의 효과를 거두기 위해서, 자본주의 사회라면 시장이 소비를 촉진하기 위해 만들어 내는 기호들이 있다. 두 가지 모두 해당하는 중국은 그래서 영웅주의가 판치고, 그런 기호가 쉽게 성공의 아이콘으로 뜨게 된다. 아이돌 스타들이 애국주의와 결합하면 최고의 대중문화 상품이 되는 것도 그 때문이다.

중국 청년들이 자신의 '부근'을 상실하는데 기여하는 또 다른 현상은 세계에서 가장 발달한 플랫폼 비즈니스이다. 예를 들어 대학생들은 학교 기숙사에 거주하면서 대학 구내식당에서 밥을 먹는 것이 관행이었다. 구내식당이라고는 하지만 음식 종류가 다양한 만큼 선택지도 많다. 그런데 배달서비스가 발전하면서 앱으로 음식을 주문해 기숙사까지 배달시켜 먹게 됐다. 자연히 기숙사 밖으로 걸어 나와 식당에서 학우들과 어울리는 시간이 줄어든다. 일하는 청년들도 직장이나 거주지 근처의 식당에서 밥을 사먹지 않고 배달 앱을 사용한다. 당연히 찬거리를 사기 위해 근처 시장이나 가게를 찾는 일도 드물다. 주로 집에서 요리를 하는 주부를 포함한 노년층조차도 채소를 포함한 신선식품을 구매할 때 근처 시장이나 슈퍼가 아니라 앱을 사용하는 경우가 급속히 늘고 있다. 하물며 태어날 때부터 스마트폰을 손에 쥐고 있었다는 MZ 청년들은 말할 필요도 없다.

2. 500m안에 보이는 것들

'라스트 원마일(Last One Mile)'은 오래전 미국의 통신사업자와 방송사가 사용하던 표현이다. 이것은 아무리 훌륭한 전송망과 콘텐츠를 가지고 있어도 최종적으로 소비자에게 닿는 채널을 장악하지 못하면 아무 소용이 없다는 의미를 가지고 있다. 이와 유사한 의미로 '마지막 1KM'라는 말이 있다. 도시의 대중 교통망을 만들 때 동네 지하철역이나 버스정거장에서 집까지 도착하는 마지막 1KM의 편의성을 확보할 수 있도록 도시의 보행 인프라 등을 어떻게 정비하느냐에 대한 이야기이다.

샹뱌오는 '부근'이라는 물리적 공간을 표현하기 위해 '마지막 500M'라는 표현을 들어 플랫폼 자본 등이 이 마지막 500M를 장악하면서 부근의 감각을 파괴하고 있다고 염려한다. 앞서 설명한대로 기숙사나 직장, 집에서 나와 밥을 사먹거나, 가게에서 물건을 사고, 이웃과 교류를 할 수 있는 거리를 500M로 봤다.

2022년 그는 광저우(廣州)의 건축가이자 문화기획자인 제이슨(허즐선, 何志森)과 함께 부근의 감각을 회복하기 위한 소셜 아트(Social Art) 프로젝트를 제안했다. 이 프로젝트의 제목은 '최초 500M 돌아보기(看見最初 500M)'이다. 나로부터 시작하는 '최초 500M'는 '나의 부근'을 의미한다. 30~40명가량의 청년들을 모아서 두세 달 동안 자신의 부근을 관찰하고 부근의 사람들과 상호작용을 해본 뒤 자신의 관찰 결과를 예술적으로 표현하도록 했다. 석 달간 거의 풀타임으로 작업에 전념해야 하는 쉽지 않은 조건임에도 불구하고 공개 모집에 무려 400명이 넘는 지원자가 참여를 희망했다.

제이슨은 광저우에 소재한 화남(華南)공과대학의 건축학과 교수이지만, 동시에 구도심지역에 위치한 페이(扉) 미술관 관장 직을 겸하고 있다. 주로 청년들과의 워크샵을 통해서 수많은 공공예술 프로젝트를 진행해 왔다. 대표적으로는 '미술관 옆 재래시장 프로젝트'가 있다. 제이슨은 미술관과 지역의 관계 설정에 대해서 고민해 왔는데, 주로 서민층에 속하는 동네 주민들이 미술관을 잘 찾지 않는 것이 늘 마음에 걸렸다. 특히 미술관과 시장은 담벼락을 마주하고 십년 넘게 이웃해 왔는데, 시장 상인들은 한 번도 미술관에 와본 적이 없었다고 한다.

그래서 2018년부터 자신이 지도하는 학생 워크숍을 통해 시장 상인들과 대화를 나누면서 우선 상인들의 삶을 이해하기 시작했다. 그렇게 시장

상인들이 참여하는 공공예술 전시를 기획했고, 그들은 자신들이 주인공인 전시를 둘러보기 위해 처음으로 미술관을 찾았다. 그때부터 상인들이 주도적으로 제안하는 다양한 실험과 기획이 행해졌다. 예를 들어 한 상인은 늘 땀에 젖어 있는 자신의 옷을 말리고 싶다며 통풍을 위해 미술관과 시장 사이 담벼락에 구멍을 뚫어달라고 했다. 상당히 수고스러운 작업이었지만 그의 소원을 들어줬는데, 시장관리처에서 위생 문제를 제기하며 옷을 말리지 못하게 했다. 그때 상인이 기지를 발휘해서 이 행위는 일종의 예술이라고 둘러댔는데, 그의 설명이 매우 그럴 듯했다. 그 후로 미술관을 찾는 사람들이 구멍을 통해서 시장을 들여다봤는데, 상인은 이를 '엿보는 미술관'이라 명명하고, 여러 가지 후속 아이디어를 미술관에 제안해 실현했다. 이렇게 미술관과 그 부근인 재래시장이 유기적인 관계를 맺게 됐다.

하지만 시장은 2020년 지역 정부의 도시정비계획에 의해 철거되고, 공원으로 바뀌었다. 상인은 오랜 타지 생활을 정리하고 가족이 있는 북방의 고향으로 돌아갔는데, 그는 미술관에 요청해서 '엿보는 미술관' 간판을 받아가서 자기 집에 걸어두었다. 채소가게 주인이 자신의 예술기획 작품을 평생 간직할 수 있게 된 것이다. 반면 제이슨은 모처럼 만들어진 '미술관의 부근'이 사라진 것 때문에 큰 상실감을 겪어야 했다. 다양한 장소에서 벌어지는 공공문화 예술을 기획하고 실행하기는 하지만, 대부분의 경우 막상 전시장 부근에 사는 보통 사람들의 참여가 일어나지 않는 것에 늘 조바심을 하고 있었다. 문화 엘리트들의 자기만족에 그치는 행사를 만들지 않기 위해 노력하지만, 설사 참여가 이뤄진다고 해도 늘 '임시적인 부근'을 표류하는 유목민이 되는 것이 불만족스러웠다. 그래서 자신의 기반인 미술관의 부근이 생긴 것에 대해 상당한 애착을 가지고 있었던 것이다.

제이슨과 샹뱌오는 40명의 청년들을 모집했는데 예술가, 시인, 회사원, 인류학자, 대학생, 프리랜서 등등 다양한 배경을 가진 이들이 모여들었다. 적지 않은 이들은 미래에 대한 불안과 현실에 대한 실망감으로 직장을 그만두고 인생의 휴지기를 보내고 있었다. 그래서 온전히 석 달 이상 자신의 시간을 이 워크숍에 할애할 수 있었다. 특히 상당수 참여자가 광저우와 인근 도시 거주자가 아니었기 때문에 멀리 국외나 중국의 다른 도시에서 광저우로 날아와 두세 달 가량을 광저우에 머물렀다.

이 프로젝트의 기획자와 멘토가 심리치료사는 아니기 때문에 청년들을 안위하는 것이 목적은 아니었지만, 초반에 이뤄진 전체 나눔은 제이슨과 샹뱌오에게 상당한 부담이 됐다. 왜냐하면 이중 상당수는 우울증이나 조울증을 앓고 있었고, 유년시절 가정폭력을 경험한 이들도 있었기 때문이다. 첫 나눔을 가진 이가 고해성사라도 하듯 자신의 정신적 어려움을 토로하자 경쟁이라도 하듯 모든 이들이 자기소개서에 온전히 담지 못했던 마음속 음지를 열어 보였다. 독일에서 온라인으로 참가했던 샹뱌오와 달리 광저우의 오프라인 모임과 개인 멘토링을 책임져야 했던 제이슨은 300~400시간이 넘는 시간을 사용해야 했고, 프로젝트가 마무리된 후에는 심신이 피폐해진 자신을 치료하기 위해 정신과 상담을 받아야 했다.

이중 38명의 청년들이 끝까지 과정을 함께 했고, 자신의 관찰과 경험을 예술작품 형태로 표현했다. 그리고 주문 제작한 택배함에 이 작품들을 집어 놓고 전시했다. 중국에서는 비용을 줄이고 편의를 늘리기 위해 이제 택배가 집까지 배달되지 않고 동네마다 설치된 무인 택배함에 수납되는 경우가 많다. 택배를 부치는 경우에도 사용할 수 있다. 택배서비스는 자본이 지배하면서 소멸하는 부근 '마지막 500m'를 상징하고, 무인 택배함은 이 마지막 부근조차도 사람과 사람의 만남이 단절되는 경험을 만들어낸다. 그래서 이런 현실을 비판하고 풍자하는 동시에, 관람객들이 이 택배함을 통해서 작가들이 경험한 부근을 대리체험 하도록 돕는다.

이 작품은 애초에 '션전&홍콩 도시와 건축 비엔날레(UABB Urbanism/Architecture Bi-city Biennale)'의 일부로 기획됐으며, 2022년 연말부터 션전에서 전시되고 있다. 관람자들은 작품 내용과 관련한 작가들의 구체적인 이야기를 인터넷에서 찾아볼 수 있다. 이 내용을 모두 찾아본 관람객들은 없겠지만, 이들은 일부 혹은 전체 작품과 교감을 하기 시작했다. 대표적인 예는 '나는 사회를 치유하지는 못하지만, 의자 하나를 고칠 수는 있다'라는 제목을 가진 작은 의자였다. 개방식 택배함에 놓인 이 의자를 보고 일부 야외 전시 공간의 마무리 작업을 하던 노동자들이 휴식용으로 사용하기 시작했다. 얼마 후부터는 전시장의 경비 담당직원도 이 의자를 사용했다. 이런 식으로 몇 가지 전시품은 관람객의 손을 타기 시작했다. 이 전시장에는 마침 사물 보관함이 없었는데 심지어 빈 택배함에 자기 가방을 잠시 집어넣어 두는 관람객도 등장하기 시작했다. 또, 비엔날레에 참가한 다른 예술가가 자기 물건을 집어넣고 의미를 설명하려고 택배함에 낙서를 했는데, 다른 관람객들도 이를 따라서 자기 감상이나 다른 관객이나 작가들과 나누고 싶은 이야기를 낙서로 남겼다. 작가들은 비록 현장에 없지만 작품, 즉 택배함의 부근에 작은 관계와 상호작용의 망이 생겨난 것이다.

3. 내가 사는 동네 탐험, 고향과 가족 찾기

상하이의 청년 목수 A씨는 광저우에 와서 두 달을 보냈다. 머물고 있는 게스트하우스 동네 주위를 어슬렁거리면서 가구를 수리하는 마을 목공방을 발견했다. 60년 넘게 이 일을 하는 목수 할아버지와 이야기를 나눴다. 그때부터 동네에 버려진 가구를 주워 와서 수리하기 시작했다. 수리한 가구는 프로젝트 참여자들 중 필요한 사람에게 줬다. 이렇게 두 달을 보내고, 목수 할아버지에게도 자기가 수리한 가구들을 보여줬다. 할아버지는 대견해 하시면서 자기가 쓰는 목공용 톱 하나를 선물했다. 평생 처음으로 자기 도구를 남에게 줘본다는 이야기도 했다. A는 상하이로 돌아간 후에도 자기가 사는 동네 주위를 산책할 때마다 버려진 가구 중 수리할 수 있는 것이 있는지 살펴보는 습관이 생겼다. 전시된 의자도 다리 하나가

사라진 채 버려진 것인데, 주워 와서 다리 하나를 만들어 붙였다. 이렇게 전시장 사람들에게 유용한 물건으로 되살아나면서 의자는 A가 전시장 부근의 사람들과 관계를 맺는 매개로 작용하기 시작했다.

일 년 전에 광저우로 이사 온 시인 B는 광저우의 독립예술가와 문화기획자들이 참여하는 내가권(內家拳) 모임을 참가자들에게 소개했다. 이 내가권 모임은 매주 공원에 모여 가볍게 수련하는 교류의 장이고 누구에게나 열려있다. 발을 땅에 붙이고 두 손을 맞잡은 채 밀고 당기면서 상대방의 균형을 잃게 만드는 매우 간단한 룰을 가지고 있다. 태극권의 추수(推手) 대련과 비슷한데, 내 몸의 무게 중심의 균형을 유지하면서 상대방의 힘을 역이용하는 것이 비결이다. 수련이 끝나고 함께 저녁을 먹으면서 서로 근황을 묻기도 하고 정보도 교류한다. 따라 하기 어렵지 않기 때문에 이 모임의 주도자들은 다른 도시로 여행을 가면 그곳의 예술가들과 함께 자연스럽게 내가권 모임을 갖으면서 새로운 네트워크를 형성한다. 국가의 검열 때문에 표현이 자유롭지 않은 중국의 창작 상황에서 예술가들이 어떻게 자신을 구속하는 거대한 힘을 잘 활용하면서 최대한 스스로를 보호하고, 창작 표현도 할 수 있는지 생각해 볼 기회를 준다는 해석도 가능하다.

이 활동은 몸을 사용하기 때문에 문자 그대로 자신의 물리적 부근에서 일어나는 일이 되고, 그 에너지를 직관적으로 느낄 수 있다. 그래서 많은 참가자들이 자신의 경험을 기록하면서 내가권 수련에 대해서 언급했다. B는 이 경험을 물화시키기 위해 추수하는 두 개의 목각인형을 만들었다.

C와 D의 경우는 자기 고향과 관련된 주제를 선택했다. C는 광저우 시내에서 고향의 소울 푸드 음식점을 탐방하면서 맛 지도를 만들었다. 그의 고향은 중국내에서도 혈연, 지연과 지방색, 그리고 상업을 통해 자수성가하는 것을 독려하는 문화가 특히 강한 광둥의 차오산(潮汕)이다. 그 과정에서 음식 탐방을 매개로 광저우에 머물던 자기 사촌동생에 대한 이야기를 했다. 동생은 대학을 졸업하고 고향에서 인터넷 쇼핑몰 마케팅

을 담당하고 있었는데 일이 마음에 들지 않았다. 부모가 인생수업을 해야 한다면서 광저우에서 포목장사를 하는 친척에게 보내 가게 일을 돕게 했다. 그는 일 년 정도 일하고 더 배울 것이 없다고 느껴 다른 일자리를 알아보고 있었다. 고향·지연이나 혈연이라는 부근은 태어날 때부터 이미 정해져있는 것이고, 그 관계를 자산으로 잘 활용할 수도 있다. 하지만 현대 사회에서는 반대급부로 갈등을 유발하기 십상이다. 사생활을 중시하는 것은 중국의 MZ도 마찬가지이고, 챠오샨 출신이라고 예외일 수 없다.

D는 별다른 특징이 없는 자기 동네에서 조금 떨어진 봉재 노동자 거주 지역으로 가서 관찰과 교류를 진행했다. 처음에는 노동자들과 말을 섞기가 쉽지 않았는데, 우연히 과일을 파는 동향 출신 청년을 만나게 됐다. 억양 때문에 서로를 쉽게 알아본 덕에 청년을 따라다니면서 그 가족과 이야기를 나누고 정보를 얻게 됐다. 몇몇 봉재공장의 작업과 비즈니스 관계망을 세심하게 관찰하고 난 후에 이곳에서 버려진 자투리 끈을 엉키게 해 뭉치로 만들었다. 공장과 공정들, 그리고 사람들 관계의 얽힘을 표현한 것이다.

D는 자기 동네를 선택하지 못한 이유도 재미있는 비유를 들어 설명했다. 부근은 이미 정해져 있기 때문에, "도라에몽의 주머니 속으로 들어갔을 때 주인공이 내던져지는 공간처럼 임의적일 수 없다"는 것이다. 그런데 중산층이나 젊은 고학력자들이 많이 거주하는 아파트촌으로 둘러싸인 자기 집 부근은 깨끗하고 생활도 편리하지만, 어디에나 있는 프랜차이즈 체인점들로 가득한 개성이 없는 곳이라 오히려 임의적으로 느껴졌다는 것이다.

그런 의미에서 도심부에 기층 노동자와 서민의 거주지인 도시마을 성중촌(城中村)이 많이 남아 있는 광저우는 상당히 매력적인 실험 장소로 느껴질 수밖에 없다. 사람들 간의 관계가 건물들이 밀집한 물리적 공간만큼이나 밀도가 높기 때문이다. 지금은 한국에서 거의 사용하지 않지만 중국에서는 MZ들조차 좋아하는 인정미(人情味兒)라는 말이 있다. 그래서 많은 참가자들이 성중촌과 구 도심을 자신의 임시 거주지 겸 부근의 관찰 대상으로 삼았다. 하지만 이런 의도가 다 성공한 것은 아니다. 다른 도시에서 찾아와 광저우에 임시적으로 만든 부근은 임의성을 배제할 수 없기 때문이다. 이 장소들은 사회학이나 인류학 등 학문적인 연구의 필드로서는 흥미롭게 느껴질 수 있지만, 온전히 자기의 부근이라고 할 수는 없다. 본원적인 거리감과 위화감이 있기 때문이다.

거리감이 필요한 것은 관찰중이 아니라 관찰이 끝난 후 분석을 하는 시점이다. 이렇게 부근을 만들지 못한 결과물들은 쉽게 판별이 가능한데, 대상에 대한 분석결과는 있지만 이 결과와 자신의 관계가 잘 드러나지 않는다. 대상에 대해 아무리 날카롭고 정확한 분석을 도출해 낼 수 있다고 해도 이 결과가 그와 연결된 자신의 삶의 의미를 구성하는데 도움을 줄 수 없다면 부근은 아니다. 그래서 많은 참가자들이 이번 워크숍에서 자신의 실패와 한계를 솔직히 인정하고 있다.

반대의 사례는 부근과 자신을 가장 직접적으로 이해할 수 있는 개인과 가족사의 문제를 솔직히 드러낸 경우이다. 어렸을 적부터 성중촌에서 홀어머니 밑에 자란 사진작가 L은 약한 가정폭력을 겪으며 어머니와의 관계가 냉랭해졌다. 집에서 어머니와 말을 하지 않고, 귀가한 후에는 방안에만 쳐박혀 지낸다. 어머니와는 밥도 같이 먹지 않는다. 꾸중을 들을 때마다 문밖에 세워두고 집으로 들이지 않는 벌을 받은 어릴 적 경험 때문에 가슴이 답답하고 화가 나는 일이 생기면 골목과 거리를 정처 없이 산책하는 습관이 생겼다. 하루는 이제는 노쇠해진 어머니가 화장실에서 미끄러져 쓰러졌는데, 그 어머니를 돕지 않아서 결국 이웃이 구급차를 불러야 했다. 어머니에 대한 냉담과 이에 대한 죄책감이 갈등하면서 그의 내면을 어지럽혔다. 작품으로 자신의 경험을 정리하기 위해 제이슨과 이야기를 많이 나눴는데, 자연스럽게 자기 집과 어머니, 즉 부근에 대해서 다시 생각해 보게 됐다. 홀로 자신을 키우며 경제 활동을 해야 했던 어머니가 겪는 어려움을 이해하려고 노력하면서 차츰 어머니와 자신에 대한 분노가 가라앉았다.

참가자들은 워크숍 진행 기간 동안 광저우에서 잦은 '번개모임'을 열었다. 첫 모임부터 내밀한 고민을 털어 놓고 동병상련의 감정을 느꼈기 때문일 것이다. 그런 탓에 실제로 이들은 자신의 관찰대상보다는 오히려 참가자들의 네트워크를 부근이라고 생각한 것처럼 보이기도 한다. 많은 참가자들이 이런 부수적 교류활동에 대해서 언급하거나 기록으로 남겨두고 있다. 아예 자기 숙소를 모임 장소로 제공하면서 이 모임들을 부근의 관찰대상으로 삼은 참가자도 있다.

4. '유유상종'은 '부근'이 아니다

이처럼 자신이 임의적으로 선택할 수 없는 물리적 부근이나 혈연, 고향 외에도 부근으로 삼을 수 있는 관계가 있을까라는 질문을 다시 던져볼 수도 있다. 이 글의 초반에 언급한 것처럼 멀리 떨어져있지만 온라인으로 만나는 동류의 사람들이 좋은 예가 된다. 이를 '유유상종 네트워크'라고 불러보자. 내 생각에 이를 부근으로 정의할 수는 없다. 부근은 반드시 자신에게 힘이 되고 도움을 주는 관계나 환경을 의미하는 것은 아니기 때문이다. 부근은 우리에게 치유를 주는 대상이 아니라 우리가 자신과 관계를 맺고 있는 바깥세상과 그 현실을 명료하게 인식할 수 있도록 해주는 환경이자 매개이다. 초반에 설명한 바와 같이 샹뱌오는 부근이 사라지면서 사람들의 관점이 현실과 유리되고 갈수록 극단적으로 변하고 있다고 걱정한다.

부근과 '유유상종'의 차이를 들어 한국의 상황에 대해서 설명해 볼 수 있다. 진영주의를 말하고 싶다. 페미니스트 청년 여성 예술가들은 '유유상종'을 통해서 서로 위로받고 격려하며, 또 단체 학습을 통해 자신들의 공통 이념을 발전시키거나 강화할 수도 있다. 하지만 부근에 있는 가부장적이고 보수적인 이웃들과의 관계를 계속 회피하면서 이들과의 심리적 거리는 더욱 멀어질 수 있다. 세상을 절반만 이해하게 되는 것이다. 이것은 당연히 페미니스트나 청년, 혹은 예술가에 국한되는 일이 아니다. 우리들 대부분이 정치적 견해가 다른 친구나 가족, 이웃, 동료들과는 갈수록 거리를 두게 되고, 자신과 같은 편에 있는 사람들의 페이스북 피드를 살피며 '좋아요'를 누르는 횟수가 늘어난다. 페이스북 알고리듬은 이를 되먹임하면서 이런 경향을 강화할 것이다.

우리는 온라인이나 미디어를 통해서 나와 견해가 다른 사람들의 의견도 충분히 들어봐야 한다고 말하기도 한다. 두 가지 의미에서 쉽지 않은 일이다. 첫째, 마음이 내키지 않으니 그렇게 하기가 힘들다. 둘째, 설사 그렇게 한다고 해도 오히려 기계적인 중립이나 정치적 올바름을 과도하게 강조하다가 상식에 어긋나는 정치적 판단과 결정을 하는 경우가 많아진다. 이렇게 되는 이유는 자신과 생각이 같은 집단이든 그 반대이든 온라인으로만 정보를 받아들이기 때문이다. 양쪽 집단 모두 피와 살로 이뤄진 사람들이며 그들 모두 자신만의 복잡한 현실이 있기 때문에 온라인상에 비추이는 모습과 실재 사이에는 차이와 모순이 발생할 수밖에 없다.

설사 오래된 지인이라고 해도 오프라인에서 자주 얼굴을 대할 수 없으면 온라인에 비춰진 모습이나 주장만 보고 그들의 생각과 삶, 그리고 그들이 가진 정치적 신념에 대해서 추정을 할 수 밖에 없다. 나와 다른 주장을 하는 사람들이거나 나와 물리적 혹은 심리적 경쟁관계가 있는 사람이라면 그 사람의 정보가 들어올 때마다 어느새 부정적인 피드백 회로를 돌리고 있는 나 자신을 발견하게 된다. 그 반대 경우도 가능하다. 내 편이라고 생각하면 항상 좋은 점만 보려고 한다.

나는 당연히 내 입장과 의견을 가질 수밖에 없다. 그 자체가 잘못된 것은 아니다. 앞서 이야기한 대로 과도한 정치적 올바름으로 나타나는 도덕지상주의는 오히려 대중의 상식이나 현실과 어긋날 수 있다. 한때 대중 정당화를 지향하던 진보의 맏형 정의당이 다시 등대 정당을 자처하며 5%도 안 되는 극소수 지지자들 사이에 안주하는 것이 직접적인 예가 된다. 하지만 나와 다른 의견을 가진 사람들이 왜 그런 판단을 하는지는 이해하도록 노력해야 한다. 그들의 의견에 찬성한다는 뜻이 아니다.

그래서 특히 이렇게 다른 의견을 받아들이는 채널은 내가 선택 가능한 온라인 정보가 아니라 임의적으로 선택할 수 없는 물리적 부근이 되어야 한다. 부근은 살아있는 사람이자 입체적인 실체이기 때문에 나는 그 사람이 왜 이런 주장을 하거나 그런 행동을 보이는지 전체 그림과 맥락을 통해 더 쉽게 이해할 수 있게 된다. 아니 그것을 설사 부정하고 싶어도 자연히 이해할 수밖에 없다. 샹뱌오는 이런 전체의 비젼을 도경(圖景)이라고 말한다.

중국 청년들 중에 소분홍이 등장한 이유 중 하나로 '부근의 상실'을 이야기했다. 마찬가지로 나는 한국의 진영주의 생성의 이유 중 하나로 부근의 상실을 들고 싶다. 진영주의의 다른 이름은 미국의 국제관계 정치학자 에이미 추아가 언급한 정치적 부족주의이다. 나는 정치적 부족주의를 국내의 진영 간 투쟁뿐 아니라 외국과의 관계에 대한 민족주의의 갈등으로도 확대할 수 있다고 생각한다. 원래 에이미 추아가 부족주의를 관찰한 것은 베트남, 아프간 등의 사례에서 발견되는 전통적 민족주의였고, 이를 미국 국내 정치 상황에 맞게 다시 해석한 것뿐이다.

그래서 중국의 소분홍과 한국의 민족주의 청년들이 인터넷에서 김치, 한복 논쟁 등에 과몰입하는 것은 사실 같은 기제의 작동일 뿐이다. 동아시아 발전 서사의 붕괴에 의한 청년들의 경제적 고민, 그리고 부근의 상실은 한국에서도 유사하게 혹은 더욱 빠르고 과격하게 벌어지는 현상들이다. 대중문화 기호로써의 아이돌에 열광하는 팬덤 문화도 한국에서 중국으로 수출된 것이다. 한국의 정치 문화 풍토에서 각 진영 내의 정치 아이돌들이 부침하는 양상이 팬덤 문화로 발전한 것도 간과할 수 없다. 국내에도 소개된 인민대학의 미디어학자 류하이룽(劉海龍)의 〈아이돌이 된 국가〉를 보면 중국의 영도자나 국가 자체가 황제와 천조의 기호에서 대중문화속의 아이돌로 변용되는 과정을 살펴볼 수 있다. 한중은 검열과 통제 측면에서 미디어와 대중문화의 환경이 다르지만, 이 구속을 벗어나면 유사한 기제가 작동하는 것을 볼 수 있다. 그래서 두 나라 청년들의 온라인 충돌을 일방적으로 중국국가의 애국주의 교육 탓으로 돌릴 수 없는 것이다.

샹뱌오는 중국 현대사회의 변화를 관찰하면서 부근의 상실이 야기한 사회 문제를 지적했다. 물론 이 과정에서 권위주의적인 당국가가 이 문제를 일부 야기하거나 제대로 대처하지 못하는 것에 대해서는 말을 아낄 수밖에 없었다. 그럼에도 불구하고 동아시아 사회가 현대화, 특히 80~90년대 이후의 세계적 환경 변화 속에서 겪고 있는 사회 현상과 여기에서 파생하는 문제는 한중이 함께 공감할 수 있는 부분이 적지 않다. 한중 지식인간의 대화가 지속적으로 이뤄지길 기대해 본다.

10여 년 전 요코하마의 간담회를 회고해본다. 나는 과거 10년간 생태주의자로, 지속가능 라이프 스타일 활동가로 살아왔다. 한국, 일본, 중화권 전역의 '동지'들과 온오프라인 네트워킹을 하며 함께 전의를 다져왔다. 하지만 지금은 아니다. 나는 여전히 생태와 환경문제를 그리고 기후변화를 걱정하고 나름의 실천을 위해 노력한다. 하지만 스스로를 생태주의자나 활동가로 부르지는 않는다. 내 '부근'의 사람들에게 이 문제에 대해, 그리고 하나의 선택지로써 지속가능한 라이프 스타일을 설명할 용의는 있다. 하지만 그들을 억지로 설득하거나 섣불리 계몽하려는 생각은 없다. 이들이 생태주의자가 아니라서, 말이 통하지 않기 때문에 이들을 뛰어넘어 '유유상종'만 하고 싶은 생각은 더더욱 없다. 나는 '부근'을 통해서만 나와 세상의 관계, 그리고 이 문제들을 더욱 명확히 인식할 수 있기 때문이다.

참고문헌

샹뱌오 지음, 김유익 등 옮김, 『주변의 상실』, 글항아리, 2022.

류하이룽 지음, 김태연 등 옮김, 『아이돌이 된 국가』, 갈무리, 2022.

신다은, "경쟁 잘하는 사람? 스스로 잘 설명하는 사람", 한겨레21, 2022. 참고
　　　(https://h21.hani.co.kr/arti/culture/culture/52892.html)

何志森, "今年的深港雙年展, 38位年輕人把自己的"附近"塞進了一個豐巢快遞櫃",
　　　何志森工作坊, 2022. 참고
　　　(https://mp.weixin.qq.com/s/jTm4G6AcpAMPMhrpZbPvqQ)

07장

'경계'에서 기회를 찾는 보통 중국 청년들의 마을 창업

1. 디지털 유목민은 마을에 살지 않는다

"그 마을에도 디지털 유목민들이 모여서 일하는 따리허브(大理Hub) 같은 코워킹 스페이스가 있나요?"

좀 뜬금없는 질문이라 잠시 생각을 가다듬고 답했다.

"저희 마을에는 청년 예술가나 NGO 프로젝트 등에서 일하는 프리랜서가 꽤 있긴 한데, IT 엔지니어들은 별로 못 본 것 같아요. 원격으로 일하는 디자이너나 IT 엔지니어들이 있다고 해도 개별적으로 집이나 카페에서 일하면 되지, 굳이 모여서 일할 공간이 필요한 것 같지는 않고요. 저희 마을은 도심에서도 그리 멀지 않잖아요."

질문을 던진 파트너의 작은 아버지 L은 도시계획 및 조경·건축 전문가인데, 광둥(廣東)성 정부가 발주한 '향촌진흥 발전계획서' 초안의 일부를 작성하고 있다는 사실을 나중에 알게 됐다. 중국 정부는 2017년 말 당대회 이후 주요한 국가 발전 전략으로 농촌의 소프트웨어적 업그레이드를 꾀하고 있고, 지역별로 다양한 프로젝트들이 진행되고 있다. 2021년 중국 정부는 중국 농촌 전역이 이미 최저 빈곤선을 탈피했다고 선언하고, 부빈국(扶貧局)을 향촌진흥국으로 개편했다. 중국은 이미 70%에 가까운 도시화율을 보이고 있는 가운데 도시화, 산업화, 글로벌 경제화를 촉진하는 연안 지역 발전 중심의 '진보파'와 인구와 자원을 내륙과 농촌 지역에 계속 분산시키기 위해 향촌 지역 중심의 발전을 꾀하는 보수파가 국토 이용과 개발 전략을 놓고 팽팽히 맞서고 있다. 2020년 가을 시진핑이 발표했던 '경제 쌍순환 전략에서 외순환은 전자와, 내순환은 후자와 연관성이 깊다고 해석할 수도 있다.

나는 2015년 중국으로 건너온 이래 귀농을 장려하고 생태 농업의 보급을 추진하는 등 농촌지역을 활성화시키려는 중국의 민간 사회 운동인 '신향촌건설운동'의 참여자들과 한국 활동가들의 교류를 돕는 일을 하고 있었다. 내가 2018년부터 지금까지 살고 있는 광저우(廣州)시 근교의 션징(深井) 마을도 농촌은 아니지만, 도시와 농촌의 요소를 반반씩 지니고 있는 일종의 '경계지역'이다. 도심에서 그리 멀지 않지만 700년 역사를 입증하듯 지어진 지 100년이 넘는 고택이 많이 남아 있는 옛 마을이고, 김원봉을 비롯한 한국의 독립운동가들도 수학했던 황포군관학교와 160년 역사를 가진 조선소 등의 근대유적지도 가깝게 위치한다. 마을 면적의 절반쯤 되는 농지를 포함한 녹지가 개발 제한 구역으로 묶여 있어 지역 정부가 도시민들을 위한 생태와 역사 나들이 명소로 지정한 곳이다.

하지만 도심에 가깝기 때문에 관광지라기보다는 출퇴근하는 젊은 직장인들도 많이 거주하는 주거지역이다. 환경이 상대적으로 쾌적하면서도 임대료 등의 물가가 낮기 때문이다. 이런 여러 가지 이점 때문에 10여 년 전에 유치원부터 중등 과정까지 학제가 마련된 대안학교 H가 들어섰는데, 이 학교에 수학하는 아이를 둔 중산층 가정 수백호가 마을로 이주해 와서 거주하고 있기도 하다. 그래서 원주민들뿐 아니라 다양한 배경을 가진 신주민들이 거주하고 있다. 비슷한 시기에 조성된 광저우의 대학타운(大學城)도 이웃에 위치하고 있어서 주말이면 대학생들이 마을로 자주 놀러 오기도 한다.

L과 가족들은 우리 마을에 몇 번 놀러 온 적이 있는데, 마을이나 내 일을 소개하면서 한국이나 중국의 귀농 귀촌 사례에 대해서 이야기를 나눴다. 성공한 전문직 커리어를 가진 50대의 도시 중상층 L에게 '대학을 졸업한 농촌 출신 청년이 고향에 돌아가 특산물을 재배한다'는 식의 영구적인 귀농 귀촌으로 화제를 제한하면 관심이 적을 것 같았다. 그래서 힙스터를 포함한 청년세대가 추구하는 다양하고 새로운 라이프 스타일에 대해서 설명했다. 생애주기에 따라서 농촌과 도시를 오가며 거주지를 이동하는 삶의 방식이라든가 내가 해외에서 목격하거나 전해들은 디지털 유목민의 삶 같은 것들이었다.

디지털 유목민은 컴퓨터와 인터넷만 있으면 원격으로 자기 일을 할 수 있는 전문직 종사자나 크리에이터들 중에 농촌이나 관광 휴양지 등 생활 환경이 상대적으로 좋은 곳에 장기 거주하거나 전 세계의 이런 지역들을 떠돌면서 사는 사람들을 말한다. 나는 과거 일본과 타이완에서 이런 그룹이나 개인을 만난 적이 있었는데, 중국에서도 이미 몇 년 전부터 그런 흐름이 나타나고 있다고 들었다. 한국에서는 한때 육지 젊은이들이 많이 이주해서 게스트 하우스나 카페를 여는 로망을 품게 했던 제주도가 있는데, 중국에서는 유사한 이미지를 갖고 있는 윈난(雲南)성 따리(大理) 같은 곳이 대표적이다.

과거 베이징의 대학가 우다커우(五道口)에 위치했던 청년 문화 공간 706라는 곳이 있다. 복층 아파트를 빌어, 도서관, 워크숍, 게스트 하우스 등으로 사용했고, 비상업 공간이었기 때문에 일종의 문화 게릴라 아지트 역할을 하던 곳이다. 베이징뿐 아니라 전국에서 문화 예술과 인문사회과학에 관심이 많은 청년들이 모여들었다. 팬데믹이 시작되면서 아파트 단지 등의 출입통제가 심해져 결국 10년 만에 문을 닫게 됐다. 이곳의 운영자들과 사용자들이 중국의 남방지역을 비롯한 10여개의 도시, 그리고 유학생을 중심으로 해외의 주요 도시로 흩어져 각자 새로운 공간을 마련했는데, 따리도 이 공간이 매우 활성화된 지역 중의 한곳이다. 따리는 706가 만들어지기 전에도 대도시에서 이주한 전문직, 문화인이나 예술가 등이 많이 살던 곳이었기 때문에 자연스럽게 706 공간 등이 코워킹 스페이스의 기능을 갖추게 됐다. 이들은 자신들의 공간 및 문화기획 프로젝트에 IT와 하이테크 기업이 많이 모여 있는 실리콘밸리, 샌프란시스코가 위치한 캘리포니아주를 떠올리며 '따리포니아'라는 애칭을 붙이기도 했다.

따리뿐 아니라 중국의 하와이라 불리는 하이난(海南)성의 링슈이(陵水), 알리바바 본사가 위치한 항저우(杭州)에서 가까운 저장(浙江)성의 안지(安吉)같은 곳에 이런 공간들이 속속 출현했는데, 이것은 팬데믹 때문에 원격·재택 근무가 활성화된 것과 직접적인 인과관계를 갖는다. 청년들을 위한 여행 온라인 플랫폼 마펑워(馬蜂窩)가 발표한 2021년 중국 여행지 거주형 휴가백서(中國旅居度假白皮書)에 따르면, 조사 대상자 중 66%가 디지털 유목민 생활을 희망한다고 답했다. 또 텅쉰(騰訊) 연구원이 2022년 주로 MZ 직장인 5천 명을 대상으로 한 조사 결과에서도 절반 이상인 52.1%의 답변자가 원격 근무를 선호한다고 답한 반면, 사무실 근무를 선택한 답변자는 1/4에 미치지 못하는 23.3%였다. 이들 중 70% 이상이 실제 원격·재택 근무 경험을 가지고 있었는데 주된 이유는 팬데믹 때문이었다.

중국 정부의 국가 전략에 부응하기 위해 중국의 양대 인터넷 대기업인 알리바바나 텅쉰도 향촌 진흥 전략의 디지털 부분 비전 설계와 실행을 담당하고 있다. 2021년 알리바바의 '디지털 생태계 서밋' 발표 내용을 보면, 특히 대도시 클러스터의 배후지가 되는 농촌 지역에 게임산업을 비롯한 각종 디지털 산업 단지를 만들어 디지털 유목민 성향의 인재풀을 유치하는 방안과 성공 사례를 제시하고 있다.

대도시 사무실에서 근무하는 화이트컬러 직장인의 삶에 대한 회의가 확산되기 시작한 것은 팬데믹이 시작되기 전인 2016~2019년경부터이다. 대학생이나 Z세대의 대졸 직장인들을 중심으로 '노력해도 성과를 얻기 힘들고 삶의 즐거움을 찾을 수 없다'는 일종의 상실감을 표시하는 '상(喪) 문화'가 유행하기 시작했다. 급기야 '너무 지쳤다. 노력해봤자 기성세대와 자본가들에게 착취당하기 십상이니, 드러누워 지내자'라며 한편으로는 번아웃(Burntout) 신드롬을 호소하고, 다른 한편으로는 주류 노동 경제 사회를 부정하는 '탕핑(躺平)'이라는 말이 퍼졌다. 상대적으로 급여 수준이 매우 높은 엘리트 직장인들 조차도 과중한 업무에 시달려 자기 삶을 찾기 힘들거나 과로사하는 사례들이 급증하기 시작했고, 대도시의 주거와 교육 비용이 너무 높아져서 결혼을 포함한 안정된 미래 설계가 불가능해지고 있다는 판단 때문이었다.

서구 사회와 일본, 그리고 한국과 비교하자면 5년에서 15년 정도의 편차를 두고 발생한 청년 세대의 후기 근대적 위기 상황이다. 심지어 서구의 60~70년대 히피운동까지 소급해서 자신들의 처지를 비교하는 청년들도 있다. 조금 폭을 좁혀 보면 일본, 한국, 타이완, 홍콩 등에서 동아시아 경제 모델의 노력과 성공의 서사가 한계에 달하고 경제적 계급이 고착화 되면서 발생하기 시작하는 심리적·경제적 압력이 중국의 대도시를 중심으로 빠르게 확산하고 있는 것이다.

이런 현실을 타개하기 위해서 많은 대졸 청년들이 택하는 방법도 한국과 크게 다르지 않다. 졸업을 늦추고 학력을 높이기 위해 대학원에 진학하거나 공무원 시험과 한국으로 치면 공사 등에 해당하는 안정된 직장 취업을 준비하는 것이다. 2023년 대학원 입시 시험을 신청한 사람은 457만 명으로 대졸자 1,000만 명의 거의 절반에 해당하는 숫자이고, 2022년 국가공무원시험의 평균 경쟁률은 50:1에 달한다. 이렇게 목표 달성에 성공한 것을 헤엄을 쳐 바다를 건너가 육지에 무사히 도달했다는 '상안(上岸)'이라는 단어로 표현하기도 한다. 디지털 유목민으로 대표되는 전문직 프리랜서는 정반대 방향에 해당하는데, 여전히 소수의 선택지이다.

더 이상 경제가 고속 성장하지 않으면서 중국은 이미 몇 년 전부터 부동산 경기가 식어 건설업계는 정부의 투자가 집중되는 향촌진흥정책과 관련한 아이템에 관심을 가지고 있었다. 그래서 본래 농촌 생활에 관심이 적던 L도 자연스럽게 내 이야기에 귀를 기울이게 된 것이고, 작년부터는 실제로 해당 프로젝트를 진행하고 있었다. 우리 마을에는 앞에서 설명한 환경 때문에 대안적 삶을 추구하는 MZ들이 일찍부터 모여들기 시작했다. 상대적으로 고학력이지만 생태주의, 유기농식품, NGO, 독립문화예술이나 대안교육, 사회적 기업 등과 관계된 일에 종사하는 사람들이 특히 많다. 대부분은 프리랜서나 자영업자, 영세한 소기업 직원, 활동가로 생계를 이어간다. L은 몇 번이나 우리 마을에 와 본 경험이 있기 때문에 디지털 유목민에 해당하는 청년들이나 그들의 공간이 이곳에 존재하는지 내게 물어 본 것이다.

텅쉰 연구원은 Z세대를 중심으로 서서히 확산되는 디지털 유목민 라이프 스타일이 안고 있는 문제점도 함께 지적한다. 고정된 직장이 제공하는 각종 사회보험에 가입할 수 없고, 사회적 네트워크를 포함한 생활이 영구적인 불안정성을 갖게 된다는 점, 연령이 높아지면서 육아나 부모 부양 등의 부담이 증가할 경우 아직 이에 대한 대처 방안이 마땅하지 않다는 점, 그리고 원격·재택 근무를 하는 프리랜서들이 늘어나면서 다시 경쟁이 치열해져 시장에서 요구하는 일감의 단가가 점차 하락하는 추세라는 점 등이 있다. 그럼에도 프리랜서와 비정규직 일자리로 구성된 긱 경제(gig economy)는 중국에서 무시할 수 없는 흐름이 되고 있다. 이미 2억 명에 달하는 중국인들이 긱 경제 분야에서 일하고 있고, 알리바바 연구소는 2036년까지 이 숫자가 4억 명으로 늘어날 것이라고 예측한다.

2. 보통 청년들의 '비범한' 선택

   디지털 유목민이나 가치지향적 프리랜서 생활을 하는 션징 마을의 청년들은 흥미로운 사회적 흐름을 보여주고 있지만, 소수의 고학력 엘리트층에 해당한다는 공통점을 지니고 있다. 즉 대학에 진학하지 못하는 고졸자의 절반과 그 이하의 학력 혹은 중국에서는 1본(本) 대학이라고 불리는 명문 대학군에 속하지 않는 보통 대학이나 전문대학을 졸업한 대다수 청년들의 이야기를 대변하지 못한다.

   그럴 수밖에 없기도 한 것이, 내가 당초 션징 마을에 정착하게 된 계기는 중국인 엘리트 청년들의 라이프 스타일, 그 중에서도 대안적인 선택을 하는 이들의 서사에 관심을 갖고 있었기 때문이다. 나는 중국으로 건너오기 직전까지 서울 영등포의 '하자센터'에서 2년 정도 몸을 담았다. 이곳은 1세대 페미니스트이자 문화인류학자인 설립자 조한혜정의 영향으로 한국 내의 청(소)년들과 문화기획자, 예술가, 인문사회학자와 대안교육 활동가들을 끌어 모으는 장소였다. 내가 팬데믹 직전까지 한중간에 네트워킹을 한 그룹들도 크게 이런 배경과 맥락을 벗어나지 않고 있었다.

   마을 거주 3~4년차에 접어들면서 차츰 다른 풍경들이 눈에 들어오기 시작했다. 션징 마을에 들어온 신주민 청년들 중에서 좀 더 '평범한 프로필'을 가지고 '평범한 아이템'으로 창업을 하는 이들이 눈에 띄었다. 교류와 관찰이 길어지면서 그 '평범함'이라고 하는 것은 단지 학력과 같은 그들의 배경이나 언어, 비즈니스와 활동이 충분히 '전위적'이거나 '이념적'이지 않다고 여기는 나의 엘리트주의적 판단일 뿐이라는 생각이 들었다. 이들의 사례는 오히려 엘리트가 아닌 다수의 보통 청년들이 앞서 설명한 대로 고속 성장의 신화가 멈춘 사회적 폐색 상황에서 어떤 '비범한' 선택으로 활로를 찾을 수 있는지 잘 보여준다는 생각이 들어서 조금 더 깊이 살펴보기로 했다.

   1996년생 CH가 남편과 함께 마을로 이사 온 것은 2019년이다. 정원이

딸린 삼층 주택 두 채를 임대해서 게스트 하우스를 오픈했다. 한 동은 1층과 정원에 바와 스낵하우스 기능의 공간도 갖췄다. 주말에 우리 마을로 놀러 오는 대학생들을 고객층으로 겨냥한 것이었다. CH의 남편은 광저우의 교외지역에서 암벽 등반이나 카누잉같은 아웃도어 레저 활동을 코칭하는 일을 하고 있었는데, 차(茶) 소매업에 종사하던 CH는 시내의 헬스클럽에서 남편을 만났다. 그리고 부부가 의기투합하여 청년문화와 관련한 비즈니스를 하기로 결심하고 마을로 이주한 것이다.

비교적 순항하던 이들의 게스트하우스는 팬데믹이 시작되면서 크게 타격을 입고 한 채는 방을 빼면서 CH는 직장생활을 재개했다. 하지만 락 다운이 길어지면서 불경기가 지속되고 이마저도 여의치 않아서 2021년부터 다시 게스트하우스 공간을 다양하게 활용할 것을 모색했다. 공간의 이름을 '경계의 청년'들로 바꾸고 친구들과의 협업을 통해 매달 다양한 행사를 기획했다. 이를테면 중국의 MZ들 중에는 '사회 교류 공포증(社恐)'이라고 부르는 일종의 오프라인 대인공포증과 커뮤니케이션 기피 증상을 호소하는 이들이 늘고 있다. 이들이 함께 모여 가볍게 이야기를 나누는 모임을 기획한 것이다. 전문가나 명사가 아니라 대학원에서 심리학을 전공하는 청년이 모임을 퍼실리테이트 했다. 정답을 찾기보다 비교적 같은 눈높이의 청년들이 함께 난감함을 나눈다는 의미가 있었다.

이들은 공간도 재정비하여 바와 스낵하우스를 본격적으로 운영하기 시작했다. 마침 공간이 필요했던 채식공부중인 청년 쉐프를 초청하여 영업을 하기도 하고, 주말에는 와인이나 맥주를 함께 마시면서 영화를 보는 모임도 만들었다. 마을에 살며 출퇴근하는 청년들이 적지 않게 참여했다. 이들 중에는 대학을 졸업하고 옆 동네 조선소에서 직장생활을 하는 한 청년이 있었는데, 그는 꽤 오랜 기간 마을에 살면서도 청년 문화 공간의 존재를 전혀 눈치 채지 못했다. 주말에는 부러 도심의 도서관이나 상업적 문화공간을 찾곤 했는데, 락 다운 기간 중에 재택근무를 하면서 '경계의 청년'을 발견해 마을의 다양한 사람들과 어울리기 시작했다.

1999년생 JJ는 안휘(安徽)성 농촌 출신의 청년이다. 2020년 여름 션징 마을에 주문맞춤 제작 캐릭터 인형 봉제 공방을 열었다. 고객이 인형이나 인형이 착용하는 복장의 디자인을 건네주면 50개에서 2,000개까지 소량을 한정 생산해서 납품하는데, 고객의 절반 이상이 산둥(山東)성 칭다오(青島)에 있는 한국 기업이다. 즉 한국에서 주문을 받아 한국으로 수출을 하는 것이다. 고향 친구들 중 상당수는 중학교 졸업 후 16살부터 공장에서 일하다가 18살이나 19살에 결혼을 하고 아이를 낳아 키운다.

　그는 예술을 공부하고 싶어 고향에서 다니던 고등학교를 그만두고 베이징의 예술대학 입시전문학원을 찾았다. 실험예술을 전공하고 싶어서 석 달 정도 해당 과정을 공부했는데, 재미는 있었지만 집안 형편상 대학에 진학하거나 전업 예술가가 되는 것은 언감생심이라는 것을 깨달았다. 베이징에 있을 때 아르바이트로 인형 캐릭터 복장 디자인을 해줬는데, 60위안을 받고 한 시간을 들여서 그려준 도안이 3만 위안짜리 디자인 상품으로 탈바꿈하게 된다는 사실을 알게 됐다. 그래서 스스로 창업을 하고, 베이징, 칭다오, 상하이를 거치면서 경험을 쌓았다. 중국의 인형 봉제 산업은 광둥에서 30여 년 전에 시작됐는데, 아직도 변변한 디자인 역량을 갖추지 못한 채 OEM 생산에 머물고 있다는 사실도 알게 됐다. 자기 브랜드를 만들고 싶어졌다.

　베이징에서 사귀었던 남자친구가 대학 타운에 위치한 광둥외국어대학교의 평생교육원에 등록해 션징 마을에 살면서 통학하고 있었다. 상하이에서 잠시 놀러왔다가 이곳에서 만난 친구들 몇몇과 의기투합해 이곳에 공방을 연 것이다. 거주 환경도 마음에 들었고, 마을에 살고 있는 예술가들을 포함하여 다양한 배경의 청년들과 협업을 하거나 교류를 하는 재미도 쏠쏠했다. 상하이에 있을 때는 공단 내에 머물러야 했기 때문에 생활이 무척 단조로왔는데, 광저우와 션징 마을은 일과 생활의 조화가 가능했다. 사업 경험이 없는 친구들은 금세 포기하거나 과욕을 부리며 독립해 나갔다. 주문은 많은데 일손이 부족했기 때문에 고향의 부모님과 초등학교에 다니는 남동생을 마을로 데려와 가족이 함께 생활할 수 있게 됐다.

그의 스튜디오는 마을 초등학교 교문 옆에 위치하고 있는데, 학부모 중에 재봉 기술을 가진 여성들이 많다는 사실을 알게 됐다. 과거 이 지역에 제법 규모가 있는 의류 공장이 소재했었기 때문이다. 광저우시와 그 근교 지역은 개혁 개방 후 의류산업이 발달한 곳이고, 서울의 동대문과 유사한 산업 구조가 존재한다. 시내에 의류 도매시장이 있고, 교외에 위치한 션징 마을뿐 아니라 도심지역에도 작은 가내수공업형 공장들이 적지 않게 존재한다. 광저우는 도시를 확장하면서 농지와 마을 택지 수용, 철거, 아파트 단지를 신축하는 과정을 반복했던 베이징이나 상하이와 달리 성중촌(城中村)이라 불리는 특이한 개발 모델을 채택했다. 마을 택지를 수용하지 않고 마을 집체(集體)와 원주민들 소유로 남겨둔 것이다. 원주민들이 이곳을 밀집된 다세대주택으로 재개발했는데, 임대료와 물가가 저렴해서 외지에서 온 저임금 노동자들이 교외로 밀려나지 않고 도시 내에서 생활을 유지할 수 있었다. 동대문 시장과 연계된 창신동이나 공덕동과 같은 지역이 고밀도로 시내 곳곳에 위치하고 있다고 생각하면 된다.

경기가 좋았던 2021년에 JJ는 션징 마을과 도심 성중촌에 거주하는 재봉 기술자를 비롯해 20명에 가까운 인력을 고용했지만, 2022년 봄부터 중국 내 코비드 락 다운 상황이 악화하면서 생산 차질을 우려한 한국에서의 주문이 급감했다. 중국이 리오프닝한 2023년은 경기가 회복될 것을 기대하고 있다.

777빵집은 중국 최대의 맛집 검색 앱 다중디엔핑(大眾點評)에서 추천하는 션징 마을 최고의 인기 점포이다. 근처 대학타운 학생들의 '최애빵집'이기 때문이다. 777을 창업한 것은 북방 샨시(山西)성의 한 지방 군청(중국에서는 현성(縣城)이라고 한다.) 소재지 출신인 세 명의 95년생 중학교 동창생들이다. 이들은 2017년 설 연휴가 끝난 후 전혀 연고가 없을뿐더러, 한 번도 와 본 적이 없는 광저우로 남행을 결심했다. 또 다른 동창생 한명이 대학타운의 광둥성 중의대학에 재학하고 있었기 때문이다. T는 실업계 고등학교를 졸업하고 용접 기술자로 톈진(天津)의 자동차 공장에서 2년간 일하다가, 저장성 이우(義烏)로 가 2년간 한 한국인이 오픈한 제과점에서 일하면서 경험을 쌓았다. 7은 샨시 사범대학 졸업반이던 시절에 제빵 기술을 가진 T, K와 합류해서 경영을 담당하게 된다. T, K는 우선 광저우 시내의 제과점에 취업해 몇 달간 현지 적응 과정을 거쳤다. 그리고 여름부터 마을 안에 작은 스튜디오를 열어 구운 빵을 대학타운의 쇼핑몰 앞에 가판을 펼치고 팔기 시작했다. 그들은 대학생들의 입맛에 맞는 제품을 개발하기 위해서 시중에서 인기를 끄는 다양한 종류의 빵을 시도해봤는데, 결과적으로 북방 출신들답게 찐빵의 식감을 갖는 히트상품을 만들었다. 매일 스터핑의 종류를 바꾸는 방식으로 대학생 고객들을 사로잡았다.

이들의 주 고객군은 대학생들과 마을 주민들이기 때문에 팬데믹의 영향을 거의 받지 않고 계속 성장했다. 2021년 가을에는 기존의 점포 외에 마을의 건물 한 동 전체를 빌려 T와 7의 가족이 생활하고 일층에는 큰 작업장 겸 매장을 마련했다. 동시에 대학타운 쇼핑몰에도 점포를 열었다. 지금은 20명 가까운 직원들이 함께 하기 때문에 마을 안에 이들의 기숙사도 따로 있다. K는 2020년에 직원 중 윈난성 출신인 애인과 함께 쿤밍(昆明)으로 이주해서 독립했다. T와 7도 직원 중 광둥성 출신의 애인들을 만나 가정을 꾸렸다. 그래서 이 빵집은 창업자들과 직원들 모두 마을에서 일하고 생활을 한다.

7와 T는 션징 마을에서의 삶이 편안하고 주 고객층이 인접한 대학타운의 학생들이기 때문에 지금처럼 천천히 안정적으로 성장하는 사업과 생활에 만족한다고 말한다. 그들은 광저우로 오기 전에 베이징, 상하이에서 몇 달 정도 지낸 경험이 있는데, 두 도시는 잠시 머물며 놀기에 적합하지만 자신들이 생활하기에 맞지 않았다고 한다. 그들의 표현에서 짐작할 수 있는 바와 내 경험에 비춰봤을 때 상하이나 베이징의 대학가 근처에 자리를 잡으려 했다면, 생활비나 생산 원가도 훨씬 높았을 것이고 그들의 제품에 요구되는 문화 자본의 문턱도 높았을 것이다. 두 도시 혹은 역시 광둥성에 위치한 션전(深圳)이라면, 한국에서도 이미 흔해진 프랑스나 일본의 제빵 학교 졸업장과 이에 상당하는 기술을 갖춰야 성공할 가능성이 높아진다. 그들이 굽는 빵은 소박한 로컬 문화와 거품이 적은 가성비 높은 제품을 선호하는 광저우 소비자들에게 적합한 것으로 여겨진다.

음악 대학에서 클래식 기타를 전공하고 선징 마을에서 기타 학원을 운영하는 93년생 H가 마을과 인연을 맺은 것은 2016년 대학타운의 음악 대학에서 독일 유학 준비를 하던 대학 동기덕분이다. 그는 예술 교육을 중심 교과로 삼는 H 대안학교에서 강의를 개설했을 뿐 아니라 이 학교 학생들의 개인 교습 강사가 됐다. 2018년에는 마을 안에 자신의 기타 학원을 개설했다. 2021년에는 자신의 기타 학원을 종합음악학원으로 확대하면서 옆 동네 학원도 인수해서 두 곳을 함께 운영하게 됐다. 지금은 직접 지도보다는 교사들을 관리하는 원장역할에 치중하고 있다. 두 음악 학원은 피아노, 성악, 중국 고전 현악기인 고쟁(古箏), 드럼 등을 가르치는 교사들이 있는데, 두 곳 모두 주로 동네에 위치한 초등학교 학생들이 많이 찾는다. 동시에 대학 실기시험 준비 반도 운영하기 때문에 마을 바깥의 청소년들이 찾아와 늦게까지 레슨을 받고 개인이나 단체 연습을 하는 장면을 볼 수 있다.

굳이 이 동네를 선택하고 뿌리를 내린 이유를 물었더니 쾌적한 주거 환경과 인정미를 느낄 수 있는 이웃과의 관계를 이유로 든다. 내성적인 성격이라 쉽게 사람을 사귀지 못하는 편인데, 주위에 동년배의 예술가들이 많아서 정기적으로 어울리며 활동을 하는 즐거움도 있다고 한다. 역시 마을에 위치한 미술학원과 함께 매년 작은 예술제를 벌이기도 하고 이웃 주민의 꽃을 대신 팔아주기도 한다. 나는 몰랐는데, 2021년 가을부터 금요일 저녁마다 주변의 음악가들이 함께 옆 동네의 중산(中山) 공원에 모여 버스킹과 뒷풀이를 한다며 사진을 보여준다. 이곳은 원래 매일 저녁 수백 명의 마을 주민이 군데군데 무리를 지어 광장무(廣場舞)를 추는 곳이다. 2022년 봄부터 팬데믹 통제가 심해지면서 중단했는데, 2023년 봄부터는 재개할 생각이란다.

1995년생 KP는 션전 출신으로 광둥외국어대학교를 졸업했다. 그가 다니던 캠퍼스는 다른 구에 있지만, 쌍둥이 동생이 션징 마을에 있는 직업학교에 다니고 대학타운 내에도 친한 친구들이 적지 않아 학창시절부터 션징 마을로 옮겨와 생활을 하기 시작했다. 그는 2018년의 인턴경험을 시작으로 4~5개의 회사를 전전하며 인사와 총무업무를 담당했는데, 매번 회사가 경영난으로 문을 닫는 불운을 겪었다. 특히 인턴으로 근무했던 첫 회사에서는 부당하게 정리해고를 당해서 이를 신고하고 지방 정부의 노동 중재위에서 승소했다. 분이 안 풀린 사장은 변호사를 고용해서 재판정으로 문제를 끌고 갔는데, KP는 스스로 관련 법규를 공부해서 자기 자신을 변론하고 최종적으로 중급 인민법원에서 최종 승소를 거두면서 배상금도 받아냈다.

마지막에 다녔던 무역회사 사장의 권유를 받아들여 2021년 여름 창업을 했다. 프리랜서로 컴퓨터와 사무용 전자기기를 설치하거나 수리하는 일을 한다. 어렸을 때부터 컴퓨터와 전자기기를 능숙하게 다루는 재능이 있었기 때문이다. 그의 인생 모토는 자주와 독립이다. 또 한국과 마찬가지로 대우는 좋지 않고 직원에 대한 노동력 착취가 심한 반면, 커리어 비전을 찾기 힘든 중국의 중소기업 여러 곳을 전전한 탓에 그는 현재의 독립 상태에 만족감을 표시한다. 나는 그를 마을에 있는 CH의 스낵바에서 우연히 만나 이런저런 이야기를 나누게 됐다. 둥베이東北 출신의 이모가 한국인과 국제결혼을 해서 여수에 살기 때문에 한국의 역사와 사회 상황에 대해서 놀라울 정도로 많이 알고 있었다. 그는 조울증 환자인데 원래 조울증 환자들은 자기가 꽂힌 특정한 주제에 대해서 깊이 파고 들고 조증 상태에서는 이렇게 끝도 없이 떠드는 걸 좋아한다고 한다.

역시 마을에 있는 생물실험회사에 다니는 여자 친구와 함께 살고 있는 그는 광저우와 션징 마을이 마음에 든다고 한다. 자신의 부모가 있는 션전에 머무를 경우 고액 연봉을 받는 인터넷이나 하이테크 기업의 직원 혹은 '샹안'을 할 수 있는 수준의 엘리트가 아니라면 생활이 너무 빠듯하다는 것이다. 이를테면 평범한 대졸자의 초봉에 해당하는 5~6천 위안을 받아서 허름한 월세방 렌트비를 내고 나면 다른 지출은 거의 불가능해진다. 반면 션징 마을에서는 월세를 내고 적당히 남는 수입을 사용해 다양한 취미활동을 즐길 수 있다. 그는 밀리터리 코스프레라는 특이한 취미를 가지고 있었는데, 친구들과 함께 찍은 사진도 보여줬다. 광둥성 농촌지역은 열대 과실수가 많아서 동남아 배경을 연출할 수도 있는데, 월남전 당시 한국군과 베트콩 코스프레를 하는 장면의 사진을 보고 나는 경악을 금치 못했다.

3. 마을 청년들의 귀환

션징 마을에서 창업한 청년들 중에는 외지인들뿐 아니라 원주민들도 적지 않다. 대개의 농촌지역은 젊은이들은 떠나고 노인들만 마을을 지키지만, 이곳은 환경이 좋고 시내로 출퇴근도 가능하기 때문에 상당수의 젊은이들이 고향을 지키며 부모나 조부모와 함께 생활한다. 개중에는 다른 지역에 가서 일을 벌이거나 취업을 했다가 마을로 돌아와 창업을 한 경우가 꽤 있다.

션징 마을은 700년 전 마을을 연 링(凌) 씨의 집성촌인데, 마을에서 식료품 가게를 운영하는 89년생 링 P도 그 후손 중의 한 명이다. P는 션전 옆에 위치한 후이저우(惠州)에 8만 평방미터 규모의 농장을 운영하고 있는데, 식료품 가게는 그의 안테나숍과 사무실 역할을 하고 있다. 그는 농장의 파트너 중의 한 명이지만, 실제 돈을 댄 투자자는 따로 있다. 이곳에서 생산한 채소, 닭고기, 그리고 쌀과 쌀가공 식품 등은 홍콩과 광둥성 내에 공급한다. 그는 농장뿐 아니라 광둥성 곳곳의 유통, 가공 파트너들을 만나기 위해 수시로 외출을 하지만, 자신의 베이스는 마을안의 작은 점포라고 생각한다. 이곳에서 자기 농장의 생산품뿐 아니라 자신의 인맥을 통해 알게 된 생산자와 유통업자들의 식료품을 판매한다. 또 마을 행사가 있을 때 주민들은 그를 통해 식자재를 구매한다. 2023년 대보름, 마을 종가사당에서 행사가 열렸을 때도 남방인들이 대보름에 즐겨먹는 탕위안(湯圓) 재료인 찹쌀가루와 단팥소를 공급한 것은 그의 식료품 가게였다. 행사 당일 그는 하루 종일 마을 사람들과 함께 사당 앞에서 탕위안을 준비하느라 분주했다. 그가 최근에 열중하는 사업은 션징 마을의 특산품인 빠왕화(霸王花)라는 식물인데, 마을 사람들의 위탁을 받아 이를 상품화하거나 판매를 늘릴 수 있는 기획에 몰두하고 있다.

P는 세 살이 되기 전 어머니가 돌아가신 탓에 돌봐주는 사람 없이 형과 함께 홀아버지 밑에서 자랐다. 공부에는 관심이 적어 마을의 초·중등학교를 졸업한 후 15살부터 일을 시작했다. 카센터, 어물전, 식당, 수출품 장신구 공장, KTV, 레미콘기사 등등 안 해본 일이 없고, 대학 구내식당 등 자기 사업도 운영해봤지만, 나중에는 대학타운 내 작은 기업의 총무과장 역할을 하게 됐다. 2015년경 마을 사람들 사이의 싸움을 말리다 억울하게 한 달간 구치소 신세를 지게 됐다. 갑자기 일자리를 잃고 허탈한 심경에 잠시 시골에서 머리를 식힐 겸 후이저우에 갔다가 눌러 앉아 농사를 짓게 됐다. 농장 규모를 서서히 확장하다 오늘날에 이르렀다. 그는 정부가 무료로 개설한 향촌진흥정책 관련, 각종 창업 및 경영 워크숍에 참여하고 전문대학 평생교육원 농업경영 학위과정도 듣고 있다. 그의 매장 한 쪽 벽면은 지난 5년간 이수한 각종 과정의 수료증서로 빼곡하게 차있다.

조그마한 안테나 숍의 매출이라고 해봤자 보잘 것 없을 텐데 굳이 마을에 베이스를 설치한 이유를 물었다.

"여기가 제 고향이잖아요. 마음이 항상 이곳에 머무는 거죠."

마을에서 느끼는 심리적 안정감 이상으로 이곳의 인적 네트워크가 다양한 비즈니스 기회를 열어 줄 수 있고 마을 자원의 활용도 기대하는 것으로 나는 짐작한다.

2021년 1월 1일 마을의 한 사당에서 올린 결혼식에서 내 들러리 역할을 맡아준 1993년생 Z는 이웃동네 출신이다. 션징 마을의 강변과 시냇가, 야산, 텃밭과 과수원에서 마음껏 뛰놀던 어린 시절 추억을 간직하고 있다. 그는 대학에서 디자인을 전공하고 교육회사에 취직했지만 조직생활이 생리에 맞지 않아 9개월 만에 사직하고 목공일을 전문적으로 배우기 시작했다. 어려서부터 손재주가 좋아 금세 손에 익었다. 2016년에 광저우에 작은 공방을 열었는데, 2018년에 공방을 션징 마을로 옮겼다. 그는 고객에게 주문을 받아 다양한 가구를 제작하기도 하고, 마을 주민들의 가구를 수리해주기도 한다. 원하는 사람들에게 목공도 가르치는데. 한동안 H대안학교 목공수업도 담당한 적이 있다. 그의 목공방은 개방돼 있기 때문에 대학타운 안의 미술대학 학생들이 찾아오기도 하고 도구와 작업장이 필요한 이들이 찾기도 한다. 2021년부터는 두 명의 동업자가 생겨서 그의 공방으로 출퇴근한다.

작년 가을에 7년간 사귄 여자 친구와 결혼을 했기 때문에 이제는 공방의 재무 상태를 개선하기 위한 사업 방향 전환을 모색 중이다. 공방에서는 주로 샘플을 설계 제작하고, 이 샘플을 공장에서 위탁생산해 판매하는 방안이다. 목공 교육도 전문적으로 취미생활 교육앱 채널 등을 운영하는 파트너들과 협업을 준비하고 있다. 왜 마을에 공방을 열게 됐는가라는 질문에 대한 답변은 간명하다.

"집에서도 가깝고 이곳을 잘 아니까, 유리한 점이 많죠. 월세도 당연히 저렴하고요."

마을에서 결혼해 가정을 꾸리고 유치원이나 초등학교에 다니는 아이가 있는 주부들이 최근 창업을 한 경우도 적지 않다. 이들은 마을 골목 안에 작은 밀크티 가게나 카페를 열기도 하고, 쑥떡이나 찹쌀떡 같은 전통 간식을 만들어 팔기도 한다.

1993년생 S는 Z처럼 옆 동네 출신인데, 중학교 동창인 선징 마을 주민 남편과 결혼해서 전업주부가 됐다. 혼자 아이를 키우는데, 남편이 육아와 가사 일을 자주 돕지 않아서 불만이 좀 있다. 용돈도 벌 겸 시댁이 가진 작은 노변 건물에 미니 밀크티 가게를 오픈했다.

X와 그의 시댁 식구들은 모두 외지 출신이다. 시부모는 개혁 개방 이후 일찌감치 광저우로 건너와 채소가게를 열고 기반을 다진 사례이다. 대학 타운에 채소를 납품받던 시부모 지인들이 많아 원래 직장생활을 하던 남편과 함께 부부가 식당을 열었다. 초반에는 매출이 좋았지만 팬데믹의 영향으로 문을 닫게 됐다. 남편은 다시 직장생활을 재개하고 X는 선징 마을 집 근처에 카페를 열었다. 카페를 열기 전에는 777빵집에서 매장 아르바이트를 하며 커피를 공부할 기회를 얻었다. C나 X의 밀크티 가게와 카페는 전문성을 가진 곳들은 아니다. 고객도 대부분 마을 이웃과 친척들이다. 이들의 비즈니스가 돈을 버는 목적보다는 주변 사람들과의 교류에 있다는 것을 짐작할 수 있다.

이밖에도 결혼 후 다른 지역으로 나갔다가 팬데믹 이후 경기가 악화하면서 가족이 함께 마을로 돌아와 사는 MZ 여성들이 있다. 처가집 식구나 이웃과 함께 모여 집안의 작업장에서 전통 간식을 만들기 시작했다. 마을 사람들에게 낱개로 팔기도 하지만 대부분은 시내에 있는 고객들의 단체 주문을 받는다고 한다. 이런 비즈니스도 크게 돈을 벌만한 규모와는 거리가 멀다. 이 작업장들에서는 늘 가족, 친지와 이웃이 함께 모여 왁자지껄하게 식사를 하거나 담소와 오락을 즐기는 모습을 볼 수 있다. 경제적 목적이 우선하는 비즈니스라기보다는 가족, 이웃들과 함께 일을 벌이는 삶의 자연스러운 풍경처럼 비춰진다.

4. 경계의 풍경: 생활, 생태, 생산

외지인과 원주민을 막론하고 이들이 선정 마을을 삶터와 일터로 삼게 된 이유에는 몇 가지 공통점들이 있다. 가장 중요한 키워드는 '생활'이다. 그들은 다양한 인연으로 알게 된 이 마을이 안심하고 편안하게 생활할 수 있는 환경이라는 사실을 깨달았고, 그래서 장기적으로 이곳에 거주하며 천천히 사업과 커리어를 전개해 나가고 있다. 이 환경을 구성하는 요소들은 여러 가지가 있다. 첫째, 생활비와 사업장 임대비용이 적게 든다. 둘째, 도심에 비해 좋은 생태적 환경을 갖추고 있다. 셋째, 마을이 가진 인적 네트워크가 심리적 안정감을 준다. 즉, 인정미가 있는 전통마을 사회에 비교적 쉽게 융합할 수 있다. 한편으로는 주민들 중에 엘리트 문화자본을 갖춘 이들도 적지 않기 때문에 직간접적으로 자연스럽게 문화생활 교류가 가능하다. 넷째, 마을에 매력적인 공간들이 있다. 지금도 사람들이 거주하거나 사용하는 아름다운 고택이 즐비한 골목길이 있고, 주위에 근대 문화 유적들도 있다. 엘리트 문화 자본을 갖춘 청년들이나 대안학교 학부모들이 만든 공간들도 함께 존재한다. 다섯째, 그들이 사업을 전개할 시장과 고객군이 가까이 존재한다.

다섯 번째 요소는 이들 중 상당수가 이 마을을 찾게 된 인연의 풀(pool)이기도 한데, 그것은 마을에 인접한 대학타운이다. 이 요소는 앞서 설명한 대안적 생활을 추구하는 엘리트들, 특히 디지털 유목민들과 큰 차이를 보인다. 디지털 유목민들은 기본적으로 원격으로 일감을 얻는데, 이것은 그들의 고객과 시장이 자신들의 생활공간과는 매우 멀리 떨어져 있다는 뜻이다. 흔히 디지털 유목민들은 일터인 사무실과 생활공간이 나뉘어져 있지 않고 정해진 출퇴근 시간도 없기 때문에 오히려 생활과 일이 통합되어 있는 것처럼 느껴진다. 하지만 다른 관점으로 보자면 일의 상대방이나 일감과 자신의 작업 및 생활공간이 대단히 먼 거리를 유지하고 있다고 볼 수도 있다.

이런 이점 때문에 디지털 유목민들은 문자 그대로 유목민 생활을 즐기며 자신의 작업 및 생활공간을 끊임없이 변화시킬 수 있다. 하지만, 휴양지와 같이 아무리 좋은 환경에서 생활을 한다고 하더라도 수년 넘게 한 곳에 머무를 가능성은 높지 않다. 결국 또 다른 유토피아를 찾아 계속 떠돌게 된다. 이 점이 디지털 유목민들과 션징 마을에서 창업한 보통 청년들이 갖는 가장 큰 차이점이다. 후자의 경우 자신의 고향을 떠나서 새로운 근거지를 찾긴 했지만, 지속적인 이동을 고려하기 보다는 자신이 정착한 근거지에서 비교적 안정된 삶을 누리고 싶어 한다.

이것은 국가와 사회가 대부분의 보통 사람들의 미래 설계를 돕는 사회적 인프라를 고려할 때 역시 중요한 지점이다. 현대 사회는 유동성이 늘고 산업적 변화의 속도가 빨라지면서 모든 사람들이 평생직장을 기대하지 말고 끊임없이 새로운 지식과 기술을 습득하기 위해 노력해야 한다고 말한다. 글로벌라이제이션 현상은 끊임없이 유동하는 유목적 삶을 사는 글로벌리스트들을 이상적 모델로 만들어 칭송해왔다.

디지털 유목민 모델은 그로부터 변주된 서사로써 대도시의 환경이 만드는 스트레스를 피하고, 대신 경제적인 요구와 커리어 발전에 대한 욕심을 조금 낮추는 대안을 제시하는 것처럼 보인다. 하지만 주거 환경이든 습득해야 하는 기술이든 끊임없이 변화에 적응해야하는 현실은 여전히 삶에 부담이 된다. 현대 사회에서는 흔히 변화와 도전을 즐기는 엘리트가 상찬되지만, 이는 고비용이 따르는 삶이다. 결국 사회 대다수의 구성원인 보통 사람들에게 필요한 것은 여전히 안정된 일거리와 경제적, 환경적, 심리적 압력이 낮은 거주 환경이다.

중국에서 일선 혹은 신일선(新一線)이라 불리는 십여 개의 대도시들은 지속적으로 발전하면서 대부분 인구 일천 만이 넘는 국제적 대도시로 성장하고 있다. 이들 중 동남 연안지역을 중심으로 인구 2천~4천만이 넘는 대도시 클러스터들도 형성되고 있다. 물론 여전히 소도시나 향촌지역에 남아 있는 청년들이 있다. 그러나 특히 농촌에서도 청년들이 직접 농업에 종사하는 경우는 많지 않다. 한국으로 치면 읍면이나 군 지역에 해당하는 곳에서 제조업과 상업, 공무원 등 비농업에 종사하는 경우가 많다. 이들을 소진(小鎭) 청년이라고 부른다. 이 표현에는 '루저'나 잊힌 존재라는 숨은 뜻이 있다. 지역에 뿌리내리기보다는 대기 상태로 지내다 언젠가는 결국 대도시로 떠날 것이라는 비관적 전망도 포함돼 있다. 소진청년이 사라져 갈 미래는 농촌뿐 아니라 서울과 수도권을 제외한 지방의 중소도시조차 소멸과 쇠락의 위기상황에 놓인 한국의 현재 상황에 가깝다.

중국의 도시화율은 향후 10~20년 내에 80% 정도로 높아질 것으로 예측되는데, 이들 소진청년들이 어떤 지역에서 어떻게 미래를 설계하게 될 것인가가 이 변화과정의 질적인 성패를 결정할 것이다. 션징 마을은 경계지역으로서 도시와 농촌의 요소를 동시에 갖추고 있으면서 매우 다양한 문화와 환경 자원이 모이게 된 특이한 사례이다. 대도시 클러스터의 근교 지역이든, 아니면 중소도시와 농촌의 군지역이든 문화적 다양성과 안정된 일자리 생태계를 갖춘 '경계지역'이 많이 조성될 때 보통 청년들의 행복추구권이 보장될 가능성이 높다는 시사점을 보여준다.

이 글은 션징 마을 청년들의 문화와 삶에 대한 관찰과 분석이지만, 마을의 유년이나 청소년의 성장 환경에 대해서도 추가적으로 언급하고 싶다. 션징 마을은 다양한 경제적 계층의 주민들이 한 지역에 모여 산다는 특징이 있다. 특히 대안학교의 중산층 가정들이 많이 살기 때문에 벌어진 일이다. 마이바흐같은 수억 원짜리 최고급 벤츠 차량과 수백만 원짜리 저가의 영업용 차량이 나란히 한 마을 속의 노변에 주차돼 있다. 한 골목 안에서도 작업복 차림을 한 채 근처 조선소에 자전거로 출퇴근하는 노동자들의 거주지와 중산층 가족의 거주지가 겹친다.

얼마 전에는 인근 지하철 공사장 노동자들이 마을 숙소 함바집에서 쭈그리고 앉아 밥을 먹는 모습을 보게 됐다. 분식점이 많이 늘어선 마을입구의 대로변 뒤 쪽이었다. 중국 농민공들의 전형적인 휴식과 식사 풍경인데, 최근에는 별로 마주친 기억이 없다. 마을에 사는 청소년들이 자연스럽게 이런 광경을 접할 것이다. 내가 생각하는 '정상적인' 지역사회의 모습이다. 이런 모습을 지켜볼 때마다 계급의식이 극단적으로 발전하고, 주거지 내의 소셜 믹스가 악화하면서 심한 사회적 분열과 갈등이 벌어지는 한국 사회를 떠올리지 않을 수 없었다. 같은 단지 내의 임대아파트와 통로를 따로 두고 싶어 하거나 자녀가 같은 학교에 배정돼 어울리는 것을 꺼리는 한국 중산층 시민들의 고백을 내 귀로 직접 들은 적도 있다.

선전 마을의 경우는 매우 특수하기 때문에 '경계지역'이라는 키워드 외에 이를 어떻게 일반화한 모델로 만들 수 있을지에 대한 좋은 아이디어가 떠오르지는 않는다. 광둥성과 광저우의 도시개발 과정에서 앞에서도 언급한 성중촌 모델이 적용된 덕분에 도시 젠트리피케이션 문제가 베이징이나 상하이보다 훨씬 덜 발생했다는 점도 주목할 만하다. 이미 재개발이 곳곳에서 수십 년 앞서 진행된 서울과 수도권에서 이런 경계지역들을 어떻게 발견할 수 있을지 모르겠다. 드라마 "나의 해방일지"를 보니 도시와 농촌의 경계지역은 여전히 서울 도심의 아파트와 맞바꾸기 위해 대기 중인 '환금성 토지자산'으로만 비춰진다.

참고문헌

홍명교, 『사라진 나의 중국 친구에게』, 빨간소금, 2021.
조문영, 『민간중국』, 책과함께, 2020.
김유익, 『차이나 리터러시』, 한겨레출판, 2023.
김홍화, "국가향촌진흥국 새로 설립, 이 간판 무엇을 의미하나?", 인민넷, 2021. 참고
  (http://korean.people.com.cn/65106/65130/70075/15838626.html)
騰訊研究院, 「2022年遠程辦公大調査」, 2023.
김유익, 「디지털 향촌진흥」, 다른백년 김유익의 중국 신향촌 건설, 2021. 참고
  (https://thetomorrow.cargo.site/34)
Meng Jing, "Pots of gold await in China's gig economy: how mobile technology is transforming the world's biggest jobs market", South China Morning Post, 2017. 참고
  (https://www.scmp.com/tech/china-tech/article/2073048/pots-gold-chinas-gig-economy)

08장

중국 절강 지역사회의 경제와 MZ세대의 취업실태

1. 들어가며

　바야흐로 포기의 시대이다. '삼포족'이라는 신조어가 만들어질 정도로 우리 청년 세대는 연애와 결혼, 출산을 포기할 수밖에 없는 상황 앞에 속수무책으로 좌절하고 있다. 끝이 아니다. 갈수록 치열해져만 가는 경쟁과 자본주의 사회가 만들어 낸 고질적인 불평등, 거기에 일그러진 과시욕까지 더해지면서 요즘 MZ세대들은 어느덧 '삼포족'을 넘어 학업이나 취업 등 사회생활마저 포기하는 'N포족'으로 변모한지 오래다. 어디 한국뿐이겠는가! 조금만 눈을 돌려 밖을 바라보면 일본이나 중국의 청년들이 마주하고 있는 현실도 냉엄하다 못해 냉혹하긴 마찬가지이다.

　잃어버린 30년 동안 일본은 나라 전체가 집단적 패배주의에 빠져들게 되었고 그 결과 히키코모리의 대량 양산이라는 거대한 부채를 떠안게 되었다. 은둔형 외톨이의 길로 들어서지 않더라도 현재 일본의 젊은 층 중에는 '초식남'이나 '건어물녀'와 같이 연애나 결혼에는 관심도 없고 심지어는 자신을 위한 소비에도 소극적인 사람들이 많아 자동차 기업들이 골머리를 앓고 있다는 웃지 못 할 기사들이 신문 지면을 장식하고 있다.

중국의 청년들은 또 어떠한가. 수십 년 동안 강압적으로 진행되어 온 한자녀 정책으로 인해 중국의 MZ 세대들은 하나같이 외동으로 금지옥엽처럼 자란 이들이다. 부모 세대의 지나친 간섭과 전장을 방불케 하는 무한경쟁의 사회, 터무니없는 집값과 턱없이 낮은 임금 수준은 그들을 아예 드러누워 아무것도 안 하도록 만들어 버렸다. 이른바 월광(月光)[1]족, 탕핑(躺平)[2]족의 출현이다.

한중일 삼국의 젊은 세대들이 마주하고 있는 현실은 이처럼 매우 흡사해 보인다. 하지만 세 나라는 오랜 시간 동안 서로 다른 사회, 경제 발전의 길을 걸어왔고 이로 인해 내부에 안고 있는 문제 또한 조금씩 다를 수밖에 없다. 각자의 속사정을 면밀히 들여다보고 비슷한 문제점에 대한 세심한 고찰을 진행해 본다면 우리가 마주한 문제를 해결하는데 의외의 실마리를 찾을 수도 있겠고 아직은 우리가 맞닥뜨리지 않은 골치 아픈 문제들을 미연에 방지할 수도 있을 것이다. 이러한 타산지석의 효과는 지역 연구의 여러 목적 중 하나라고 할 수도 있을 것이다.

이 글에서는 중국 절강성(浙江省)[3] 지역의 MZ세대를 연구 대상으로

---

1) 월광(月光)족: 매달 벌어들이는 소득을 다음 달이 되기 전에 모두 써 버리는 사람들을 이르는 신조어이다. 이 부류의 사람들 중에는 소득 자체가 많지 않아 기본적인 생활을 유지하기 위해 어쩔 수 없이 매달 월급을 몽땅 지출해야 하는 이들도 상당 부분을 차지한다. 이들의 기본적인 삶의 태도는 '버는 대로 다 쓰자'는 말로 대표된다.
2) 탕핑(躺平)족: 다른 사람이 뭐라고 하든, 외부로부터 어떤 자극을 받든 무반응, 무대응으로 일관하는 사람들을 가리킨다. 치열한 경쟁에서 낙오하여 더이상 의욕도 없고 성공에 대한 갈망도 없는 사람들도 아울러 가리킨다. 이들은 언뜻 모든 것을 포기한 사람처럼 보이기도 하지만 사실은 아무 것도 하지 않는 것으로 이 세상에 반항하는 것이다. 이들은 스스로 사회의 변방으로 물러나는 것이며 야근과 승진, 저축과 부동산 구매와 같은 주류들의 길에서 초탈하여 자기들만의 방식으로 외부로부터 오는 여러 가지 구속으로부터 자유로워지려고 하는 것이다.
3) 절강성(浙江省): 중국어 발음은 저장성이다. 외래어표기법 상 지명의 경우 현지 발음을 그대로 옮겨 적어야 하나 본고에서는 편의상 한자 번역음인 '절강'이라는 표기를 사용하기로 한다. 본고에 등장하는 중국 지역명도 모두 한자 번역음을 사용하기로 한다.

그들이 마주하고 있는 취업 상황에 포커스를 맞추어 그 실태를 알아보고 더 나아가 이러한 상황을 만들어 낸 저변에서는 어떤 심층적 요인들이 작용하고 있는지 들여다보고자 한다.

절강성은 중국 남동부 동중국해 연안에 위치한 지역으로 경제적으로 상당한 발전을 이뤄냈고 지역 주민들 또한 상당히 윤택한 삶을 누리고 있다. 우리에게도 익숙한 마윈(馬雲)이 이 지역 출신이고 그가 창업한 거대 IT 기업 알리바바의 본부 또한 이 지역의 중심 도시 항주(杭州, 중국식 발음으로는 항저우)에 두고 있다. 한국과 비교했을 때 절강성은 여러모로 유사한 점을 갖고 있다.

우선 외형적인 면면을 둘러보면 절강성의 면적은 10만5,500㎢로 남한의 10만㎢와 매우 비슷하다. 한국의 약 70%가 산지인 것과 비슷하게 절강성 역시 전체 면적의 74.6%가 산지이며 평지는 30%에도 미치지 못한다. 삼면이 바다인 한국만큼은 아니지만 절강성 역시 동쪽으로 동중국해와 접하고 있으며 긴 해안선과 수심이 깊은 여러 개의 항구들을 갖고 있다. 인구 측면에서 2022년 말 기준 한국이 5,162만8천 명[4]인데 비해 절강성은 상주인구가 6,577만 명[5]으로 약 1,415만 명 더 많다.

이처럼 중국의 32개 성급 행정구역 중에서 외형적으로 한국과 가장 비슷한 지역이 바로 절강성이다. 이런 이유에서인지는 모르겠지만 중국에서는 절강성과 한국의 경제, 사회적 데이터를 비교하는 사람들이 심심찮게 보인다. 비록 경제, 사회 발전 단계에서 절강성은 아직 한국만큼의 업적을 이루지는 못한 상태지만 광공업 위주의 수출 지향적 산업 구조, IT 등 신산업 주도의 경제 모델, 대기업과 영세 중소기업에 비해 중견기업

---

4) 출처: KOSIS(통계청 인구 추이)
  https://kosis.kr/statHtml/statHtml.do?orgId=101&tblId=DT_1BPA002&checkFlag=N
5) 출처: 절강성통계국
  http://tjj.zj.gov.cn/col/col1525491/index.html

의 약세 등 경제적으로 유사한 점이 꽤 많다. 이런 유사한 경제적 상황은 비슷한 취업 상황이 만들어지는 결과로 연결되어 현재 절강 지역 청년들이 마주하는 취업 상황은 한국의 MZ세대들이 겪고 있는 상황과 매우 흡사하다.

그렇다면 비슷한 취업 환경에 처해 있는 절강 지역 MZ세대들은 그들이 마주하고 있는 상황을 어떻게 보고 있을까? 또 그들은 어떤 고민을 하고 있을까? 아래에서는 절강 지역의 대표적인 4년제 종합대학 절강대학의 대학생들을 상대로 진행한 설문 조사를 통해 그들의 생각과 고민의 면면을 들여다보고자 한다.

2. 취업 전선에 뛰어든 절강 청년들은 어떤 생각을 하고 있나?

졸업 후 진로는 늘 대학생들의 가장 큰 고민거리임과 동시에 대학생 가족 모두의 관심사이기도 하다. 최근 몇 년 동안 갈수록 그 심각성을 더해가고 있는 청년층 취업난은 어느새 각국 정부와 사회가 함께 고민해야 할 사회적 이슈로 대두되고 있기까지 하다.

중국에서 사회, 경제적으로 가장 발달한 지역에 속해 있고 고등 교육 수준이나 대학생 규모 등도 중국 내 선두권을 달리고 있는 절강 지역도 불가피하게 청년층 취업난을 심각하게 바라보고 있을 것이라는 것은 쉽게 예측할 수 있다. 취업 시장의 주역으로서 자의에 의해서든 타의에 의해서든 취업 전선에 뛰어든 절강 지역의 청년들은 자신의 가치와 몸값에 대해 어떤 판단을 하고 있고 어떤 시선으로 취업 시장을 바라보고 있을까? 이 문제에 대해 알아보기 위해서는 중국 전체의 대학 졸업생들이 마주하게 되는 전반적인 취업 시장 상황과 그들의 보편적인 생각을 알아보는 작업이 선행되어야 할 것이다. 그 바탕 위에서 절강 지역만의 특수한 상황에 대한 인식과 이해가 덧붙여져야만 정확한 결론 도출이 가능하기 때문이다.

주지하다시피 2001년 WTO 가입을 계기로 중국의 개혁개방은 새로운 시대를 맞이하게 되었다. 대외 무역의 전례 없는 호황은 수많은 일자리를 창출하였고 이는 자연스레 대학 졸업생들에게 취업의 문을 활짝 열어젖히는 취업 호황으로 직결되었다. 그러나 단순한 양적 팽창에만 의존하던 중국 경제의 발전 모델은 20여 년이 흐르면서 서서히 그 한계를 드러내기 시작했다. 내부적으로 중국 경제는 외적 팽창에서 질적 향상으로의 업그레이드를 서두를 수 밖에 없는 상황에 직면하고 있는 데다 점점 치열해지고 있는 미중 경쟁은 중국 경제의 외부 환경 악화라는 변화로 이어지고 있다. 이에 대한 타개책으로 중국 정부는 경제 정책 전반에 대한 과감하고 대폭적인 수술을 시도하고 있으며 이러한 변화에 선제적으로 대응하지 못한 대학과 대학 졸업생들은 급속하게 얼어붙고 있는 취업 시장을 바라보면서 당혹감을 넘어 전의를 상실하는 단계로까지 발전하는 양상을 보이고 있다. 취업 시장의 급랭이 불러온 한기를 온몸으로 고스란히 받아내면서 몸부림치고 있는 중국의 대학 졸업생들과 그들이 보이고 있는 여러 행동들을 보면 취업을 대하는 이들의 태도와 생각을 크게 다음과 같은 세 가지 유형으로 귀납해 볼 수 있다.[6]

첫 번째 유형은 현실도피형이다. 1999년 중국 교육부는 대학 입학 정원의 대폭 확대로 대표되는 일련의 고등 교육 개혁에 착수하였고 이후 대입 정원은 매년 증가하여 2020년 한 해에는 대학 졸업생이 874만 명에 달하게 되었다. 이 수치는 2021년에는 909만 명, 2022년에는 1,076만 명[7]에

---

[6] 郭金花 등, 「新時代高校大學生就業觀的現狀與培育硏究」, 『中國多媒體與網絡敎學學報』, 2021

[7] 중국교육부 사이트:
http://www.moe.gov.cn/fbh/live/2021/53931/mtbd/202112/t20211229_591046.html
전문대 졸업생, 4년제 대학 졸업생과 대학원 석,박사과정 졸업생들이 모두 포함된 수치이다.

달하여 사상 처음으로 대학 졸업생 천만 명 시대를 맞이하게 되었다. 이 어마어마한 수치는 중국 고등 교육의 성과를 상징하는 지표로 이해할 수도 있지만 다른 한편으로는 이들이 미증유의 취업난에 직면할 것임을 암시하는 것이기도 하다. 냉엄한 현실을 마주하고 대학 졸업생들이 스스로 위축되고 심적으로 엄청난 압박감과 스트레스를 받을 것임은 자명하다. 이에 일부 졸업생들은 취업으로부터 오는 압력을 분발의 동력으로 전환하지 못하고 스스로 물러서는 선택을 하게 된다. 외부로부터 오는 압력은 있으나 그에 맞서 뚫고 나가려는 의지를 상실하고 아무것도 하지 않으려고 하는 이들을 현실도피형으로 분류할 수 있다.

한국에도 취업에 필요한 어학 또는 컴퓨터 자격증 등을 취득하기 위해 공부하고 있는 대졸자들이 있는데 이들을 가리켜 취준생이라고 부르기도 한다. 하지만 중국의 현실도피형 대졸자들은 취업을 위한 아무런 노력도 하고 있지 않고 하려는 계획도 의지도 없다는 점에서 우리 나라 취준생들과는 확연히 구별된다. 굳이 말하자면 취준생 아닌 취준생 또는 무늬만 취준생이라 할 수 있겠다.

두 번째 유형은 취업유예형이다. 1978년 대학 교육 정상화 이후 중국은 모든 대학 졸업생들에 대해 일자리를 지정해 주던 사회주의 계획경제식 취업 정책을 시행하게 되었다. 그러다가 1990년대 중후반부터는 정부의 주선과 관리 하에 기업과 졸업생이 상호 선택하는 합의형 취업제를 잠시 시행하다가 현재는 시장의 수요에 맡기는 완전 자율형 취업제에까지 이르게 되었다. 대졸자 취업제도의 이러한 변화로 인해 대학 졸업생들은 불가피하게 자신과 자신의 능력 그리고 그 가치에 대한 냉정하고 정확한 판단을 내릴 것을 요구받게 되었지만 여전히 본인에 대해 과대평가하는 졸업생들이 허다하다.

이에 일부 대학생들은 졸업을 앞두고 현실로 다가온 취업의 압박을 이겨내지 못해 학교에 남는 선택을 한다. 학업이나 연구에 큰 관심이 있는 것도 아니면서 부모로부터의 지원을 받기 위해 대학원 진학의 길을 선택하는 학생들이 바로 이 취업유예형에 속한다고 할 수 있다. 대학원으로 진학하는 학생들 중에는 또 대학에서 배운 전공과 관련된 직업을 찾지 못했거나 본인이 취업 시장에서 경쟁력이 떨어진다는 판단 하에 이와 같은 선택을 하는 합리적 취업유예형 졸업생들도 있다.

펜데믹 상황에 대처하기 위해 중국 정부는 도시 봉쇄와 같이 전 세계적으로도 유례를 찾을 수 없을 정도로 강력한 방역 정책을 근 3년 동안이나 시행하여 왔고 그로 인해 경제는 심대한 타격을 입을 수밖에 없었다. 경제의 하방 압력으로 인해 일자리는 줄어드는 반면 졸업생 수는 매년 늘어만 가면서 취업 시장의 경쟁에 무방비 상태로 내던져질 수밖에 없는 상황에서 취업을 유예하는 학생들의 대오는 점점 방대해져만 가고 있다.

중국교육부에 따르면 코로나가 기승을 부리던 2021년 중국 전역의 고등교육기관에서 모집하는 대학원 석사과정 신입생 모집에 457만 명의 지원자가 몰렸는데 이는 전년 대비 무려 21.2%나 증가한 것이다.[8] 올해 모집에는 작년보다 17만 명이 증가한 474만 명이 지원하였는데 4대 1의 경쟁률을 뚫어야만 대학원 진학의 꿈을 이룰 수 있다. 갈수록 많은 대학생들이 취업을 잠시 미루고 대학원 진학의 길을 가고 있음을 충분히 설명해 주는 통계이다.

세 번째 유형은 안정제일형이다. 말 그대로 직업의 안정성을 가장 중시하고 심지어는 오로지 안정성만을 직업 선택의 유일한 고려 사항으로 생각하는 이들을 가리킨다. 코로나 펜데믹 상황 전부터 중국 경제는 이미 성장 속도가 느려지기 시작하였고 코로나 시대를 거치면서는 급속도로 경제 사정이 악화하기 시작했다. 중국 중앙 정부에서 직접 소유하고 경영하는 대형 국유기업은 그나마 상황이 나쁘지 않지만 제조업과 서비스업 분야의 수많은 중소기업들은 코로나 펜데믹 상황을 거치면서 치명상에

---

8) 중국교육부 사이트:
http://www.moe.gov.cn/fbh/live/2021/53908/mtbd/202112/t20211222_589430.html

가까운 타격을 입었다고 해도 과언이 아니다. 많은 사기업들이 인원 감축에 내몰리게 되었고 문을 닫고 폐업하는 회사들도 심심찮게 볼 수 있다. 그나마 명맥을 유지하면서 근근히 버티고 있는 기업들조차도 호황 때와는 달리 채용 규모를 대폭 줄이거나 아예 신입 사원을 채용하지 않는 경우가 많다.

이처럼 취업 자체가 어렵고 어렵사리 취업에 성공한다고 해도 수입도 변변치 않고 언제 감원 명단에 이름이 오를지 모르는 상황에서 공무원과 공기업 취업이 졸업을 앞둔 대학생들 사이에서 급격히 인기가 치솟고 있다. 지난 1월 초에 치러진 국가공무원시험에서는 전국에서 총 3만7천100명을 뽑는데 260만 명이 지원하여 평균 경쟁률이 무려 70대1에 달할 만큼 열기가 뜨거웠다. 중국 정부는 대학 졸업생들의 취업난 해소를 염두에 두고 사회 초년생들에 가산점을 부여하는 정책을 시행하고 있다.[9)]

한국에서는 요즘 들어 청년들 사이에서 공무원의 인기가 시들해졌지만 위에서 보듯 중국에서는 여전히 상한가를 달리고 있는 중이다. 직업의 안정성과 노동 강도, 보수, 사회적 지위 등 여러 요소를 고려해 보면 공무원이나 교사 등이 제일의 선택지가 되는 것도 충분히 이해가 가는 대목이다. 하지만 다른 한편으로는 취업을 바라보는 중국 대학생들의 시각이 얼마나 보수적이고 안정제일주의에 매몰돼 있는지 엿볼 수 있는 유력한 증거라고도 할 수 있다.

이상 거시적 관점에서 중국 청년들이 현재의 취업 상황을 어떻게 바라보고 있는지에 대해 간략히 알아보았다. 위에서 짚어본 바와 같이 취업에 임하는 청년들의 세 가지 유형은 중국 전역의 졸업을 앞둔 대학생들이 보이는 보편적 특징으로 절강 지역의 대학생들 역시 이와 같은 공통분모를 공유하고 있다는 데에 이의를 제기할 사람은 없을 것이다. 그렇다면 이와 같은 보편적 특징 외에 절강 지역의 청년들은 어떤 면에서 그들만의

---

9) 신화통신 사이트: http://www.xinhuanet.com/2023-01/08/c_1129264303.htm

특유의 성향을 지니는 것일까? 또 왜 이들은 그러한 특성을 지닐 수 밖에 없는 것인지에 대한 원인을 미시적 관점에서 알아보기로 한다.

절강대학은 절강 지역을 대표하는 4년제 종합대학으로 범위를 중국 전역으로 넓혀도 그 실력이 다섯 손가락 안에 꼽힐 만큼 중국 최고 권위의 대학이다. 이 대학의 한 연구팀은 2019년과 2022년 두 차례에 걸쳐 학내 구성원 1,969명을 상대로 취업 시 가장 중시하는 요소에 대해 설문조사를 진행하였다.[10] 그 결과를 살펴보면 절강대학 학생들은 취업을 바라보는 관점에 있어 다음과 같은 특징을 지니고 있다는 것을 알 수 있다.

첫째, 절강대학 학생들은 직업과 적성의 일치도, 복리후생 이 두 가지 요소를 가장 중시하는 것으로 나타났다. 그중에서도 대학원생들이 학부생들보다 위 두 가지 요소에 더 민감하게 반응하는 것을 알 수 있었으며 여학생들이 남학생들보다 상기 두 요소를 더 중시한다는 것으로 나타났다. 이는 대학원생이 학부생보다, 여학생이 남학생보다 취업에 대한 보다 확고한 생각과 판단 기준을 갖고 있음을 설명하는 부분이다.

둘째, 두 차례 설문 조사 결과를 비교해 보면 코로나 펜데믹 이후 절강대학 학생들은 직업의 안정성을 중시한다고 답한 비율이 눈에 띄게 증가했다는 것을 알 수 있다. 이는 앞서 언급했다시피 강력한 코로나 방역 대책으로 인해 중국 기업들의 생존 자체가 문제되기 시작했고 졸업생들의 취업난이 가중되면서 자연스레 안정된 직장에 대한 학생들의 선호도가 높아지는 결과로 이어진 것이다. 또 다른 대학 연구팀의 연구 결과에 의하면 취업 시장이 얼어붙은 상황에서 대부분 대학생들은 임금 수준이나 적성, 자기계발 등 요소보다는 직업의 안정성을 우선시한다고 대답한 것으로 나타났다. 또한 직업의 안정성은 대학생들의 취업 만족도에도 직접적인 영향을 끼치는 바 직장의 안정성은 대학생들이 취업의 질을 판단하는 데 있어서 주요 요소로 떠오르고 있음을 알 수 있었다.

---

10) 董世洪 등, 「當代大學生的就業觀及其敎育引導」, 『浙江社會科學』, 2022.

셋째, 절강대학 학생들은 직업을 선택함에 있어서 남녀 학생 공히 회사의 규모나 명성 등 외형적 요소보다는 승진 기회 등 개인의 발전 가능성을 더욱 중시하는 것으로 나타났다. 기존의 조사에서는 여학생들이 직업과 개인 적성의 일치도 등을 보다 중시하는 반면 남학생들은 사회적 지위 등 요소를 더 중시한다는 조사 결과가 많았으며 남학생들의 이러한 경향은 90년대 이후 출생한 학생들에게서 더욱 뚜렷하게 나타났다. 하지만 절강대학의 이번 최신 조사에서는 남학생들도 더 이상 사회적 지위를 직업 선택의 중요한 요소로 생각하지 않는 것으로 나타났으며 이는 남녀 학생들이 취업 시 고려하는 요소가 비슷해지고 있음을 시사한다.

넷째, 절강대학 학생들은 전공 분야, 부모 학력 등에 따라 취업 시 각기 다른 성향을 보이는 것으로 나타났다. 2019년 조사에서 취업 후 사회적 지위와 자기계발 등을 중시하던 석사과정 학생들이 2022년 조사에서는 학부생들보다 더 직업의 안정성을 중시하는 것으로 나타났다. 이는 앞에서 짚어본 바와 같이 코로나 펜데믹의 영향으로 말미암은 것이라고 해야 할 것이다. 전공별로 보면 인문, 사회계열 학생들이 공과 계열 학생들에 비해 취업 후의 사회적 지위에 대해 중요하다고 보는 비율이 낮았다. 절강대학 학생들의 경우 문과 계열 전공자들이 상대적으로 공명심이 낮은 것으로 판단할 수 있는 증거라 할 수 있다. 출신지별로 보면 농어촌 지역 출신의 학생들이 도시지역 학생들보다 취업 후의 자기계발, 기회의 공평성, 전공과 직업의 일치도 등을 훨씬 더 중시하는 것으로 나타났다. 부모의 학력으로 볼 때 4년제 대졸 이하 학력을 가진 부모의 자녀들은 직업의 사회적 지위에 대해 별로 중요하지 않다고 생각하는 반면 4년제 대졸 또는 이상의 학력을 가진 부모의 자녀들은 사회적 지위를 매우 중요하다고 생각하는 것으로 나타났다.

위의 설문조사 결과를 종합적으로 분석해 보면 다음과 같은 몇 가지 특징을 추려낼 수 있다.

먼저 코로나 펜데믹 상황을 거치면서 절강대학의 학생들은 취업 시

직업의 안정성을 매우 중요한 요소로 생각하고 있지만 다수의 학생들은 취업에 임하면서 뚜렷한 동기나 목표의식이 결여되어 있고 취업 후 자신의 포지셔닝에 대한 고민이 없다는 점을 알 수 있다. 이는 날로 늘어만 가는 취업 스트레스, 꿈과 현실의 괴리 등으로 인해 대학생들이 자기주도적이고 능동적으로 취업을 준비하지 못하면서 취업을 통해 성취감, 행복감을 얻을 수 없을 뿐만 아니라 주변의 인정을 받기가 점점 어려워지고 있다는 것을 의미한다. 이는 결과적으로 대학생들이 취업에 소극적이거나 취업을 뒤로 미루거나 아예 취업을 하지 않는 사회적 현상으로까지 이어지게 되는 것이다.

취업은 한 인간이 사회적 분업에 참여할 수 있는 중요한 수단이자 경로로 인간은 취업을 통해 본인이 가지고 있는 능력을 현실적 가치로 전환할 수 있으며 궁극적으로는 자기실현의 목표를 달성하게 되는 것이다. 취업 동기가 모호하거나 지나치게 이상적인 동기를 가지고 취업에 접근한다면 현실의 벽에 부딪히면서 쉽게 중도 포기로 이어질 수 있고 노동을 통한 지식과 기능의 학습과 축적, 나아가서는 개인의 성장 역시 요원한 목표로 남기 십상이다.

둘째, 절강대학 학생들의 취업 인식도가 경제, 사회의 발전에 비해 뒤떨어진다는 점을 확인할 수 있다. 자기 자신에 대한 냉철한 분석, 취업하고자 하는 업종의 미래 전망, 근무 희망 지역의 경제와 사회 발전 상황 등에 대해 종합적이고 합리적인 고찰과 판단이 동반되어야만 성공적인 취업이 가능할 것이다. 중국은 현재 정책적으로 기존의 경제 성장 모델의 업그레이드를 시도하고 있다. 뿐만 아니라 4차 산업혁명 시대의 도래와 함께 거의 모든 산업 분야에서 대대적인 혁신이 일어나고 있다. 이와 같은 거대한 시대적 흐름과 정부의 정책 전환은 대학생을 포함한 모든 구직자들에게 취업에 필요한 새로운 요구 조건들을 제시하고 있다. 안타까운 현실이지만 현재 절강 지역의 대학생들을 포함한 중국 전역의 대학생들은 이러한 시대적 요구에 부응하지 못하고 있는 것으로 판단된다. 다시 말해 취업에 대한 이들의 인식은 시대 변화와 산업 혁신 등 외부 환경의 변화와 매우 동떨어져 있다는 것이다. 취업 시장이 필요로 하는 인재상과는 거리가 먼 대학생들만 양산되는 상황에서 현재 중국에서는 취직난과 구인난이 병존하는 현상이 지속되고 있다.

문제는 대학생들이 취업에 대한 인식도가 떨어지고 시대적 흐름과 산업의 변화에 능동적으로 적응하지 못하는 반면 회사를 선택할 때에는 여러 요소 중에서도 회사가 어느 지역에 위치하고 있는지, 연봉 수준은 어느 정도인지 등을 가장 중시한다는 점이다. 심지어 회사 소재지가 대도시와 같은 경제가 발달된 지역일수록, 연봉 수준이 높을수록 직업 전망이 밝다고 생각하는 경향을 보인다. 본인의 특기와 장점이 회사의 요구, 특성과 얼마만큼 일치하는지, 회사에 들어가서 본인의 꿈을 실현할 수 있는지, 취직 후 개인의 성장 가능성을 어느 정도인지 등은 오히려 고려 대상에서 제외되거나 후순위로 밀려버리게 되는 것이다. 그 결과 본인이 원하던 회사에 취직을 하더라도 정작 만족도는 떨어지고 얼마 지나지 않아 다른 회사 또는 다른 업종으로 옮겨 다니는 악순환의 고리 속으로 빠지게 되는 것이다.

셋째, 절강대학 학생들은 취업 시 정부의 호소에 부응하고 사회주의 가치관을 몸소 실천하기 위해 본인을 헌신하겠다는 생각을 거의 하지 않는다는 것을 알 수 있다. 2022년 조사에서 연구팀은 대학생들이 지방 소도시나 농촌지역에서 근무할 의향이 있는지, 낙후한 서부 지역으로 가서 취직할 의향이 있는지에 대해 점수로 의사를 표시해 줄 것을 요구했는데 결과는 이 두 질문에 대한 점수가 모두 매우 낮게 나타났다는 것이다.

중국 정부는 1990년대 후반 개혁개방으로부터 소외되어 있던 서부 지역의 경제를 끌어올리기 위해 서부대개발의 기치를 내걸고 20여 년 동안 대대적인 정책적, 물적 자원을 투입해오고 있다. 상대적으로 지지부진한 인적 자원의 유입을 위해 중국 정부는 수십 년 동안 대대적인 홍보와 독려, 지원을 해오고 있지만 서부 지역은 여전히 대학생들로부터 철저히 외면당하고 있는 실정이다. 약 10년 전부터 중국이 중앙 정부 차원으로부터 역점 사업으로 추진 중에 있는 일대일로 사업 역시 중국 북서부 지역의 낙후된 지역을 포함시켰는데 오랜 기간에 걸친 대대적 홍보와 호소에도 불구하고 대학생들의 외면을 받고 있기는 마찬가지이다. 결국 개인의 성장과 발전, 경제적 이익과 복지 후생 등 실질적 이익 앞에서는 개개인의 사회적 책임감은 말할 것도 없고 사회주의 가치관과 같은 이데올로기적 교육마저도 빛을 잃고 무기력한 본모습을 드러내고 마는 것이다.

3. 엔데믹 시대 청년들에게 취업의 문은 활짝 열릴 것인가?

위에서 절강대학 학생들을 상대로 진행한 설문조사를 토대로 이 지역 대학생들이 취업 시장에 내몰리면서 어떤 고민을 하고 어떤 선택들을 하고 있으며 그 이유가 무엇인지에 대해 간단히 들여다보았다. 이 작업을 통해 코로나 펜데믹 상황을 거치면서 절강 지역을 포함한 중국 전역에서 취업난은 그 정도가 더 심해졌으며 이런 상황에서 절강 지역 청년들의 취업에 대한 생각도 전에 비해 더욱 보수적으로 바뀌고 직업의 안정성과 연봉 수준 등을 더욱 중요시한다는 것을 확인할 수 있었다.

코로나가 종식을 향해 가고 있는 엔데믹 시대에 절강 지역 청년들은 다시금 예전과 같은 취업 호황의 시대를 맞이할 수 있을 것인가? 낙관적인 전망은 어려워 보인다. 중국 경제의 성장이 느려지는 것은 이미 거스를 수 없는 추세로 굳어져 버렸고 기업의 인재 수용 능력은 거의 제자리걸음을 하고 있기 때문이다. 이런 상황에서 대학생들은 경제적, 사회적 환경의 변화에 발빠른 적응을 요구받고 있지만 현실은 그렇지 못하다. 대학생들은 취업 시장의 이런 변화에 둔감하거나 애써 외면하면서 현실과 동떨어진 생각을 좀처럼 바꾸려고 하지 않는다. 대학생들의 이런 완고한 생각을 바꾸고 꽉 막힌 대학생 취업 시장의 활로를 뚫기 위해 중국은 정부, 대학,

기업 등이 함께 손을 맞잡고 여러 가지 방안과 시책들을 쏟아내고 있다.

먼저 대학생들의 뇌리에 뿌리 깊이 박혀있는 서부 지역, 농촌 지역 등 상대적으로 낙후된 지역에 대한 편견을 타파하고 대학생 인력을 이들 지역으로 유입시키기 위해 중국 정부는 대대적인 지원과 함께 여러 가지 혜택을 주고 있다. 절강 지역은 사회, 교육, 경제 발전 단계로 보면 중국에서 선두권을 달리고 있는 지역이다. 이 지역의 인재 적체 현상을 완화하기 위해서는 지역 인재들이 서부 내륙 지역이나 상대적으로 낙후한 농촌 지역으로 발길을 돌리도록 유도하는 것이 반드시 필요하다. 중국은 정부 주도로 절강 등 동부 연해의 발달 지역에서 대학교를 졸업한 학생들이 서부 지역이나 농촌 지역에 취업할 경우 정착 지원금을 포함하여 여러 가지 수당을 지급하고 원스톱식 행정 지원을 제공할 뿐만 아니라 취업 후의 승진 등에서도 더 많은 기회를 제공해주는 정책을 시행하고 있다.

둘째, 4차 산업혁명 시대는 혁신의 시대이다. 대중 혁신, 대중 창업의 시대는 모든 사람들에게 똑같은 혁신과 창업의 기회를 제공하고 있으며 이러한 변화는 침체된 경제에 새로운 활력을 불어넣고 있다. 중국 정부는 대학생 창업을 고학력자 취업난 타개의 새로운 돌파구로 보고 적극 지원하고 있다. 대학에서 혁신과 창업 관련 교육 체계를 수립하도록 하고 정부에서는 대학이 필요로 하는 경제적, 정책적 지원과 함께 다양한 관련 정보를 제공하고 있다. 또 가능성이 있는 대학생 창업 프로젝트에 대한 지원을 통해 몇 가지 성공적인 모델을 제시함으로써 대학생들이 창업으로 눈을 돌릴 수 있도록 홍보에 힘을 쏟고 있다.

이와 함께 중국 정부는 MZ 세대들이 극단적 개인주의와 물질만능주의 사고방식에서 벗어나 다른 사람들과 함께 협력하고 함께 목표를 이루어나가는 과정에서 협력과 노동의 가치와 즐거움을 느끼고 자기실현의 목표를 이룰 수 있도록 대학에서의 사상 교육에 힘쓰고 있다. 또한 사회주의 국가의 특성상 주류 언론을 동원하여 여론을 형성하고 대학생들이 국가의 정책과 호소에 호응하여 창업과 취업을 통해 여러 가지 활로를 모색하도록 유도하고 있다.

정부의 이런 여러 가지 시책들이 현재의 대학생들에게 얼마나 유효하게 다가갈지는 두고 볼 일이다. 하지만 대학 교육이 산업 현장의 수요에 대응하지 못하고 있고 취업에 대한 대학생들의 고정 관념이 쉽사리 바뀌지 않고 있는 상황에서 경제 성장은 느려지고 취업 상황이 점점 어려워지고 있다는 점은 분명한 사실이다. 코로나를 거치면서 대학생들은 한층 더 보수적으로 취업 시장에 접근하고 있고 점점 더 직장의 안정성만을 강조하면서 미래가 불확실한 창업이나 환경이 열악한 서부 지역, 농촌 지역으로의 진출은 더욱더 꺼리고 있다.

절강 지역 학생들이 처한 취업 상황과 이런 상황에서 MZ세대들이 안고 있는 고민과 현실 대응은 결코 낯설지 않다. 우리 학생들이 직면하고 있는 취업 시장 상황과 고민 등이 여러모로 흡사하기 때문이다. 오로지 대기업, 공기업, 수도권만 고집하고 중소기업, 지방은 철저히 외면하는 현실은 어쩌면 우리 사회가 수십 년 동안 오로지 성장만을 외쳐온 당연한 결과라고 해야 할 것이다. 절강 지역은 중국을 호령하고 있는 최대 전자상거래 업체 알리바바를 배출할 정도로 저력 있는 사람들이 모여있는 곳이다. 절강 지역 청년 세대들의 취업난이 어떻게 해결되는지, 제2의 알리바바가 또다시 탄생할 수 있을 것인지 눈여겨보면서 그들에게 작금의 난제를 풀어나갈 열쇠가 있다면 그것은 우리에게도 타산지석이 될 수 있을 것이라 생각한다.

참고사이트 및 문헌

KOSIS(통계청 사이트): https://kosis.kr
절강성통계국 사이트: http://tjj.zj.gov.cn
중국교육부 사이트: http://www.moe.gov.cn
신화통신 사이트: http://www.xinhuanet.com

郭金花 외,「新時代高校大學生就業觀的現狀與培育硏究」,『*中國多媒體與網絡敎學學報*』.

董世洪 외,「當代大學生的就業觀及其敎育引導」,『*浙江社會科學*』, 2022.

3부
일본 지역사회의 청년 생태계

09장
청년 착취 사회 -일본의 '블랙기업', '블랙아르바이트', '블랙학자금대출' | **박혜원**

10장
일본 애니메이션이 그리는 지역과 청년 | **유은경**

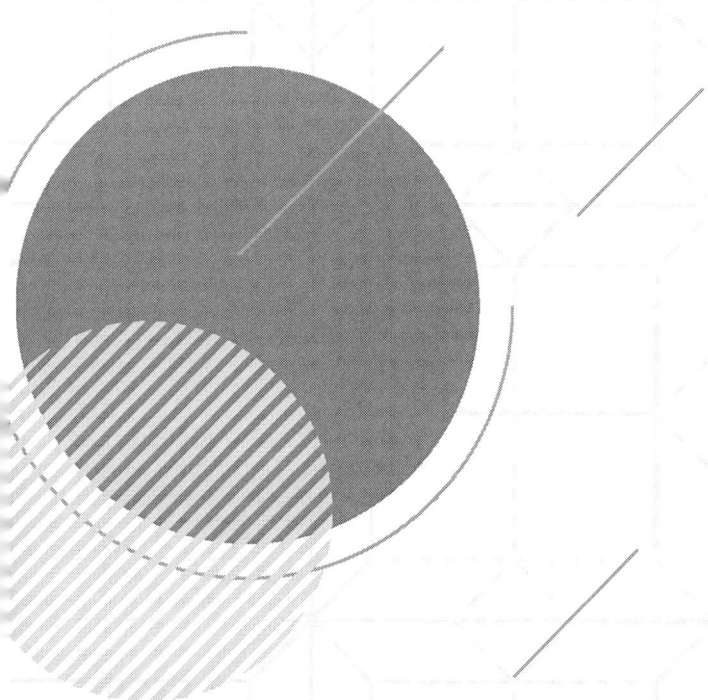

09장

청년 착취 사회
-일본의 '블랙기업', '블랙아르바이트', '블랙학자금대출'

1. 지금 일본의 청년들이 처한 상황은 '블랙(BLACK)'

최근 일본에서는 '블랙기업', '블랙아르바이트', '블랙학자금대출' 등 '블랙(ブラック, black)'이라는 접두어가 붙은 조어가 여럿 눈에 띈다. 여기서 말하는 블랙이란 불합리한 행위나 착취구조를 일삼는다는 뜻으로, 부정적인 의미의 형용사로 사용되고 있다는 것을 알 수 있다. 이러한 '블랙'이 붙는 조어들은 그 타겟이 주로 청년층이라는 점에서 일본의 청년문제를 논할 때 빼놓을 수 없는 키워드이기도 하다.

본래 블랙기업이란 야쿠자 등 반사회적 행동을 하는 단체가 만든 기업을 지칭하는 단어였다. 그러나 2010년대에 들어서부터는 노동자에게 열악한 환경에서 비상식적이고 가혹한 노동을 강요하는 기업을 지칭하는 것으로 그 의미가 변하여, 현재는 노동자를 착취하는 악덕기업을 고발하는 단어로 사용되고 있다.[1] 블랙기업이라는 단어의 보급에 크게 기여한

---

1) 일본에서는 매년 한 해 동안 가장 많이 회자된 유행어를 선정하는 '유캔 신조어/유행어

것은 'POSSE'2)라는 NPO(민간비영리 단체)이다. 이 단체의 대표 곤노 하루키(今野晴貴)는 블랙기업을 '청년을 대량으로 채용한 뒤 과중노동, 위법노동, 파워하라스멘트(업무상 위력에 의한 괴롭힘)를 통해 착취함으로써 청년들이 스스로 퇴직/이직하게 몰아붙이는 기업'이라고 알기 쉽게 정의하면서 착취당하는 청년층에 대한 사회적 관심을 불러일으켰다.

이러한 문제제기는 일본에 있어서는 상당히 새로운 경향이라고 할 수 있는데, 왜냐하면 일본에서는 고도경제성장기를 거치면서 오랫동안 청년을 둘러싼 노동문제가 프리터족(フリーター, 계약직, 파견사원, 아르바이트 등 정규직이 아닌 고용 형태로 일하면서 생계를 유지하는 청년층)이나 니트족(ニート, 교육기관에 재학 중이거나 취업중/취업준비중이 아닌 청년 무직자) 등 주로 '의욕이 없는 청년들', '게으르고 나태한 청년들', '철없는 청년들' 등 청년들의 부정적인 태도에 초점을 맞춰 논의되어 왔기 때문이다.

POSSE는 '블랙기업' 문제가 사회적으로 크게 이슈가 된 이후 위태로운 상황에 처한 청년들에 대한 사회적 관심을 높이기 위하여 연이어 '블랙아르바이트', '블랙학자금대출'이라는 조어를 만들어 청년들을 착취하는 기업의 실태를 계속해서 고발코자 노력하고 있다. 블랙아르바이트와 블랙학자금대출이라는 문제제기는 일본 사회에서 착취의 타켓이 되고 있는 것이 학교를 졸업하고 사회에서 나가 일하고 있는 사회초년생 청년들뿐만 아니라 파트타임으로 아르바이트를 하면서 학교에 다니는 고등학생 및

대상(ユーキャン新語・流行語大賞)'이 발표되는데, '블랙기업'은 2013년도에 올해의 단어 탑10에 선정되었다. 수여식에는 곤노 하루키가 참가하여 수상했다.
2) POSSE는 청년들의 노동문제를 청년 스스로 해결하는 것을 목표로 2007년 설립된 비영리활동법인으로, 주로 노동문제 및 빈곤문제를 중심으로 활동하고 있다. 노동문제와 관련된 상담 활동, 권리 행사 지원 황동 뿐 아니라 미디어 발신 등에도 힘쓰고 있다. 현재 일본에서 활동하고 있는 노동관련 NPO 단체 중에서는 가장 영향력이 크다고 할 수 있으며, 특히 블랙기업, 블랙아르바이트, 블랙학자금대출 등의 청년문제에 있어서는 정부와 함께 대책을 모색하는 등 적극적으로 문제 해결에 기여하고 있다.

대학생들을 포함한 청년층 전체라는 것을 시사한다. 즉 현재 일본의 청년들은 예전처럼 새로운 미래를 짊어질 존재로서 사회의 기대와 투자를 한 몸에 받는 존재가 아니라, 손쉽게 착취할 수 있는 타겟으로 재인식되고 있는 것이다. 이 글에서는 그러한 일본의 청년층을 둘러싼 실상에 대해 조금 더 자세하게 소개하고자 한다.

2. 사회 초년생들은 블랙기업으로, 학생들은 블랙아르바이트로

일본의 후생노동성(厚生労働省, 한국의 보건복지부 및 고용노동부에 해당)은 블랙기업과 그 특징에 대해 일반적으로 ①노동자에 대해 과도한 장시간 노동 및 노르마(노동 할당량)를 부과하는 기업, ②수당이 없는 잔업이나 파워하라스멘트가 횡행하는 등 전체적으로 일반적인 질서가 잡혀 있지 않는 기업, ③이러한 상황 하에서 과도하게 노동자를 선별하는 기업이라고 정리하였다. 곤노 하루키는 그의 저서 '블랙기업'에서 블랙기업의 착취 형태를 더 자세히 설명했는데, 그에 따르면 보통 블랙기업은 정규직 채용이라는 점을 강조하면서 구직자들을 대량 모집, 대량 채용한다. 그러나 일단 채용한 후에는 청년들이 가진 노동력이 전부 소모될 때까지 과혹한 환경에서의 업무를 강요하고, 더 이상 노동력으로서의 가치가 없다고 판단되면 즉각 퇴직을 강요하는 식으로 청년들의 노동력을 체계적으로 착취한다(곤노, 2012).

특히 블래기업은 그러한 착취 과정 중에 '선별'이라는 이름의 끊임없는 경쟁을 유도하는데, 경쟁에서 낙오하는 경우에는 능력 부족 등의 구실을 붙여 지속적으로 괴롭힘으로써 어쩔 수 없이 회사를 떠나도록 만든다. 이러한 방식으로 인해 블랙기업에 들어간 청년들은 단순히 노동력만을 착취당하는 것이 아니라 집단적인 괴롭힘이나 인격 모독 등의 학대로부터 오는 정신적인 스트레스에도 과도하게 노출되고, 퇴직한 후에도 우울증

등 각종 정신질환에 시달리며 이후의 재취업과 인간관계 등에 있어서도 심각한 문제를 껴안게 되는 경우가 많다.

블랙아르바이트 또한 비슷한 과정을 통해서 파트타임으로 일하는 고등학생, 대학생 아르바이트생을 착취한다. 아르바이트생은 통상적인 근로시간보다 짧은 시간 동안 혹은 짧은 근무 일수로 일하는 근로자로서, 정규직 노동자에 비해 업무에 대한 책임이나 강도가 적은 것이 보통이다. 그러나 블랙아르바이트의 경우에는 아르바이트생에게 정규직만큼, 때로는 정규직 이상의 장시간 노동과 과도한 책임감을 요구한다. 음식점의 야간근무를 아르바이트생 혼자서 전부 담당하게 하거나[3] 정규직 근로자와 같은 강도로 연일 근무를 강요하는 등 휴식 없는 장시간 노동, 휴일 없는 연일 근무로 인해 아르바이트생들은 일하면 일 할수록 신체적·정신적으로 피폐해지는 상황에 이르게 된다. 게다가 블랙아르바이트의 경우 아르바이트생은 고용이 불안정하기 때문에 사용자측에 요구사항을 강하게 주장하기 어렵다는 점을 이용하여 임금 체불이나 열악한 업무 환경을 강요한다는 점에서 더 악질적이라고 할 수 있다.

일본의 경우에는 보통 '시프트제'라고 하여, 대부분의 아르바이트가 근무날짜를 고정하는 것이 아니라 근무자의 상황에 맞춰 근무자가 원하는 시간대를 골라서 근무 일정을 짜는 형태를 취하고 있다. 그래서 학생들의

---

[3] 일본에서는 이와 같이 편의점이나 음식점 등 한 지점에서 1명의 종업원이 모든 업무를 도맡아 하는 것을 지칭하는 단어로 '원오페(ワンオペ, one operation)'라는 용어가 널리 사용되고 있다. 이 용어는 2014년 규동체인점인 '스키야(すき家)'가 심야영업을 종업원 1명에게 맡기고 있는 실태가 '원오페 문제'로 보도되면서 사회적 주목을 받았는데, '원오페'로 인해 (대부분 대학생) 아르바이트생들이 8-9시간 동안 휴식도 없이 혼자서 가게를 운영하는 경우도 있었다고 한다. 이 보도의 영향으로 당시 전국의 스키야 지점의 반 이상이 일시적으로 심야영업을 중지했다(弁護士ドットコム ニュース(변호사닷컴뉴스), "すき家バイト「ワンオペ体験」告白 「調理方法が分からずヤフー知恵袋で調べた」(스키야 아르바이트생 '원오페 체험 고백' '조리 방법을 몰라서 야후 지식인으로 검색했다', 2014년 10월 15일 기사)", https://www.bengo4.com/c_5/n_2168/).

경우에는 대부분 중간고사나 기말고사 등의 시험기간 및 과제 제출 기간이나 서클 활동 등으로 바쁜 시기에는 아르바이트를 쉬는 경우가 일반적이다. 하지만 블랙아르바이트의 경우에는 중요한 시험기간에도 아르바이트를 하도록 강요하는 등 학업에 전혀 집중할 수 없게 만들어 학업에 필요한 학비나 생활비 등을 충당하려는 목적으로 시작한 아르바이트로 인해 오히려 학점을 채우지 못하고 유급하거나 결국에는 학교를 자퇴하는 등의 상황으로 이어지는 일도 발생하고 있다(혼다, 2007; 곤노, 2016).

블랙기업과 블랙아르바이트의 공통점은 힘이 없는 청년들을 '필요한 만큼 마음껏 쓰고 가차 없이 버린다'는 점이다. 지금까지 사회초년생이나 청년 아르바이트생은 사회나 기업이 보호하고 교육한다는 상식이 통용되어왔다. 하지만 블랙기업과 블랙아르바이트를 통해 보이는 현대사회는 더 이상 청년들을 보호·교육하는 대상으로 보고 있지 않다. 그들은 청년들을 '소모품', '일회용품'처럼 취급하고 있으며,4) 이러한 상황 속에서 사회초년생인 청년들은 이후의 커리어 만들기에도 큰 어려움을 겪게 되는 것이다.

〈일본 도쿄 대학교 캠퍼스 내의 입간판: "아르바이트, 취업활동, 학자금대출, 돈, 불안"〉 (2023년 3월 12일 필자 촬영) 이것은 도쿄 대학교 코마바 캠퍼스 학생들이 자체 제작한 입간판 중의 하나로, 현재 일본의 대학생들이 느끼는 불안이 어디

---

4) 일본에서는 이러한 특징을 '使い捨て(쓰고 버리기)'라고 표현하며, 블랙기업 및 블랙아르바이트를 구별하는 핵심적인 포인트라고 강조하고 있다.

에서 비롯된 것인지 알 수 있다.

3. 왜 벗어나지 못하는가?: 과도한 '자기책임'과 학자금대출이라는 또 다른 덫

그렇다면 왜 일본의 청년들은 이러한 부조리한 상황 속에서도 블랙기업과 블랙아르바이트로부터 벗어나지 못하고 있을까? 실제로 블랙기업이나 블랙아르바이트에서 일하는 청년들은 신체적으로나 정신적으로 궁지에 몰리면서도 일을 그만두지 못하는 경우가 많다. 그 이유로는 우선 일본 사회가 강조하는 '자기 책임(自助)'이라는 가치를 지적할 수 있다. 블랙기업과 블랙아르바이트는 청년들에게 계속해서 '책임감'을 가질 것을 요구하는데, 예를 들어 음직점 등 매장의 관리직인 '점장'이라는 직책을 부여함으로써 근로자에게 관리직으로서의 책임감을 가질 것을 강조하는 것이 대표적이다. 하지만 일본에서는 노동기준법에 의해 '관리감독자'는 경영자와 일체화 된 입장에 있는 사람으로 간주하기 때문에 추가 근무에 대한 수당은 지급되지 않는다.[5] 물론 관리감독자라고 해도 야근에 대한 수당을 지급 할 의무가 있으며, 애초에 해당 노동자를 관리감독자로서 판단할 것인지 아닌지에 대해서도 복잡한 절차와 확인이 필요하다.

그러나 블랙기업이나 블랙아르바이트의 경우에는 이러한 노동기준법의 틈새를 이용해 '점장'이나 '과장' 등의 허울뿐인 직책을 부여하는 수법

---

5) 일본에서는 통상 '36협정'이라고 불리는 노동기준법 36조에 의해 노사가 합의하면 정부의 권고 기준의 한도를 초과하는 연장 근무를 가능하게 하고 있다. 이로 인해 노사 간의 협의만 진행되면 노동기준법상의 연장 근로 한도인 월 45시간, 연 360시간을 초과하여 무제한으로 연장근무를 지시할 수 있는 것이다. 게다가 노동기준법 제41조 2호에 의해 관리감독자는 노동기준법이 정하는 노동시간, 휴식 및 휴일에 관한 규정에 적용을 받지 않기 때문에 관리감독자가 잔업 및 휴일 출근을 한 경우에도 잔업수당 및 휴일 출근 수당을 지급받지 않는다.

으로 노동력을 착취하고 있다. 근래에는 이러한 악질적인 수법을 비판하는 '이름뿐인 점장(名ばかり店長)'이라는 용어도 생겼다. 아르바이트의 경우에도 '아르바이트 리더'와 같은 식으로 아르바이트생을 관리하는 직책을 맡겨서 특정 아르바이트생에게 다른 아르바이트생보다 더 많은 책임을 부여하는 방법을 사용하고 있다. 과도한 노동을 강요받으면 청년들은 금방 그만둘 것 같지만 실제는 꼭 그렇지만도 않다. 그들은 기대를 받는 만큼 본인을 희생해서라도 그에 부응하고자 하기 때문이다.

2020년 코로나 문제가 심각해지고 있는 상황에서 새롭게 총리대신에 취임한 스가 요시히데 전 총리는 '자조(自助)·공조(共助)·공조(公助)'라는 슬로건을 내세워 새 정부가 지향하는 사회상과 그 안에서의 코로나 대처법을 설명했다. 그는 '스스로 할 수 있는 일은 우선 혼자서 해보고, 그 다음에는 가족, 지역 등 주변 사람들이 서로 돕는다. (그러한 과정을 전부 거친) 이후에는 정부가 세이프티넷으로 지킨다. 이와 같이 국민들이 신뢰할 수 있는 정부를 지향하고 싶다'라고 발언했는데, 일부 미디어는 이러한 스가 총리의 메시지가 오히려 곤란한 상황에 처한 사람들이 주변 사람들이나 정부에 지원의 손길을 요청하기 어렵게 만든다고 강하게 비판했다. 청년층의 경우 노동력을 가진 집단으로서 일반적으로 다른 연령집단에 비해 더욱 자조 및 자기책임을 요구받는 점을 고려하면, 이러한 문제 해결을 당사자에게 맡기는 분위기, 그리고 그것을 미덕으로 여기는 일본 사회에서 부당하게 노동력을 착취당하는 상황에 직면했을 때 왜 청년들이 적극적으로 문제제기를 하기 보다는 문제의 원인을 스스로에게서 찾고 그 해결책도 스스로 찾으려고 하는지 조금은 이해가 된다.

한편 블랙기업과 블랙아르바이트를 쉽게 그만두지 못하는 더욱 현실적인 상황으로는 학자금대출과 같은 문제도 있다. 일본의 학비는 OECD국가 중에서도 매우 높은 수준을 기록하고 있으며,[6] 일본의 고등교육기관의

---

[6] 일본의 학비 수준은 국립대학교는 연간 5229달러(약 58만 엔), 사립대학교는 연간

2/3를 차지하는 사립대학교의 연간 학비는 2018년 기준으로 약 1000만원 상당으로 한국의 사립대학의 연간 700만원 수준과 비교해도 훨씬 학생들의 부담이 크다.7)

또한 일본의 경우에는 대학교 재학 중에 스포츠 등 예체능 관련 서클 활동을 하는 경우가 많아서 그에 드는 부대비용도 만만치 않고, 지방에서 대도시로 진학하는 경우와 더불어 도쿄 내에서도 대학교 진학을 계기로 학교 근처에서 자취를 시작하는 경우가 많기 때문에 대학교 진학 이후에도 가족들과 동거하는 비율이 높은 한국보다 생활비 면에서도 일본의 대학생들은 훨씬 많은 부담을 지게 된다. 일본에서는 '일생동안의 가장 값비싼 쇼핑은 대학'이라는 말이 있을 정도로 대학 진학의 경제적 부담이 크다는 것을 알 수 있다.

따라서 1990년대까지는 보통 대학 진학에 필요한 학비와 생활비를 가족(가계)으로부터 지원 받는 경우가 많았고, 모자란 부분은 본인이 아르바이트로 충당하는 것이 일반적이었다. 고등교육에 대한 유일한 공적지원제도인 학자금대출제도 또한 1990년대까지는 그 규모가 크지 않았고, 학자금대출제도를 이용할 수 있는 조건도 소득기준과 성적기준이 모두 엄격하여 학자금대출을 통해 진학에 필요한 비용을 감당할 수 있는 것은 소수의 저소득층 성적우수자들에 한정되었다(요시다, 2006; POSSE장학금 워킹팀, 2010). 실제로 2000년 초반까지 대학생의 주머니사정을 살펴보면, 가계지원과 아르바이트가 대학생들의 수입의 90% 가까운 비율을 점하고 있는 것을 알 수 있다(표1 참조).

그러나 주지하다시피 일본 경제는 최근 20-30년 동안 계속해서 불황을

8428달러(약 94만 엔)로 국립대학교와 사립대학교 모두 OECD 35개 국가 중 세 번째로 높은 수준을 기록하고 있다(OECD, 2017).
7) 문부과학성(한국의 교육부에 해당)이 발표한 2018년도의 사립대학교의 평균 학비는 입학금을 포함한 1학년의 학비가 인문계열의 경우 약 120만 엔, 이공계열은 160만 엔, 의학계열은 480만 엔이다.

겪고 있다. 1990년대 후반부터는 더 이상 가계만으로 대학 진학의 교육비를 부담하기 어려워진 상황을 고려하여 정부가 적극적으로 학자금대출의 규모를 확대했는데, 그 예로 1999년에는 '희망 21플랜(きぼう21プラン)'이라는 정책을 실시하여 소득기준과 성적기준을 크게 완화함으로써 더욱 많은 학생들이 가계 상황과 상관없이 대학에 진학 할 수 있도록 제도를 개선하였다(박혜원, 2019). 그 결과 〈표 1〉에서와 같이 2000년 후반부터는 학자금대출이 차지하는 비율이 2002년도의 2배 이상으로 증가하였다.

표 1 대학생 수입내역의 변화추이

단위:%

년도	가계 지원	학자금대출	아르바이트	정규직 급여 및 기타
2002년	69.6	10.1	16	4.3
2004년	65.9	14	15.7	4.4
2006년	68.3	13.7	15.4	2.6
2008년	65.9	15.3	16.3	2.5
2010년	61.7	20.3	15.4	2.6
2012년	60.8	20.5	16.2	2.6
2014년	60.6	20.3	16.3	2.8
2016년	60.1	19.6	18.1	2.2
2018년	59.8	18	20.1	2.1
2020년	59.4	19.4	19	2.2

출처: JASSO가 격년으로 조사, 발표하는 '학생생활조사'를 바탕으로 필자 작성

그런데 학자금 대출의 이용자가 증가하면서 2000년대 후반부터는 학자금 대출의 연체 문제가 세간의 주목을 받게 된다. 처음에 연체 문제는 '유흥비로 학자금 대출을 사용하는 학생들', '갚을 능력이 있음에도 불구하고 대출을 갚지 않는 청년들' 등과 같이 청년들의 도덕적 해이 문제로서 논의되었다(Park&Sakai, 2023). 그로 인해 학자금대출제도를 운영하는 준정부기관인 JASSO(日本学生支援機構, 일본학생지원기구)는 3개월 이상 학자금 대출의 변제가 연체 될 경우 이용자의 정보를 신용기관에

등록하게 하는 블랙리스트제도 및 연체한 금액에 대해 차압을 진행하는 강제 집행 등 연체자에 대한 강력한 조치를 포함한 학자금 대출의 이용자에 대한 규제를 강화하기 시작했다. 하지만 실질적으로 연체자의 대부분은 유흥비가 아니라 비정규직문제와 취업난 등으로 인해 갚을 능력이 없는 청년들로서 2010년대에 들어서면 학자금 대출로 인해 파산하거나 부담감을 견디지 못하고 자살하는 케이스와 관련 범죄 및 성매매 등의 불법 아르바이트로 학자금 대출금을 마련하는 경우 등이 미디어의 주목을 받기 시작한다(곤노, 2017; 이와시게, 2017; 나카무라, 2019).

그러한 상황과 더불어 대학생의 수입내역을 다시 한 번 살펴보면, 2010년 후반부터 대학생들의 수입 중 학자금대출이 차지하는 비율이 점차 줄어들고 있는 것을 알 수 있다. 또한 그 대신 늘어난 항목은 가계로부터의 지원이 아니라 아르바이트를 통한 수입이다. 이는 가족으로부터의 지원을 받기 어려운 상황임에는 변함이 없고, 변제에 대한 부담으로 인해 학자금 대출도 이용할 수 없게 되자 청년들은 마지막 수단으로서 아르바이트를 통해 학비 및 생활비를 해결하기 시작했다는 것을 의미한다. 그런 상황 속에서는 만약 아르바이트 하는 곳이 과도한 노동력을 요구하는 등 '블랙'이라고 해도 책임감 뿐 아니라 학자금 대출이라는 경제적 상황 때문에라도 아르바이트를 그만두는 선택은 쉽지 않는 것이다.

4. 나가며: 불합리한 착취로부터 벗어나는 방법? 재빠르게 도망치기

최근 한국에서는 SNL Korea의 '인턴기자 주현영'이나 'MZ오피스' 등과 같이 'MZ세대'를 풍자하는 코미디와 광고들이 큰 인기를 끌고 있다. 그와 같은 캐릭터로 표상되는 청년층의 모습은 크게 '어리숙함'과 '약삭빠름'이라는 모순적인 두 측면으로 요약할 수 있다. 아직 사회의 룰에 대해 완벽히 파악하지 못했으면서도 최대한 본인의 권리를 챙기고, 손해 보지 않으려는 미디어 속 표상은 청년들을 쉽게 속일 수 있는 '풋내기'처럼 보이게 하고, 또 그런 모습이 과장될수록 '착취당해도 마땅한' 또는 '본인의 꾀에 본인이 속아 넘어간 바보 같은' 청년들을 '사회가 교육하고 보호할 필요가 있을까?'라고 생각하게 만든다.

청년들에 대한 그러한 시각은 웃음을 주는 풍자, 혹은 넘쳐나는 세대론 중의 하나로 여길 수도 있겠지만, 그러한 인식이 심화될 경우의 하나의 결말을 우리는 일본의 블랙기업, 블랙아르바이트, 블랙 학자금 대출에서 찾을 수 있다. 일본에서는 더 이른 시기에 '유토리세대' 및 '사토리세대'라는 어리숙하지만 약삭빠른 청년론/세대론이 사회적 관심을 받았다. 회식과 같은 업무시간 이외의 활동에 전혀 참여하지 않는 신입사원, 정시에 퇴근하고 절대 잔업하지 않는 신입사원 등 블랙기업과 블랙아르바이트가 사회적 주목을 받기 직전, 한동안 청년층의 무책임한 태도를 비판하는 언설과 보도가 유행했다. 그 후 머지않아 책임감을 가지고 일하는 청년들이 블랙기업과 블랙아르바이트의 타겟이 되었다.

POSSE를 비롯하여 지식인들과 변호사들, 그리고 후생노동성 등 정부 모두가 블랙기업과 블랙아르바이트 대처법으로 강조하는 것은 '그 일터가 블랙임을 알게 되면 지체하지 말고 재빠르게 거기서 벗어나는 것'이다. 사회는 더 이상 미숙하고 순진한 청년들을 교육하고 보호하려고 하지 않는다. 청년들은 스스로가 미래를 짊어질 일꾼으로서 사회의 기대와 보호를 한 몸에 받는 주인공이 아니라, 착취의 타겟이 되고 있는 냉혹한 현실을 직시할 필요가 있다. 나아가 지금까지 살펴본 일본의 실상은 과연 청년들을 착취함으로써 이익을 취하는 사회가 앞으로 어느 정도 지속가능할 지에 대한 중요한 시사점을 제공하고 있다는 것을 명심할 필요가 있다.

참고문헌

今野晴貴,『ブラック企業：日本を食いつぶす妖怪』, 著岩波書店, 2012.
＿＿＿＿＿,『ブラックバイト:学生が危ない』, 著岩波書店, 2016.
＿＿＿＿＿,『ブラック奨学金』, 文藝春秋, 2017.
POSSE奨学金ワーキングチーム,「貧しい学生が借りられない！「自己責任」化する奨学金の矛盾 POSSE」,『ちゃんとやれ！民主党』, 堀之内出版, 2010.
POSSE,『絶望の国の不幸な奨学金』, 堀之内出版, 2016.
岩重佳治,『「奨学金」地獄』, 小学館新書, 2017.
中村淳彦,『東京貧困女子:彼女たちはなぜ躓いたのか』, 東洋経済新報社, 2019.
朴慧原,「奨学金制度の変遷と施策の再検討―返還に対する負担の重さと「奨学金に近づけない」という排除―」,『相関社会科学』, 28:37-54, 2019.
Park, Hyewon & Sakai, Kouske, "Transforming Familialistic Youth Welfare Policies in East Asia: A Comparative Analysis of Changes in Higher Education Support Policies in Korea and Japan", Social policy and Society, 2003.

10장
일본 애니메이션이 그리는 지역과 청년

1. 일본 애니메이션과 현실의 일본 사회

　일본에서는 물론 한국에서도 개봉되어 큰 인기를 모았던 극장판 애니메이션「너의 이름은」은 서사 콘텐츠로서의 재미나 뛰어난 영상미와 더불어 일본 애니메이션의 최고 기술을 보여주며 상업적으로 큰 성공을 거두었다. 특히 이 작품은 도쿄 시내를 비롯해 지방의 특정 지역을 섬세하게 묘사함으로써 작품의 팬들이 직접 그곳을 찾는 콘텐츠투어리즘의 관점에서도 화제가 되었다. 실재 장소를 작품의 배경에 그대로 이용하는 방식은 일본 애니메이션에서는 그다지 새로울 것 없으며 이러한 애니메이션을 이용하여 지역 활성화를 꾀하려는 모습도 이제는 정부나 지자체 정책의 하나가 될 정도로 일반화되었다.[1] 그러나 애니메이션이 특정 지역의 홍보

---

[1] 2005년 3월에 일본의 국토교통성, 경제산업성, 문화청의 콘텐츠 관련 부서가 함께 제출한 보고서「영상 등 콘텐츠의 제작·활용을 통한 지역진흥 방향에 관한 조사」에서 처음 사용된 용어가 콘텐츠투어리즘인데, "애니메이션을 활용한 거리 만들기 등의 예에서 볼 수 있듯이 관광객을 모을 수 있는 요소로써의 콘텐츠 활용은 현실 세계를 대상으로 한 영화·드라마뿐만 아니라 만화·애니메이션·게임을 포함해 확대되고 있다. 여기에서는 이러한 지역과 관련된 콘텐츠(영화, TV드라마, 소설, 만화, 게임 등)을 활용해 관광과 관련 산업의 진흥을 도모하는 것을 의도한 투어리즘을 '콘텐츠

를 위해서 만들어지는 것은 아닌 만큼 공간적 배경이 되는 지역이 작품의 내용이나 등장인물과 어우러지지 않는다면 애니메이션 자체의 질을 떨어뜨리게 될 것이고 그런 애니메이션이 콘텐츠투어리즘의 대상이 되지 못할 것은 자명한 일이다. 「너의 이름은.」[2])에서도 남자 주인공은 도쿄, 여자 주인공은 마을 공동체의 성격이 그대로 남아 있는 지방의 한 지역에서 살아가는데 그러한 공간적 배경이 두 사람의 성격을 형성하는 데에 있어서나 내용 전개에 있어서 큰 역할을 한다. 만일 남자 주인공이 도쿄가 아니라 오사카 출신이라면 전혀 다른 애니메이션이 되었을지도 모른다. 대도시라고 해도 도쿄와 오사카는 지역적인 특색이 다르기 때문이다. 그런 만큼 애니메이션의 배경이 되는 지역과 등장인물은 작품의 인기를 판가름하는 주요 요소라고 할 수 있다.

현재 일본에서는 매 분기 50편 이상의 애니메이션이 제작되고 있고 이 중 많은 수가 현실 세계와는 동떨어진 이세계, 혹은 전혀 다른 세계를 배경으로 하지만 실제 현실 속의 장소를 배경으로 일본의 어디엔가 있을 법한 젊은이들의 모습을 그린 애니메이션이 제작되는 경우도 있다. 상상력의 산물이라고도 할 수 있는 애니메이션에서 현실 세계를 배경으로 할 때 굳이 실재하는 장소를 그대로 그린다는 것은 리얼리티를 살리기 위해서라고도 생각해 볼 수도 있을 듯하다. 그렇다면 그러한 공간 속에서 활동하는 등장인물에게서도 리얼리티를 찾아볼 수 있을까? 청년 실업 문제가 사회문제의 하나이고, 그 중에서도 지방 청년 문제가 무엇보다 심각하게 다루어지는 한국사회의 모습과 비교하면 이들 애니메이션에 등장하는 일본 젊은이들에게서 지방에 살고 있기 때문에 느끼는 문제의식은 거의 찾아볼 수 없다. 이것이 과연 현재 일본사회의 모습을 반영한 것이라

투어리즘'이라고 부르고자 한다'라고 정의하고 있다. 이후 영상 콘텐츠를 적극적으로 지역 활성화에 활용하고자 하는 모습을 각 지자체는 물론 국가 정책 속에서도 쉽게 찾아볼 수 있다. (한국판 번역이 없는 자료의 번역은 필자, 이하 동일)
2) 한국에서 개봉되거나 출판된 작품의 원제는 편의상 생략한다.

고 볼 수 있는지, 일본 애니메이션에서 그리는 지역과 청년의 모습 속에서 실제 일본사회의 모습을 투영해 보고 현재 한국 사회에서 겪는 심각한 청년 문제를 해결할 수 있는 실마리가 있는지 찾아보고자 한다.

2. 일본 애니메이션이 그리는 지역

매 분기 수십 편씩 제작되고 있는 애니메이션 중에서 현재 일본의 특정 지역을 배경으로 젊은이가 주인공으로 등장하는 것이 많은 것은 아니다. 그러나 현실세계와는 동떨어진 異세계나 새롭게 만들어진 가상의 공간, 혹은 일본인이 등장하지만 막연한 장소와 시간을 배경으로 하는 작품보다는 실재하는 장소의 개연성 있는 설정의 인물이 등장하는 것이 시청자가 감정이입을 하기에 더 수월할 것이다. 게다가 현재 일본에서 젊은 층의 애니메이션 시청률은 상당히 높은 편[3]이라는 점을 감안한다면 현실의 일본 어디엔가 있을 법한 등장인물을 등장시키는 것에 대해서는 현재의 일본 젊은이들에 대해서 살펴보는 데에도 의미가 있다고 할 것이다.

먼저, 일본 애니메이션은 크게 현재 일본에 사는 일본인을 다룬 것과 그렇지 않은 것(異세계, 과거의 일본, 특정할 수 없는 시대와 장소, 일본인이 아닌 등장인물이 등장하는 것)으로 나뉠 수 있는데, 이글에서는 전자에 대해서 다루려 하며, 전자에 해당하는 애니메이션도 크게 세 가지 유형으로 나눠 볼 수 있을 것 같다. 첫 번째로, 시간과 장소가 현대 일본임에는 틀림없으나 막연하게 짐작할 수 있을 뿐 특정 시간이나 장소가 제시되지 않는 경우가 있다. 대표적으로 「세일러문」이나 「짱구는 못말려」 등과

---

3) 'TesTee Lab.'라는 일본의 10,20대를 대상으로 하는 설문조사 매체에서 2022년 3월24일~26일까지 고등학생과 대학생, 남녀 1,507명을 대상으로 한 애니메이션에 관한 조사에 따르면, 조사대상의 88% 정도가 TV 애니메이션을 시청하고 있는 것으로 나타났다. (https://lab.testee.co/anime_2022)

같이 등장인물이 모두 일본인임에 틀림없고, 장소도 일본의 어느 지역이라고 예상되지만 어디라고 특정할 수 없는 작품이 여기에 속한다고 할 수 있다. 현대의 일본인이 등장하는 많은 작품이 여기에 속한다고 할 수 있다. 특히 학교가 주요 무대로 등장하는 학원물이나 연애물도 대부분 이 유형에 속한다고 할 수 있다.

두 번째로 일본의 특정 지역의 지명이나 특정할 수 있는 장소가 등장하고 등장인물도 일본인이기는 하지만 그것 자체가 내용과는 크게 관계가 없는 경우가 있다. 스포츠 관련 애니메이션들이 이 유형에 속하는 경우가 많다. 최근 극장 개봉하여 화제가 되고 있는 「슬램덩크」가 그 대표적인 작품이라고 할 수 있다. 또한 「명탐정코난」도 여기에 속한다고 하겠다. 구도 신이치, 모리 란 등 등장인물은 대부분 일본인이고 가상의 거리이기는 하지만 베이카초(米花町)는 도쿄의 특정 지역으로 설정되어 있고, 때에 따라 교토나 오사카 등 일본의 각지가 그 배경이 되기도 한다. 시간적으로는 현대라고 할 수 있으나 특정한 설정은 없다. 주인공이 주로 활동하는 곳이, 베이카초라는 가상의 공간, 도쿄의 주변부라면 있을 법한, 도쿄가 아니라 지방의 어떤 도시라도 상관이 없는 곳이라는 것에서 이 작품의

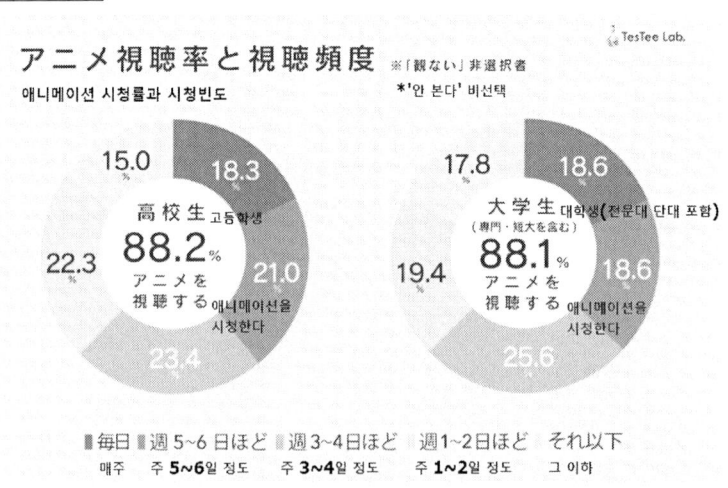

공간적 배경이 작품에서 큰 역할을 하고 있지 않다는 것을 알 수 있다. 「슬램덩크」를 비롯한 스포츠물에서 특정 지역이 자주 언급되는 이유는 일본의 중·고등학교에서 매년 진행되는 종목별 전국대회가 작품의 배경이 되기 때문인 경우가 많다. 등장인물들은 특정 스포츠를 하는 것만이 아니라 자기 학교를, 그리고 지역을 대표하면서 지역대회, 전국대회로 나아가고 최종목표는 전국 1위이다. 그러다 보니 전국의 각 지명이 등장하고, 주인공이 주로 활동하는 지역도 특정되지 않으면 안 되는 것이다. 그 속에서 지역색이 드러나기는 하지만, 지역적인 특성이 작품의 내용을 좌우하지는 않는다.

마지막으로 일본의 특정 지역의 지명이나 장소가 등장하며 그 장소가 내용과 긴밀한 관계를 맺고 있고, 등장인물 역시도 그에 맞게 설정되어 있는 경우가 있다. 「너의 이름은.」을 비롯한 신카이 마코토 감독의 작품의 최근 개봉작들이 이에 속한다고 하겠다. 전술한 바와 같이 이 작품에서도 남녀 주인공이 각자 그 지역 출신이 아니라면 내용 전개 자체가 전혀 달라질 수 있다는 것이 이 유형에 속하는 작품의 특징이라 하겠다. 이 글에서는 이 중에서 마지막 유형에 속하는 작품들을 살펴보면서 일본의 현재 젊은 층의 모습을 투영해 보기로 한다.

3. 특정 지역의 젊은이를 그린 애니메이션

최근 일본의 젊은이들 사이에 특정 애니메이션의 성지순례[4]가 일반화

---

[4] 디지털 사전인 「デジタル大辞泉」(小学館, 2022.07.08. 검색)에도 등록되 있을 정도로 일본에서 일반화된 단어라고 할 수 있다. 이 사전에 따르면, '종교상의 성지 등을 참배하며 도는 일이 성지순례인데 여기에서 애니메이션이나 만화, 게임의 열렬한 팬이 그 무대가 된 토지나 건물 등을 성지로 칭해서 방문하는 것'을 일본에서는 성지순례라고 일컫게 되었다고 설명하고 있다.

되고 있고, 이러한 성지순례지가 지역 활성화의 일환으로써 화제가 되기도 한다. 성지순례이다 보니 어떤 지역이 특정되지 않으면 안 될 것이다. 영화나 드라마라면 작품의 촬영지가 되겠으나 애니메이션에서는 그 애니메이션의 배경으로 쓰인 지역, 어떤 장면에서 쓰인 장소가 성지순례의 장소가 되곤 한다. 애니메이션이기 때문에 실재 그 모습을 촬영한 것이라고 할 수는 없다. 그 모습을 본떠서 그린 배경이 그 장소가 될 것이다.

성지순례의 대표적이라고 할 수 있는 작품이「그날 본 꽃의 이름을 우리는 아직 모른다(원제:あの日見た花の名前を僕達はまだ知らない)」(2011년, 총11화)이다. 이 작품은 사이타마 현 지치부(秩父) 시를 배경으로 하고 있다. 사이타마 현은 도쿄와 인접한 지역이지만, 산지가 많고 특색이 없어 관광지로 꼽을 수 있는 곳도 많지 않다. 그래서 '다사이(ださい, 촌스럽다는 의미로 쓰이는 속어)'의 '다'를 '사이타마'에 붙여서 '다사이타마'라고 부를 정도이다. 지치부는 그 중에서도 외곽에 속하는 산간 지역이다. 이렇게 도심에서 벗어난 산간 지역에 사는 6명의 고등학생이 겪는 갈등을 그린 것이 이 작품이라고 할 수 있다. 주인공인 진타는 소위 말하는 등교를 거부하는 히키코모리(은둔형 외톨이)이다.[5] 그런 그에게 갑자기 초등학교 때 죽은 소꿉친구 멘마가 그와 같은 또래의 성장한 모습으로 나타난다. 오직 진타에게만 보이는 멘마의 등장으로 서로에게 소원했던 6명의 소꿉친구들이 다시 모이고 멘마가 죽었던 날 일을 되돌아보며 멘마가 갑자기 나타난 이유를 찾는다는 내용이다. 6명이 함께 놀던 어린 시절에는 리더 격이었던 진타는 멘마의 죽음 이후로는, 멘마가 죽은 원인으로 인식되면서 따돌림의 대상이 된다. 지치부라는 지역이 가진 화려하지 않고 수수하며 인구 밀집도가 낮은 산간 소도시의 이미지가, 다른

---

5) 히키코모리를 그린 일본의 애니메이션은 상당히 많다. 애니메이션 오타쿠 하면 어두운 방안에서 컴퓨터 혹은 TV 화면의 애니메이션을 보고 있는 장면을 연상하기 쉬운데, 실재로 최근 애니메이션에서는 이런 오타쿠가 이세계로 전생하는 내용이 많이 등장하기도 한다.

사람들의 시선을 피해서 홀로 있으려 하는 진타의 모습과 겹친다. 작은 도시이기 때문에 진타를 알아보는 사람들이 있기 마련인데, 워낙 길거리를 돌아다니는 사람이 없는 동네이다 보니 그런 사람들이 많지 않다. 지치부의 어두운 이미지에 겹친 진타의 우울한 모습과 그 주변이, 이미 죽었지만 화사하게 묘사되는 멘마의 등장으로 조금씩 밝고 활기차진다. 한국의 고등학생들에게는 당연히 따라붙을 대학 입시에 대한 고민이 이들에게서는 거의 보이지 않는다. 6명의 소꿉친구들 중에서는 비교적 성실한 고등학교 시절을 보내고 있는6) 유키아쓰와 쓰루코는 대학 진학률이 높은 고등학교에 진학한 우등생의 모습으로 그려진다. 원래 멘마를 좋아하던 유키아쓰는 진타를 질투하고 유키아쓰를 좋아하는 쓰루코는 멘마를 질투하는 마음을 가지고 있었는데, 멘마가 죽은 후 두 사람은 일종의 죄책감으로 무리에서 떨어져 학업에 열중하며 소꿉친구들과 멀어진다. 진타와 같은 학교에 다니는 아나루는 남의 시선만을 의식해 외모에만 신경 쓰고 학업에는 관심 없고 마지막 폿포는 모험가를 자칭하며 여기저기를 떠돌며 산다.

이들에게 지치부라는 지역은 성인이 되면 언젠가 떠나야 할 지방 도시가 아니라 그들이 앞으로도 계속 살아가야 할 자기 동네이고, 대학은 여러 선택 중 하나일 뿐, 반드시 가야 할 곳은 아니다. 성인이 되어서 얼마나 경제적으로 풍족하게 살아갈지, 돈 많이 주는 직장에 어떻게 해야 들어갈 수 있는지에 대해서는 그다지 관심이 없다. 대학 입시를 위한 학원에 다니는 유키아쓰와 쓰루코조차도 대학 자체가 목표는 아니며, 지역을 떠난다는 생각 자체가 없다. 유키아쓰에게는 어린 시절 진타를 질투하고 열등감을 느꼈던 기억 때문에 지역에 대한 반감은 있지만, 그것이 지역 자체에

---

6) 한국인의 관점에서는 이 두 사람이 가장 고등학생답게 살아간다고 하겠지만, 실제로 애니메이션을 비롯해 드라마, 영화 등 거의 모든 서사 콘텐츠에서 일본의 고등학생들이 대학 입시에 시달리는 모습은 보기 힘들다. 오히려 동아리 활동을 열심히 하는 모습이 더 성실한 고등학생으로 비칠지도 모른다.

대한 불만은 아니다. 그들은 그 지역에서 느낀 유대감을 그대로 가진 채 성인이 될 것이고 당장은 그곳을 떠나더라도 언젠가는 다시 돌아올 것이다. 이미 세상을 떠났던 멘마가 성장한 모습으로 다시 돌아온 것처럼. 멘마의 죽음을 둘러싼 의문을 해결하는 과정에서, 그리고 여전히 소꿉친구였던 시절의 서로에 대한 감정을 지닌 멘마의 모습에서 친구 다섯 명은 잊었던 유대감을 떠올리고 눈물을 흘리며 멘마를 떠나보낸다. 이들을 성장하게 하는 원동력은 미래에 대한 희망이나 입신출세가 아닌 지역의 연대감이라고 할 수 있다.

일본인들조차 잘 모르던 지치부라는 지역을 성지순례의 장소로 만들며 관광지로 등급시켰던 이 작품과는 달리, 실재하지 않는 지역을 다룬 매우 다른 성격의 작품이 있다. 모델이 되는 특정 지역은 존재하지 않고 단지 홋카이도의 한 패밀리레스토랑과 그 주변을 배경으로 사건이 전개되는 작품이다. 이 작품에서 홋카이도라는 지역 설정은 내용이나 주제 등과는 크게 관련이 없다. 홋카이도가 아닌 다른 지역이 배경이 되었다고 해도 내용상 전혀 달라질 것이 없는 작품이다. 그런데 왜 홋카이도라는 지역을 설정한 것일까? 전술한 바와 같이 일본 애니메이션 중에서는 특정 지역을 언급하지 않으면서 막연하게 일본 어디엔가 있을 법한 장소를 배경으로 하는 작품도 많다. 그럼에도 불구하고 이 작품에서는 다른 모든 설정은 실재하지 않는 가상의 것이지만, 홋카이도라는 지역은 밝히고 있다. '와그나리야'라는 가상의 패밀리레스토랑을 배경으로 그곳에서 일하는 젊은이들을 그린 「워킹!!(원제:ワーキング!!)」(2010년 1기 13화, 2011년 2기 13화, 2015년 3기 14화)이 그것이다. 고등학교에 다니면서 아르바이트를 하는 사람이 있는가 하면 이곳에 취업해서 일하는 성인도 있다. 그들의 세계는 오로지 이 레스토랑밖에는 없다. 고등학생들은 이곳에 오면 공부하는 학생이 아니라 이곳에서 일하는 한 명의 직원일 뿐이다. 그리고 다른 점원들이 대학을 졸업했는지, 정직원인지 아닌지, 무슨 이유로 이 레스토랑에서 일하게 되었는지는 나오지 않는다. 그저 자기가 맡은 일을 할 뿐인

사람들이 모인 장소가 홋카이도의 이 가상의 레스토랑인 것이다. 아르바이트생이라고 다르고 정직원이라고 다르지 않다. 이곳에서 가장 직위가 높다고 할 수 있는 점장은 중년 남성으로 가출한 아내를 찾아 전국 방방곳곳을 헤매고 다니면서 가끔 가게에 들를 뿐이다. 그런데도 레스토랑은 아무 문제없이 잘 돌아간다. 점장이 없어도 각자가 맡은 바를 수행하고 있기 때문에 굳이 점장이 없어도 되는 것이다.

이 작품이 특정 지역의 젊은이들을 그리지는 않았으나 도쿄 등의 대도시가 아니라서 생기는 문제라든지, 직업적인 격차, 실력의 차이로 인한 갈등은 존재하지 않는다. '와그나리야'라는 작은 세상에서 그들은 만족하며 살아간다. 일본 애니메이션들은 이렇게 주인공이 살아가는 작은 사회만을 그린 것이 많다. 특히 지역이 구체적으로 제시된 경우에는 연대의식이라는 것이 더욱 강렬히 드러난다. 이러한 애니메이션 속에 나타난 젊은이의 모습이 실제 일본사회를 살아가는 젊은이들을 반영한 것이라고 볼 수 있을까?

4. 특정 지역으로 귀향한 젊은이를 그린 애니메이션

일본의 특정 지역을 배경으로 한 애니메이션 중 최근작 두 편을 살펴보기로 하겠다. 먼저, 교토를 배경으로 하는 「데아이몬(원제:であいもん)」(2022년, 12화)은 전통과자를 만들어 파는 노포의 주인 아들이 대학 졸업 후 고향을 떠나 10년 동안 도쿄에 살다가 귀경하면서 시작된다. 일반적으로 노포를 이어받아 마땅하다고 생각하는 아들과 그 집과는 인연이 전혀 없는 소녀, 그리고 그 주변 사람들과의 관계 속에서 펼쳐지는 이야기이다. 제목인 '데아이몬'도 교토 말로 '식재료가 섞이면서 서로의 장점을 이끌어내면서 만들어진 좋은 음식'을 일컫는다고 한다.[7)] 대학 졸업 후에 집을 떠나 특정한 직업 없이 음악 밴드를 하면서 살았던 주인공 나고무는 도쿄

에 대한 특별한 동경이 있다거나 고향인 교토가 싫어서 집을 떠났던 것은 아니다. 단지 전통과자를 지나치게 집착하는 나고무를 걱정한 조부가, 그러한 집착으로 집안일을 이어받는 것이 맞지 않을 거라고 한 말에 충격을 받아 집을 떠났을 뿐이었다. 지방 도시, 혹은 더 작은 지역에 사는 젊은이들이 자기가 사는 지역에 대한 불만이나 대도시에 대한 동경을 품는 모습을 일본 애니메이션에서는 보기 힘들다. 전술한「그날 본 꽃의 이름을 우리는 아직 모른다」와「워킹!!」에서도 지역에 대해 젊은이들이 갖는 갈등은 전혀 그려지지 않고 있다. 이들 젊은이들이 갈등하는 것은 자기 미래에 대해서가 아니라 현재 자기가 속한 집단과 사람들과의 관계 때문이다.

이 작품에서는 10년을 방황하다 돌아온 주인공 나고무가 집안 식구들과 대립하는 모습은 그려지지 않는다. 노포를 장남인 나고무가 이어받아야 하는데 그 대신 근본도 모르는 여자아이가 들어와 가게를 이어받겠다고 일을 도맡아 하는 소녀 이쓰카에 대해서 그들 가족이나 장남인 나고무 자신도 불만을 품지 않는다. 부모 없이 혼자 살아가는 이쓰카를 대견하게 여긴다거나 동정하는 마음으로 그의 조력자 역을 맡는 것을 마다하지 않는다. 대학 졸업 후 10년이 지난 나고무는 30대 초중반의 나이로 인생에서 가장 중요하다고 할 수 있는 20대를 허성세월로 보냈다고 할 수 있을 것이다. 어떤 대학의 무슨 과를 갔는지, 왜 교토를 떠나 도쿄에서 방황을 했는지에 대해서는 중요하게 다루어지지 않는다. 과거 오랫동안 일본의 수도이기도 했던 교토는, 현재 수도인 도쿄와는 다른 전통이 살아 숨 쉬는 곳으로 인식된다. 그렇기 때문에 전통과자를 파는 노포와 교토라는 지역적인 특성을 연결시켜 주인공의 고향으로 설정한 것일 수도 있다. 일본에는 각 지역마다 전통과자를 파는 노포가 있으나 교토라고 하면

---

7) 원작자 아사노 린(浅野りん)의 트위터에서
https://twitter.com/rin_asano/status/1511529720881778688 2022.07.08. 검색

그게 음식이든 다른 물건이든 '일본의 오래된 전통을 잇는 것(전통문화)'이라는 이미지를 구차한 설명 없이도 전할 수 있기 때문이다. 전통을 고수하는 노포 문화와 현대의 새로운 문화인 밴드는 전통을 고수하는 古都 교토와 새로움만을 추구하는 新都 도쿄를 대표한다고 할 수 있겠다. 어쩌면 수많은 갈등을 내포할 수 있는 이 두 문화, 수많은 갈등이 존재할 수 있는 설정이지만, 정작 주인공 나고무나 다른 등장인물들, 작품의 내용 자체에도 그런 인식은 존재하지 않는다.

나고무가 음악에 대해서 특별한 생각을 갖고 있다거나 앞으로 그쪽 분야로 나아가고 싶어서 음악 밴드를 한 것은 아니다. 교토가 싫어서, 혹은 노포를 이어받기 싫어서 도쿄에 갔던 것도 아니고, 다시 교토로 돌아온 것도 도쿄에 대해서 염증을 느껴서라든지, 미래가 없어 보이는 밴드 활동이 싫어서가 아니다. 그저 우연한 기회에 귀경하게 되었고 그때 만난 이쓰키에게서 자극을 받아서, 상황에 떠밀려 도쿄에 돌아가기를 포기하고 고향이 남게 되었다고도 할 수 있겠다. 워낙에 좋아하던 전통과자였기 때문에 서른 넘은 나이지만 본가에서 다시 수련을 쌓겠다고 결심하게 되고, 장남인 자기가 노포를 물려받기 위해서는 굴러들어온 돌인 이쓰키가 방해가 되었을 텐데, 오히려 이쓰키를 돕는다. 어떤 대학에서 무엇을 전공했는지, 지난 10년을 어떻게 소비했는지는 중요하지 않다. 자기가 처한 상황에서, 그것이 도쿄든 교토든 할 수 있는 일을 주위 사람들과 조화하며 해 나가면 그것이 최선일 뿐이다. 제목에서 말하는 것처럼 주변이들과 적절하게 조화하면서 자기가 가진 장점을 이끌어내고 더 좋은 과자를 만들어내고 더 좋은 과자 가게를 만들어내면 되는 것이다. 이 속에 '나'는 그다지 존재하지 않는다. 일본 애니메이션에서 유난히 '나카마(동료)'를 강조하는 것도 '나'보다는 전체를 중시하는 의식이 담긴 것이라고 할 수 있을지도 모르겠다.

다음으로 「서머타임 렌더(원제:サマータイムレンダ)」(2022년, 총 22화)는 육지에서 멀리 떨어진 외딴 섬 히토가시마를 배경으로 그 섬에만

계승되어온 전설에 얽힌 사건에 주인공 신페이가 휘말리면서 일어나는 일들을 그리는데, 「데아이몬」이 30대 후반의 평범한 일반인을 주인공으로 삼았다면, 이 작품에서는 타임슬립을 할 수 있는 특별한 능력을 지닌 고등학생이 주인공이다. 즉 주인공이 시간을 넘나드는 SF 작품인 것이다. 또한 SF 작품임에도 불구하고 히토가시마라는 가상의 섬이 실제로 존재하는 와카야마(和歌山) 현의 도모가시마(友ヶ島)를 배경으로 그려졌다는 점이 특이하다고 할 수 있을 것이다. 현실에 존재하는 실제 모습을 그대로 담지 않아도 되는 SF 작품임에도 특정 장소를 설명해서 그것을 배경으로 하는 경우가 애니메이션에서도 종종 찾아볼 수 있다.[8]

주인공인 신페이는 어려서 부모를 잃고 이 섬에 거주하는 고후네 가에서 키워지다가 고등학교를 도쿄로 진학하고 2년 만에 이 섬을 찾게 된다. 고후네 가의 장녀인 우시오가 바다에서 익사했기 때문에 그 장례식에 참여하기 위해서였다. 그런데 우시오의 죽음을 둘러싸고 갖가지 사건이 발생하게 되고 섬사람들이 하나둘 목숨을 잃고 그때마다 신페이도 죽음을 맞이하고는 과거의 어떤 지점으로 타임슬립해서 죽은 사람들을 살리기 위해서 노력한다는 이야기이다. 여기에서 주목할 것은 애니메이션의 특성상, 가공의 어떤 섬을 설정해서 내용에 맞게, 더 그럴 듯하게 그려도 되는데 실제로 존재하는 섬을 무대로 삼았다는 것과 섬의 젊은이들이 더 나은 삶을 위해서 육지로 가려 한다거나 도쿄로 가기를 원하는 모습이 드러나지 않는다는 점이다. 후자의 경우, 즉 지방이지만 대도시나 도쿄에 대한 동경심이 없다는 점은 앞에서 살펴본 모든 작품에서 공통되는 점이라고 하겠다. 신페이 역시도 어떤 꿈이 있어서 도쿄를 향했던 것은 아니다. 이 섬에서 유일하게 섬 출신이 아닌 사람이 신페이였고 어쩌면 그가 섬을 떠나 다른 곳에서 고등학교에 다니게 된 것은 이 섬의 토착민이

---

[8] 「너의 이름은.」에서도 여자 주인공인 미쓰하가 사는 지역으로 나오는 히다(飛騨)는 실제 존재하지만 이토모리마치(糸森町)는 가상의 공간이다. 하지만 작품에 등장하는 배경들 중에 실제 존재하는 장소가 있고, 그곳을 작품의 팬들이 성지로 찾고 있다.

아니었기 때문일지도 모른다. 그런 의미에서 신페이가 섬을 떠나간 곳이 도쿄가 아니어도 된다. 신페이가 있는 도쿄와 섬이라는 내부와 외부라는 경계만 설정할 수 있으면 되는데, 도쿄가 수도이기는 하지만 지역색이 없는 무색의 지역이기 때문에 지역과 외부를 구분하는 설정이 용이하기 때문에 이러한 배경 설정에 주로 도쿄가 쓰이는 것은 아닐까. 시간이 정지한 듯, 외부 사람을 받아들이지 않는 섬과 끊임없이 변화하는 일상인들의 사회를 대표하는 도쿄를 대비시킨 것일 수도 있다.

이러한 설정은 무라카미 하루키의 소설 「색채가 없는 다자키 쓰쿠루와 그가 순례를 떠난 해」9)에서도 볼 수 있다. 물론 나고야(名古屋)가 히토가시마처럼 고립된 지역도 아니고 다자키 쓰쿠루가 신페이처럼 지역 출신이 아닌 것도 아니므로 완전히 같다고는 할 수 없겠지만, 지역의 연대를 중시하는 사회에서 떨어져 나와 도쿄에서 살아가는 주인공이라는 면에서 공통점이 있을 것이다. 도쿄에 대한 동경이나 도쿄로 진학한 친구에 대한 부러움이 모든 애니메이션 작품에서 다루어지지 않는 것은 아니다. 그러나 최근에 제작된 작품일수록 도쿄에 대한 동경은 많이 그려지지 않고, 특히 자기 지역을 벗어나고자 하는 마음이나 도쿄로 상경하고자 하는 바람을 찾아보기는 어렵다. 이 작품 「서머타임 렌더」는 타임슬립을 다룬 SF 장르에 속하는 것이기는 하지만, 등장하는 젊은이들은 그 지역에 사는 인물을 그대로 묘사하고 있다. 실재하는 공간이 그려지고 있는 만큼 그 속에 살아가는 인물 역시 현실성 있게 그려지지 않으면 안 된다. 오히려 그래서 SF 작품에서 개연성이 더 중시되는 것일 수도 있다. 주요 등장인물이 거의 고등학생이지만 이들에게서 진학에 대한 고민이 보이지 않는다. 신페이처럼 도시로 진학한 사람도 있으나 그렇지 않은 사람들은 섬에 있는 고등학교를 졸업해서 섬에서 필요로 하는 직업을 가지고 다른 섬사

---

9) 양억관 역, 민음사, 2013년. 나고야 출신의 4명의 친구와 그 중에서 유일하게 도쿄로 대학을 간 다자자이가 성인이 되어서 과거에 일어났던 일을 풀어나가는 과정을 그린 작품.

람들처럼 살아갈 것이다. 그것이 너무 당연해서인지 이 작품에서는 그러한 현실적인 고민은 드러나지 않는다. 십대 이십대들이 겪을 만한 현실적인 고민들이 무엇인지 그려지지 않는다는 것이 일본 애니메이션의 한 특징이라고 할 수도 있겠다.

5. 특정 지역으로 이주한 젊은이를 그린 애니메이션

2021년에 방영된 애니메이션 작품 중에서 지방의 젊은이를 다룬 것으로는 3분기부터 4분기까지 총 24화로 구성된 「하얀 모래의 아쿠아토프(원제:白い砂のアクアトープ)」와 2분기와 4분기의 각각 12화로 구성된 「구울 거면 머그컵도(원제:やくならマグカップも)」가 있다. 전술한 두 작품이 모두 2022년도의 작품이고, 출신지로 귀향하는 이야기라면 이 두 작품은 외지 사람이 지방의 어떤 지역으로 이주하는 이야기라고 할 수 있다.

먼저 전자인 「하얀 모래의 아쿠아토프」는 도쿄에서 아이돌 그룹에 소속돼 있다가 센터 자리를 후배에게 양보한 이후 제대로 된 대우를 받지 못하다가 결국 고등학교 졸업과 동시에 연예사무소에서 나와 자기 자리를 찾지 못해 방황하는 후카, 그리고 오키나와의 낡은 수족관인 '가마가마 수족관'에서 관장 대리를 맡고 있는 고등학생 손녀 구쿠루가 수족관에서 일하면서 생기는 일들을 그린 작품이다. 교토와 마찬가지로 오키나와도 관광지로는 유명하지만 그곳에서 실제 생활을 영유한다는 면에서는 살기 힘든 곳일 수 있다. 작품의 주요 사건이 일어나는 '가마가마 수족관'은 외지의 관광객이 방문하는 곳이라기보다는 지역 사람들이, 마치 어린 아이들이 놀이터를 찾듯이 찾는 곳이다. 흔히 오키나와라고 하면 모든 곳을 관광지로 생각하기 쉽지만, 현지인이 사는 곳에서는 현실의 삶이 영유되고 있는 것이다. 그런 곳에서 지역 토박이인 구쿠루와 외지 사람이며 한때 아이돌로 브라운관에서 인기를 끌었던 후카가 해양생물들을 상대로 지역 사람들과 조화하며 살아가는 모습이 그려진다. 결국 방황하던 후카는 이곳에서 자기가 해야 할 일을 찾고 수족관에서 계속 일할 수 있는 방법을 찾게 된다. 이들이 더 나은 자신의 미래(돈을 잘 번다거나 더 좋은 직장을 얻기 위한)를 위해서 대학을 간다거나 무언가 새로운 것을 배운다거나 하는 장면은 나오지 않는다. 수족관에서 삶의 보람을 찾은 후카와 수족관 자체를 자기 인생이라고 생각하는 구쿠루가 그들을 받아들여주는 주변 사람들과 함께 살아갈 뿐이다. 지역의 젊은이들이 지향하는 것, 주변사람들과 조화하며 살아가는 모습 등에서「데아이몬」의 등장인물이나 갈등 상황이 다를 바가 없다. 물론 노포가 유지되어 젊은이들이 뒤를 이어갈 것으로 보이는「데아이몬」과는 달리「하얀 모래의 아쿠아토프」에서는 지역민만을 위한 낡은 '가마가마 수족관'은 폐관하고 오키나와에서도 관광객이 많이 찾는 지역에 있는 더 큰 수족관으로 이들 등장인물들이 모두 옮겨가면서 2기가 진행되지만, 지방과 대도시, 그것을 둘러싼 젊은이들의 갈등은 보이지 않는다.

후자인「구울 거면 머그컵도」는 샐러리맨 생활에 염증을 느낀 아버지와 함께 도쿄를 떠나 돌아가신 어머니의 고향인 기후(岐阜) 현으로 이사한 히메노가 엄마의 모교인 고등학교에 다니게 되면서 도예가의 길을 선택하게 된다는 이야기이다. 전술한 작품들 중에서 도쿄 생활에 염증을 느껴서 지방으로 이주한다는 내용은 나오지 않았으나 이 작품에서는 도쿄 생활보다 지방에서의 삶을 선택한 부녀가 나오는 것이다. 게다가 도쿄에서는 찾을 수 없었을지도 모르는 자신의 미래, '도예가로서의 삶'을 이곳에서 찾게 되는 것이다. 도쿄나 대도시가 아닌 지방에서의 삶이 오히려 개인의 삶에 만족을 줄 수 있다는 것을 보여주는 것이 외지인이 지방으로 이주하는 이 두 작품이라고 할 수 있겠다. 만일 이 두 작품의 주인공 후카와 히메노가 도쿄에 그대로 있었다면 수족관에서의 일도, 도예가로서의 길도 찾을 수 없었을 것이기 때문이다.

이렇게 2000년대에 제작된 최근 작품들 속에 등장하는 젊은이들에게서는 미래에 대한 불안이나 지방에 산다는 차별의식은 찾아볼 수 없다. 그들에게 중요한 것은 지역과 지역 사람들과의 유대감이다. 한국의 드라마나 영화에서 흔히 보이는 사회문제에 대한 비판의식보다는 개인과 개인의 갈등, 등장인물들의 관계가 중심이 되는 것이 일본 애니메이션이라고 하겠다. 도쿄나 대도시에 대한 동경이 거의 드러나지 않고 지역을 중시하는 모습은 한국인의 시점에서는 특이한 모습일 수도 있겠다.[10] 이렇게 대도시보다 지방에서의 삶을 선호하고 더 나은 직장을 위해서 대학을 진학하는 것보다는 지역에서 자기에게 맞는 일을 선택하는 젊은이의 모습이 일반적이라고 할 수 있을까? 다음 장에서는 일본사회에서의 지역과 청년에 대해서 살펴보고자 한다.

6. 일본사회의 지역과 청년에 대하여

전반적인 지방 젊은이의 현황을 살펴보기 위해서 연대별 '지방 젊은이' 문제를 교육사회학적인 측면에서 고찰한 가타야마 유키·마키노 도모카즈(2018)의 연구를 통해 개략해 보면 다음과 같다. 1950년대부터 1970년대까지 봉건적인 인간관계가 남아 있던 농어촌 지역에서 청년사회도 지역성을 닮아 폐쇄성이 강했으나 진학률이 높아지면서 이농자, 다른 지역으로의 집단취업자, 등이 증가하며 인적인 유동성이 강해져 농촌이 변모하기 시작했고 도시적 생활양식이 전국적으로 확대되는 도시화가 일어나면

---

10) 참고로 필자가 처음 일본에서 아르바이트하던 시절, 본 연구에도 잠깐 언급하게 될 사이타마 현의 지치부에 살았던 적이 있었다. 근데 함께 일하던 젊은이들 중 도쿄로 가고자 한다거나 더 나은 삶을 위해서 무언가를 배우고자 한다거나 혹은 대학을 진학을 못했다고 괴로워하는 모습은 찾아볼 수 없었다. 그곳에서 태어났으니 그 곳에서 중고등학교를 졸업하고 취업을 한다든지, 아니면 가까운 전문학교나 대학교를 가는 것에 만족해하는 모습을 의아하게 생각하곤 했다.

서 지역사회와 청년이 단절되기 시작하고 도시와 농촌의 구별이 사라져갔다고 한다. 1980년대 이후로 고등학교 졸업이 당연시되는 사회로 접어들어 근로청년과 학생을 구분 짓는 경계가 불분명해지고 청년은 곧 학생을 뜻하는 말이 되었고 도시와 지방을 구분하는 인식도 애매해졌는데 이러한 상황 속에서 도시의 젊은이를 '젊은이'로 일반화하여 도시와 구별되는 지방 젊은이에 대한 인식도 사라져갔다11)고 한다. 이러한 상황에서 지방 젊은이에 대한 연구도 거의 이루어지지 않았다고 할 수 있겠다.

1990년대 후반 이후로 특정 직업을 갖지 않는 젊은이에 대한 연구가 활발해지는데, 고졸 '프리터' 등 특정 직업을 갖지 않는 젊은이들 문제가 부각되었고, 2000년대 중반 이후로는 불안정한 젊은 층을 낳는 현대사회의 경제구조를 문제시하는 경향이 두드러졌다.12) 그런데 2010년 이후로 지방의 젊은이가 다시 주목받기 시작했고, '지방과 젊은이'를 다룬 서적이 화제가 되었다. 물론 이러한 제목의 서적이 화제가 되고 도시보다는 지방을 선호하는 젊은이들이 이전보다 증가했다고 할 수도 없고, 도시와 지방의 격차가 해소되었다고는 보기 어려울 것이다. 그러나 실제로 호리 유키에(2015)에 따르면, 지금의 시니어 세대(65세 이상)와 비교하면 지금의 젊은 세대는 '지방·출신지역 정착' 비율이 높아졌고 취업시 지방에서 유출되는 비율 역시도 감소되고 있을 뿐 아니라 진학할 때 지방에서 유출되는 비율도 감소하고 있으며, 지방으로 유턴하는 비율 역시 약간이나마 증가하는 경향에 있다고 한다. 이러한 경향이 앞에서 언급한 대로 도시와 지방의 격차가 해소되었기 때문이라기보다는 출신지역을 떠나서 생활하기 위해 필요한 자신감 부족이 크다13)고 한다. 물론 지방 활성화를 위한

---

11) 片山悠樹·牧野智和,「教育社会学における「地方の若者」『教育社会学研究』第102集, 2018년.
12) 오가와 미쓰히로(尾川満宏),「地方の若者による労働世界の再構築-ローカルな社会状況の変容と労働経験の相互連関-」『教育社会学研究』第88集, 2011년, p.252.
13) 堀 有喜衣,「若者の地域移動はどのような状況にあるのか-地方から都市へ

정부 차원의 노력14)도 없다고 할 수는 없다. 일본 젊은이들이 지방에 머무르려는 경향이 도시와 지방의 여러 분야에 걸친 격차 자체가 해소된 것에서 비롯한 것이 아니라는 점은 생각해 볼 문제이지만, 현재 상황 속에서 일본 젊은이들의 인식은 유추해 볼 수 있을 것이다.

이상에서 1950년대부터 최근에 이르기까지의 일본 지방 청년 문제에 대해서 개괄해 보았다. '농어촌의 젊은이' 문제가 화제가 되었던 때부터 농촌도시의 도시화가 진행되면서 '지방의 젊은이' 문제가 가시화되지 않았던 시대를 지나 이제는 젊은이들의 지방 회귀 경향이 나타나고 있는 것이 일본사회의 모습이라고 할 수 있겠다. 1990년대 이후로 일본의 젊은이도 취업 문제가 부각되고 있으나 취업을 위해서 더 좋은 대학에 가야 한다는 인식이 일반화했다고 보기는 어려울 것이다. 물론, 대학진학이 더 이상은 미래의 안정적인 지위 보증으로 이어지지는 않는다고는 해도 대졸이라는 학력을 취득해 둔다고 손해는 아니라는 심리가 작용해 학력도, 실무적인 기술(기존에는 대학 이외의 교육기관에서 담당하던 기술)도 손에 넣고자 대학에 진학하는 학생도 있을 것이다.15) 그러나 이것은 곧 대학진학이 미래를 확실하게 담보한다는 보장이 없기 때문에 굳이 대학진학을 선택하지 않는 학생도 다수 존재할 수 있다는 말일 수 있다. 특히 2005년에 대학/단기대학 진학률이 50%를 넘어선 이후 2019년 현재

の移動を中心に」 『移動する若者／移動しない若者-実態と問題を掘り下げる-』, 第81回労働政策フォーラム, 2015년11월14일.
https://www.jil.go.jp/kokunai/blt/backnumber/2016/05/018-033.pdf
14) '지역 살리기 협력대(地域おこし協力隊)'라는 제도가 존재하는데 이는 일본 총무성의 재정 지원으로 지자체가 이주자를 수용하여, 지방에 약 1~3년 이주하여 살면서 집락활성화, 관광, 이주, 농림수산업, 문화계승 등의 지역 살리기 사업에 종사하면서 정착을 계획하고자 하는 제도. 2009년도에 시작한 이 제도는 첫 연도 89명이었던 것이 2021년도에는 전년대비 455명 증가한 6015명이 되었으며, 70%가 2,30대, 40%가 여성이라고 한다. https://www.soumu.go.jp/main_content/000799461.pdf
15) 히로모리 나오코(廣森直子),「地方の若者の地域移動・定着とキャリア選択に関する探索的研究」『青森県立保健大学雑誌』第18巻, 2018년, pp.43-44.

58.1%[16])에 머물러 있으며 진학을 선택하지 않는 이들이 40% 정도는 존재한다는 사실에서도 알 수 있다. 1980년대 이후 농촌이 도시화하면서 대도시를 동경하지만 대도시로 이주하지 않고 지방에서의 삶을 도시에서의 삶처럼 바꿔나가기 시작했고, 그것이 도시와 지방의 경계를 허물었을 수도 있다. 도시로 이동한다고 해서 더 나은 직장을 구할 수 있는 것은 아니고 같은 편의점 아르바이트라면 도시든 지방이든 상관이 없는 것이다. 2020년대의 일본의 젊은이들 사이에는 이러한 인식이 더욱 강한 것일 수도 있고 이러한 인식이 결국은 애니메이션에도 반영되어 나타난 것으로 볼 수 있을 것이다.

7. 일본 애니메이션 속의 지방 젊은이와 일본사회

이상에서 살펴본 것과 같이 일본 애니메이션에 등장하는 지방 젊은이들이 대도시에 갖는 동경도 크지 않고 대학진학에 대한 의지도 강하지 않은 데 대해서 실제 일본의 지방 젊은이의 상황을 투영해 볼 수 있을 것이다. 앞에서 제시한 애니메이션들 속의 지방 젊은이들은 굳이 대학에 진학하려고 노력하지도 않고 도시에 대한 동경도 강하지 않은 것은 실제 일본사회에서도 그렇기 때문일 것이다. 물론 애니메이션에서 현재 일본 사회의 모습을 그대로 다 반영하거나 자세한 문제들까지는 다룰 수는 없다. 그러나 전반적으로 2020년 이후로 지방으로 회귀하려는 모습이 애니메이션 속에서 실제도 드러나고 있음을 살펴볼 수 있다. 자기 지역에서 살아가기 위해서는 그곳에서의 유대를 더 강화시켜가는 것이 현명한 방법일 수도 있다. 또한, 애니메이션에 드러나는 일본 젊은이들의 모습

[16) 일본 내각부 2020년판 「어린이 · 젊은이백서(子ども · 若者白書)」 중 '각종 데이터'. https://www8.cao.go.jp/youth/whitepaper/r02honpen/sanko_10.html

속에는 과거에 보였던 지방 젊은이의 모습을 반영하는 것들도 있다. 예를 들어「서머타임 렌더」에 등장하는 섬사람들의 폐쇄적인 모습과 거기에 동조하는 젊은이들의 모습은 봉건성이 짙었던 1950년대의 모습이 여전히 지방에 따라서는 남아 있을 수 있다는 것을 보여준다. 이러한 봉건적이고 폐쇄적인 지역의 모습인 이 작품뿐만 아니라「쓰르라미 울 적에(원제:ひぐらしのなく頃に)」(2006년 26화, 2007년 24화, 2020-2021 24화, 2021년 15화)에서도 드러난다. 이렇게 애니메이션은 지역 활성화의 측면에서뿐만 아니라 일본의 젊은이의 현재 모습을 반영한다는 점에서 논의할 충분한 가치가 있을 것이다.

■ 저자 소개

01장 **_ 이혜진**
한국외국어대학교 문학박사(한국현대문학 전공)
세명대학교 교양대학 교수

02장 **_ 곽영신**
한양대학교 미디어커뮤니케이션학과 박사과정 수료
세명대학교 저널리즘연구소 연구원

03장 **_ 장윤미**
인하대학교 문학박사(한국현대문학 전공)
소설가, 문화평론가

04장 **_ 김정숙**
충남대학교 문학박사(한국현대문학 전공)
충남대학교 자유전공학부 교수

05장 **_ 강란숙**
한국외국어대학교 문학박사(외국어로서의 한국어교육 전공)
건양대학교 휴머니티칼리지 강사

06, 07장 **_ 김유익**
한국과학기술원 기계공학과 석사
프리랜서 작가, 중국 및 지역간 교류 코디네이터(중국 광저우시 거주)

08장 **_ 최용**
도쿄대학 총합문화연구원 석사(지역문화 전공)
성균관대학교 중어중문학과 박사과정 수료
세명대학교 글로벌언어문화콘텐츠학부 교수

09장 **_ 박혜원**
도쿄대학 박사(상관사회학 전공)
일본 히토쓰바시대학 특임조교수

10장 **_ 유은경**
일본 주오대학 문학박사(일문학 전공)
주오대학 정책문화종합연구소 객원연구원